金融的边界与创新

历史视野下的金融、文化与社会

周建波◎著

知识产权出版社

全国百佳图书出版单位

图书在版编目（CIP）数据

金融的边界与创新：历史视野下的金融、文化与社会/周建波著. —北京：知识产权出版社，2016.12

ISBN 978-7-5130-4554-4

Ⅰ.①金…　Ⅱ.①周…　Ⅲ.①金融—研究　Ⅳ.①F83

中国版本图书馆 CIP 数据核字（2016）第 257342 号

内容提要

本书从历史的角度出发，囊括了自古到今的金融尤其是民间金融发展变革的跌宕起伏，兼论行业发展中贯穿的思想文化内涵，以丰富的事例和生动的语言，抽丝剥茧，将各种精髓之处一一道出，可谓博采众长，洋洋大观，不但是中国金融史的一次宏伟再现，亦是一场金融文化价值观的饕餮盛宴。

责任编辑：杨晓红　　　　　　　　　　责任出版：刘译文

金融的边界与创新：历史视野下的金融、文化与社会

周建波　著

出版发行：知识产权出版社有限责任公司	网　址：http：//www.ipph.cn
社　址：北京市海淀区西外太平庄 55 号	邮　编：100081
责编电话：010-82000860 转 8114	责编邮箱：1152436274@qq.com
发行电话：010-82000860 转 8101/8102	发行传真：010-82000893/82005070/82000270
印　刷：三河市国英印务有限公司	经　销：各大网上书店、新华书店及相关专业书店
开　本：787mm×1092mm　1/16	印　张：20
版　次：2016 年 12 月第 1 版	印　次：2016 年 12 月第 1 次印刷
字　数：350 千字	定　价：49.00 元

ISBN 978-7-5130-4554-4

推荐序一

看到周建波教授又一新作《金融的边界与创新：历史视野下的金融、文化与社会》问世，我感到格外高兴。近些年来，周建波教授对中国经济思想发展史中管理思想进行了系统和精深的研究，取得了丰硕成果。这些成果，是他满腔热情地投入改革开放实践，深入体察中国社会发生的深刻变化，并努力将其历史学科积淀同鲜活的实践相对照、渗透和结合的结果。如今这部新作，百尺竿头，更进一步，将研究领域扩展到金融史，并提出了一系列独到见解，再次体现了他一贯的风格与功力，我相信一定能给读者带来更大的收获与启发。

本书收录 22 篇文章，汇集了作者近七八年来金融史方面研究的主要成果。全书分为四个部分，即市场与政府视野下的金融、民间金融的制度与组织、民间金融的管理与运营、金融区域化与国际化。

第一部分探讨了中国历史上金融市场的发展与政府对此的态度，纵贯了先秦、中古至洋务运动期间的金融发展。其中《中古社会寺院金融的兴衰》一文介绍了寺院金融的兴起、发展和衰落，其始于魏晋，兴盛于南北朝，维持于唐中叶前，唐中叶后加速走向衰落；文章通过梳理史料发现，金融业的五大基本业务在魏晋南北朝时期的寺院金融中已具雏形，奠定了后世金融机构的基础；但其自身局限性决定了它创新能力的有限性，随着商品经济的发展不得不在唐中叶后将其领头羊的地位让于民间金融。《文化与金融的可持续发展：历史的启示》一文不同于着眼于通过降低风险突破市场边界的金融技术进步而忽略文化与金融关系的研究，借鉴了科斯、诺斯等新制度经济学家的理论，重点探讨习俗、习惯、传统、伦理道德、意识形态等非正式制度对经济的影响，以中国经济思想史专业研究者的视角，从意识形态的视角探讨文化对金融市场可持续发展的作用。

第二部分以晋商为例，从不同角度分析了民间金融制度和组织形式。《明清资本市场生成小考：历史视角——晋商通过制度创新突破资本市场边界的启迪》一文详细分析了明清时期的资本市场，随着商品经济发展，社会出现了贫富分化加快的问题。文章认为，如何满足社会的富者——工商业者出于发展的动机对资金的需求，贫者——城乡低收入阶层出于维持生存的动机对资金的需求，就成了摆在社会面前的一项重要任务。以晋商为代表的十大商帮中的一部分商业流通企业家看到了这一潜在的市场机会，他们在继承了以抵押借款为特征的典当之外，又大胆地将传统金融机构的有形抵押品——物质产品，改为无形的抵押品——劳动能力、信誉，结果催生出两个在中国金融史上有影响的金融机构——印局和账局。文章论述了典当的市场边界及其局限性、印局的市场边界拓展及局限性和账局的市场边界及其局限性，认为晋商是这一时期推动商业资本融资边界不断拓展的驱动性力量。《基于信息经济学的视角浅论山西票号员工的管理及培养》一文，总结了山西票号在选用、训练新员工方面的经验，并认为经过严格审查和训练的学徒制度是晋商能够成就五百年辉煌基业的重要原因。

第三部分通过个体案例研究的形式，分别从实践、思想两个角度具体分析民间金融的管理与运营。总结了晋商、周宁商人商帮为代表的管理思想和经营成效，分析了陈光甫、周作民等实业家的经营管理思想，亦梳理了中国农村派等学者群体的金融思想，通过不同群体的思想从各个侧面再现中国当时的民间金融管理和运营的情况。《晋商票号管理思想及其启示》一文详细梳理了作为中国金融史里程碑的晋商票号，所独创或发扬光大的管理制度，认为晋商票号的管理思想对现代金融企业具有重大启示。《服务社会：陈光甫经营管理思想的核心》一文阐述了陈光甫"服务社会"的经营宗旨，并描述了以微薄资本的"小小银行"成长为中国近代第一大私人商业银行的具体过程，总结了陈光甫的"服务社会"思想，即在存款上银元与银两并用，吸收小额储蓄，创办礼金储蓄等；在贷款上，不仅注重工商业的放款，而且还积极创办对农业和个人小额信用的贷款，全方位支持国家各行业、各阶层的金融需要。

建立在前文扎实研究的基础上，本书的第四部分将格局进一步上升，采用跨文化、跨地域的比较研究方法，分别研讨了票号等金融机构的跨地域管理和文化融合问题，回应金融市场发展的区域化与国际化趋势。《晋商票号如何对分散在不同区域的分号进行管理》一文梳理了山西商人从自东自掌向东掌合伙经营方式转变的情况，并通过具体的案例进行分析，比如山西太谷北洸村曹家一例，其祖上靠挑担贩卖砂锅维生，到明末清初曹三喜时，闯到了东北热河朝阳县的二座塔，以小本生意起家，后建起了曹家商号，并逐渐扩大字号，由东北扩大到山东、张家口以及江南各地，商号多达 640 余座，其中资金雄厚的钱庄、票号、当铺、粮店、酒坊等就有 20 余座，另外，曹家还在俄罗斯、蒙古、朝鲜、英国等七个国家建有分号。文章详细介绍了这一最早的跨国企业集团——曹家如何实现联号制的管理模式，以及总号如何加强对分号的管理等管理方法。《近代国际金融机构来华设点研究——以恒生银行和汇丰银行为例》一文，介绍了汇丰银行的创建、发展等 140 多年的历史，分析汇丰银行在中国经营的经验，回顾近代汇丰银行在分行网络拓展、收购策略、产品创新等方面的经验，并与汇丰集团的子公司恒生银行的中国经营策略进行比较。

通观全书，周建波教授以不同于传统经济史学者的金融史研究视角，在重视资料的搜集与整理的同时，着重从文化、宗教、政府的视角看待金融市场不同链条的合作。这些文章与经济史学者的既有成果互相补充、相得益彰。从另一个角度填补了经济史学者注重从利率、交易额、不同类型金融机构的数字以及受益方的数字等方面反映金融市场情况的学术图景，推动了金融史学的进步。祝愿周建波教授作为中国经济思想史学科带头人，在未来取得更多的学术研究成果。

晏智杰

2016 年 11 月 13 日

于北京大学经济学院

推荐序二

前不久，当我读完周建波教授洋洋洒洒 100 多万字的巨著《企业经营管理系列丛书》后，掩卷沉思，不禁想起了孔夫子讲的：君子有三畏，畏天命，畏大人，畏圣人之言。读了周教授的这套经济理论丛书，作为一个普通企业厂长的我，有着非常深刻的体会。

周教授在书中将办企业过程中所碰到的实际问题——剖析，并对如何解决这些问题，对症下药，提出很多可行有效的办法，理论结合实际，案例结合方法，就像他在三尺讲台上教育学生一样，精深奥义，娓娓道来，为我们指明方向。

在企业困难的时候，他为我们提供思路和方法，就如何摆脱企业困境，解决企业问题指明方向；在企业蓬勃兴盛时，他告诫我们要戒骄戒躁，时刻警惕，让我们"惴惴小心，如临于谷"。让我们懂得小心翼翼、细心经营的重要性；在企业竞争激烈时，他教会我们如何创新，达到人优我智的最高境界，等等。

周教授同时有着很深的社会责任感和家国情怀，他说企业家是永远在踩浪尖，踏浪谷，企业家要胜不骄，败不馁，要全心全意为事业奋斗，为社会承担企业家该承担的责任，为国家经济发展贡献毕生精力，这是企业家的使命！

读了这些经济发展的理论和实践结合的书，我对周建波教授也产生了三畏之感：一畏他渊博宏深的学识，二畏他精辟通达的理论水平，三畏他借古鉴今为时代作镜的驾驭能力。

在北大经济学院受聘硕士研究生校外导师时，周教授要我为他新作《金融的边界与创新：历史视野下的金融、文化与社会》作序，我诚惶诚恐，不敢下笔，但有幸先睹为快，就写个读书体会吧，也可作为序。

我花了六个小时，深入书中，废寝忘食，边看边注边思，觉得这又是一部经济学家、企业家必读的中国金融发展史的殿堂级教科书。作者花了二十年心血，专注于金融史学方面的研究，二十年来，周教授呕心沥血，勤奋思考和精心写作，把金融史学散落的金珠，一颗颗拾起来，再将它们串成串，让我们看到凝聚的光芒，借古喻今，古为今用，启迪后人。

这本书让我受益匪浅，三十余万字的著作，究竟点出金融发展史怎样的深义？在这里我不妨说一下我的理解：自古至今都会有金融市场，那么这个市场是怎么发展演化过来的？书中详尽介绍了中国金融市场不同时期的发展历史，这是一，其二是，提供全新的金融史同宗教文化紧密联系观点，从金融业的五大基本业务——存、贷、保、汇、兑到寺院"无尽藏院"金融机构，将信徒奉献财、物、货给予他人，用于救急济难，同时还讲到寺院也有借贷。他用慈悲喜舍观点来介绍金融史同寺院紧密相关，令读者耳目一新。

杜甫诗云："脱帽露顶王公前，挥毫落纸如云烟。"形容在显赫的王公大人面前脱下帽子，露出头顶奋笔疾书，自由挥洒，笔走龙蛇，字迹如云烟般舒卷自如。我这里不妨套用到周建波教授写金融发展史上。他不像诗人写古体诗寻章摘句做老雕虫，而是笔走龙蛇，引今博古，古为今用，让人深受启发。比如说竞争，作者虽然不是企业家，但他却在懂得金融发展史的同时，更是深知现代金融机构存在的问题，他说：竞争对手有三种，一是现实竞争者，二是潜在竞争者，三是替代竞争者。他小结说：人类发展的历史告诉我们，真正瓦解一个行业的往往不是行业内的激烈竞争，而是行业外产生了更有效率的竞争者。他要求当代的企业家们更加清醒地看到这一点。这一段话让我这个搞了三十几年企业的人深受启迪。

这部金融经济理论著作，思想博大，观点深邃，视角独特，内容丰富，真不愧是周教授这位北京大学经济学院教授的经典之作！读书破万卷，下笔如有神，周教授读史，读金融经济，并将理论同现实相结合，形成这样一部崭新的金融经济学著作，可以说，这是一部当今研究金融史和运用金融杠杆创新发展现代经济的好教材。

储吉旺

2016 年 11 月 7 日

推荐序三

初识周建波教授，是在北大光华的讲坛上，在众多研究金融、经济的学者之中，周教授除了学术水平令人仰止，更独有几分真儒英风。因为周教授多年从事经济思想史研究，他的课程在金融这个专业性极强的学科中，天然融合了浓厚的史家内涵和中国传统文化的气质。我自己在金融这个行业中摸爬滚打了多年，在自己的企业里亦将企业文化视同生命，初闻教授的课程，能将金融与文化和谐地融合在一起，只觉格外投契和景仰。之后在企业经营过程中时常向周教授请教，更是受益匪浅、获益良多。此次周教授邀我作序，我在感念教授厚爱之余，亦深感冥冥中的一种福缘牵绊：三千世界、茫茫人海，唯有文化和思想的共鸣给予人与人之间珍贵的交集。

金融是一个经历了漫长时间荡涤的行业，中国在先秦时期即有朴素的金融存在。此后不同的历史时期，不同的地域人文，在中国金融业的发展沿革中为这个行业贯注了丰富的历史和文化积淀。这个行业既有魅力十足的光环，又有让人却步的风险。非专业人士看金融，总觉得像雾里看花、朦胧难懂，即使是专业的从业者，也是需要一定时间的厚积与深研，往往从业时间越长，越是觉得这个行业博大精深。其实，我认为，无论中外、无关古今，若将金融回归到至简，无非就是"风险"和"收益"这一对矛盾体的相互影响作用。自西方金融体系舶来中国，国人获取了一系列相对成熟的理论与实践经验，用以指导金融业的通用运行规律。然而在现实中，我们却常常看到，无论是叱咤风云的金融大鳄，还是学富五车的经济专家，面对这架风险和收益的天平，仍然要如履薄冰地增减砝码，否则同样很难找到平衡点。事实上，这个行业的很多从业者之所以会陷入风险和危机，往往并不是缺乏专业的理论和知识，而是在面对诱惑时，内心的左右摇摆让他们很难作出理性的决策。

换言之，与其说金融这个行业考验的是大脑，莫如说考验的是人心——做人的良心，做企业的初心，做事业的敬畏之心！

《道德经》有云："道生一，一生二，二生三，三生万物。"天、地、人，是为三才，人存在于天地之间，生而渺小，必须秉承敬畏之心，才能贯通天地。三横一竖，方能写成一个王字，中间这关键的一竖，就像一个人的脊梁，无脊则不能立身，做人如是，做事业亦然。在金融行业之中，从业者所面临的诱惑是极大的，是否能在每一波金融浪潮袭来时保持清醒，守住内心，是制胜的关键所在。当知识与技能的付出达到一定的程度之后，这个行业最高层次的比拼，终是理念与文化的比拼。

所幸，我们中华民族五千年的历史文化积淀，给今人留下了丰厚的思想馈赠，诚信、正心、修身、厚德……这些古老的中国传统文化理念，时至今日仍然历久弥新，并且仍是中国当代金融业发展中重要的价值观传承。在当今时代，夯实社会的核心价值取向，呼唤新金融生态的文化信仰，是顺应宏观经济发展，实现民族复兴的根本。通过历史的视野深入地研究金融的文化价值观，不仅具有学术的必要性，也是中国金融发展出中国特色的一条必由之路。周教授的这本书，正是从历史的角度出发，囊括了自古至今的金融尤其是民间金融发展变革的跌宕起伏，兼论行业发展中贯穿的思想文化内涵，以丰富的事例和生动的语言，抽丝剥茧，将各种精髓之处一一道出，可谓博采众长，海纳百川，不仅是中国金融史的一次宏伟再现，更是一场金融文化价值观的饕餮盛宴。

以史为鉴，可知兴替，前人蹚过的道路，是今人成就一份事业最好的指引。周教授是以心为笔，饱蘸渊博的学识，用平实的笔法，将复杂的金融知识进行通俗易懂的解读。希望有缘读到此书的朋友，也能用心品读，从历史的大智慧中汲取养分，知行合一，经世致用，是为序。

孙立文

2016 年 11 月 8 日

作者序

笔者于 1995 年进入北京大学经济学院攻读博士学位，自此正式步入经济学的殿堂。迄今，已 20 余年。其间（主要最近七八年）陆续撰写了一些有关金融史学方面的论文，算起来有 20 篇之多，敝帚自珍，遂有了结集出版的想法。

作为一名从事经济思想史研究的学者，研究金融史的视角、思维形态和关注点等方面肯定有异于研究经济史的学者（当然，也有相同之处，比如重视资料的搜集与整理，便是双方的共同点）。但特殊的专业训练，使从事经济思想史方向的学者更倾向于从文化、宗教、政府的视角看待和分析金融市场不同链条的合作，这和经济史学者更倾向于从利率、交易额、不同类型金融机构的数字以及受益方数字等反映金融市场的情况，迥然不同。但百川归海，殊途同归，不管是以何种金融视角和思维方式，我们都从不同的方面拓展了金融史学的广度和维度，推动了金融史学的进步与发展，这是值得庆幸的。

在这里，我略谈一下对中国金融史学的某些看法。

第一，中国金融市场的不同发展阶段。

在中国，以价格为杠杆，旨在对资源在空间、时间进行调配的金融业的兴起当在春秋战国时期。其时，殷周的农村公社宗族共同体瓦解，个体小农兴起，贫富分化也呈加速发展之势，这就为金融市场（当然，这个市场的规模不大，远无法同后世相比，尤其是无法与当今社会相比）的产生奠定了基础。当此之时，债务人的主体是生活困苦的小农以及暂时经济困难的贵族，债权人的主体是官府、贵族和民间富豪。

在近代西方银行制度舶来之前，中国金融市场的发展大致可以分为三个阶段：一是先秦秦汉时期，这时的金融市场主要表现为借贷。其中，春秋战国是金融市场的萌芽和发展期，秦汉则是金融市场的繁荣和衰退期。大一统国家的建立、稳定的社会环境，使得小农市场的竞争加快，而优胜劣汰的结果是规模化组织——豪强地主的产生。豪强地主内部生产、分配、交换以及消费计划性的增强，意味着包括金融市场在内的商品经济的全面萎缩，中国从此进入以规模化组织——庄园为主的中古社会。二是魏晋隋唐时期，这是金融市场急剧萎缩，不少地方甚至取消了货币的时期。一方面，围绕着每一个庄园地主形成了彼此割裂的区域化的金融市场，统一的全国市场趋向消解；另一方面，地方豪强力量的强大导致中央权威衰弱，由此造成长达三百多年战乱频仍，民不聊生的局面。这段时间里，超越血缘、地缘限制的宗教金融兴起，尤其是佛教寺院金融起到了中流砥柱的作用，金融业的基本业务——存、贷、保、汇、兑，在这时的佛教寺院金融中具雏形，至少是萌芽，奠定了日后金融市场发展的基础。三是宋元明清时期，这是金融市场的复兴和进一步发展时期。唐中叶后，随着适合小农使用的曲辕犁的推广，庄园经济瓦解，由此导致宗教金融衰落，世俗金融市场复兴，而社会生产力水平的大发展，为包括金融市场在内的市场经济的大发展创造了条件。从此，金融市场的主要活动突破了借贷的范围，而向储蓄、汇兑等方向发展，并出现了专业进行货币兑换的金融机构——钱庄，以及专业进行远距离资金流通的金融机构——票号，等等。

第二，宗教文化在金融市场发展中的作用。

对从业者而言，在商业活动的众多门类中，金融业可谓是风险最大的。比如从事有形产品的销售，当然也有风险，但毕竟一手交钱一手交货。这当中如有风险，也主要是从业者出售假冒伪劣而让消费者蒙受风险。金融业则不一样，这里面固然存在从业者利用信息的不对称上下其手，大获其利的情况，更多的还是债务人利用拿到钱后的主动者的地位赖账不还，因此如何创造债务人尽快还款的形势就成为金融市场的从业者必须要思考的问题。

如果说家族是在祖宗的旗帜下通过定期不定期的聚会形成共同的价值观来约束人们的行为，从而形成规模的力量的话，那么超越家庭血缘关系的市场则是在共同信仰的旗帜下，借助释迦牟尼、弥勒佛、关公、妈祖等偶像，通过定期不定期的聚会形成共同价值观的，并由此产生出向上激励和避免下滑的巨大力量来规范人们的行为，降低交易成本的。换言之，没有超越血缘关系限制的宗教文化的发展，就不会有超越血缘关系限制，而在广阔的社会范围内进行交易的市场经济的健康发展。

自东汉以降，佛教、道教兴起，由此开始了长达千年的宗教运动，并在宋代以来形成了儒释道三教合一的新价值观。影响之下，"县县有文庙，村村有关帝庙"，"家家弥勒佛，户户观世音"，人们通过这种群体经常的聚会，形成了见利思义光荣，见利忘义可耻，彼此相互激励，相互规劝的社会氛围。显然，正是这种讲求信用的社会环境，使魏晋南北朝以来的金融业形成了"诚信"、"信用"之立业原则，以及无须担保、抵押即进行放款的"大信不约"的经营信条，从而为金融业的发展奠定了坚实的伦理基础。

不仅如此，长达千年的宗教运动还以其超越性情怀有助于解决金融市场失灵问题，为金融市场的可持续发展奠定基础。这是因为，长期的宗教运动，使得"欠债还钱，天经地义"，"急人之困"，反对苛求厚息的观念深入人心，这有利于金融市场内部弹性运作机制的形成，更以超越性情怀有助于解决金融市场失灵问题，是化解金融市场风险的第一道防火墙。而"先天下之忧而忧，后天下之乐而乐"，"以天下为己任"的士子价值观的形成，有利于突破以往金融仅仅局促于民间自发层面而未能上升为国家制度层面的局限性，以至于到宋代形成了政府主导，民间实施，以改良民生为目标的市场运作机制，形成了化解市场失灵问题的第二道防火墙。具体而言，首先，政府以制度化的方式，或者以推恩赏格、免除科役、低税等方式鼓励富商进入金融市场，或者如王安石的青苗法那样由国家直接进入金融市场，这有利于增加市场资金供应量，降低市场利率。其次，当政府感到继续保护债权人的利益不利于金融市场的正常运转时，就会高举积德行善的舆论大旗，或者对金融市场的利率加以上限控制，不许利上加利，不许利息额超过本钱；或者干脆宣布废除某些私人债务（这在宋代特别突出。当然，基于保护债权人利益的考虑，政府也不轻易为之）。再次，当债权人和债务人发生纠纷时，政府严厉禁止债权人强取债务人牲畜、田宅的行为，并严禁以耕牛、人身抵偿债务。

凡此种种，皆使得经过千年宗教运动洗礼后的政府和民众远非纵向追求富贵有余，横向关爱他人不足，亦即自强不息有余，厚德载物不足的战国秦汉时期可比，由此使得政府对金融市场的干预有了相呼应的微观基础，而不像战国秦汉那样政府干预金融市场总是受到民间或明或暗的抵抗，亦即"上有政策，下有对策"。显然，这种政府主导，民间实施，以改良民生为目标的金融市场运作机制，一是有助于政府用制度化的方式动员全社会的力量投入到金融事业中去，其规模、效果、影响自然非民间化的寺院金融可比，二是有助于解决个别地区、个别时期利率过高问题，避免重蹈战国秦汉金融市场难以为继的覆辙。

第三，金融业自身技术的进步。

既然借贷，总得有还款的保证，或者依靠借款方或第三方的实物担保，或者依靠借款方的信誉担保，据此民间借贷可以分为信用借贷和质（抵）押借贷。质（抵）押借贷相对好办，风险不大，但信用借贷就不一样，风险很大。在这种情况下，如何规范借贷双方的行为，尤其是债务人的行为，使借贷市场可持续性地发展下去，就成为金融业必须要考虑的问题。

中国的金融业在战国秦汉时期就有了信用借贷和质（抵）押借贷两种信用方式。但在相当长一段时间内，信用借贷主要局限于王公贵族势力所能控制以及家族势力所能影响的范围内，带有更多的人格化色彩。质（抵）押放款主要局限于贵族富豪之家对周边无密切血缘、亲缘关系的范围内，带有更多的非人格化色彩。南北朝以前，两种信用方式并行发展，但信用借贷是最主要的借贷方式。这是因为，当时生产力水平较低，一方面，人们很少有生产剩余来为借贷进行担保，只能进行信用借贷；另一方面，社会流动性差，也不容易产生逃债的情况，一旦还不上借款，则不能不用土地或人身劳动偿债，从而构成事实上的质（抵）押借贷。由于这个原因，当时的信用借贷条件远没有后世那么严格。

南北朝以后，社会生产力发展，流动性增强，寺院典当异军突起，开创了向广阔社会范围内的民众尤其是底层民众大胆进行质（抵）押贷款的新局面，大大提高了金融业的社会化程度。唐宋以后社会秩序的稳定和商品经济的发展，一方面促使原来只盛行于寺院寺库的典当机构纷纷转向民间，出现了官（政府或官员）典当、民间典当、寺院典当多元化发展的局面，另一方面质（抵）押借贷的方式还积极向信用借贷领域渗透，以致唐宋以后的信用借款，一是尽量增加（质）抵押贷款的比重以规避风险。二是万一借款人的全部动产仍不够抵偿欠款，则以担保人的资产作抵。凡此种种，就使得信用放款虽仍维持在熟人关系的范围内，但焕发出新的活力。

及至明清，典当业的发展遇到了瓶颈。第一，商品经济的进一步发展出现了农村城镇化的趋势，当大量无地少地的农民流入城镇时，他们迫切需要谋生的本钱，小额借贷遂成为城市底层市民生存之必需，但因缺乏必要的质（抵）押品，已有的金融机构——典当无法满足他们的需求。第二，商品经济全社会范围内的发展，意味着工商业者的采购—生产—销售无论在空间上还是时间上都越来越分离，这提出了对巨大营运资金的需求，但典当业的实物抵押贷款却远远满足不了市场的这一需求。在这种情况下，位居十大商帮之首的山西商人顺应商品经济发展、人力资本提高的趋势，即人的劳动能力，包括体力劳动能力和智力劳动能力，能够摆脱土地的限制而大幅度提高生产效率，大胆地以无形资产——人的劳动能力作为贷款的信任基础，并借助第三方担保，开创了向不熟悉的陌生人进行信用贷款的新局面，致使信用放款的社会化程度大大提高，并由此催生出两个新的金融机构——印局和账局。前者是专业向城市底层市民放贷的金融机构，后者是专业向工商业放贷的金融机构。

不仅如此，商品经济的发展还要求突破地域的限制而在全社会范围内进行广泛的交流，这就向山西商人提出了不同地域内的货币如何高效率流通的问题，于是专业进行货币兑换的金融机构——钱庄应运而生。商品经济的发展要求提高远距离贸易的资金流效率，解决作为贵金属货币的白银搬运困难的问题，于是专业进行远距离资金流通的金融机构——票号应运而生。商品经济的发展还要求为了解决民众日常生活中的主货币——铜钱携带不便的问题，于是广泛意义上的纸币有了大发展的空间，各钱庄、当铺纷纷推出自己的钞票、钱票。不仅如此，各金融机构之间还以票号为统领，建立起密切的业务往来，形成了多层次性的金融体系，满足了社会各阶层的资金需求，推动了商品经济的发展。

假如说南北朝的寺院典当开创了向广大民众尤其是底层民众进行质（抵）押放款的先河，增强了金融业的社会化程度的话，那么明清的山西商人就不仅开创了向广大民众尤其是城乡贫民，中小工商业者发放信用贷款的先河，更以"酌盈济虚"，"抽疲转快"等做到了"汇通天下"，使金融业的社会化程度进一步提高。

第四，政府在金融市场发展中的作用。

按照制度经济学的理解，政府是一个社会唯一的合法的暴力组织。换言之，政府最大的优势是暴力，可采用暴力的手段强迫人民服从。当民间市场遇到无能为力的事情时，就需要政府发挥超越各社会利益团体的角色，以远超规模的力量，并伴之以暴力的作用来稳定民间市场。从中国金融发展的历程来看，政府确实试图发挥这样的作用。

早在中国金融市场发展的初期，鉴于当时债权人强迫债务人以土地、房产以及人身劳动抵债的情况，为了维护金融市场的正常运转，先秦秦汉政府一方面制定各种法规法令，维护债权人的利益；另一方面当感到债务人的纷纷破产不利于金融市场的稳定时，又毅然伸出干预之手，又运用软硬兼施的手段逼迫债权人放弃债务。但当时全社会统一的价值观没有形成（或者虽然形成，但在民间没有更好地落实），从上到下弥漫着强烈的追逐利益的风气的情况下，自然难以形成长期合作的市场机制，遂使得政府干预金融市场的政策被民间出于一己之私的"上有政策，下有对策"所抵消。再加上土地私有制不可遏制的发展趋势，遂造成了包括金融市场在内的商品经济的全面萎缩，到了魏晋南北朝，许多地方甚至取消了货币，建立在自由竞争基础上的金融市场奄奄一息。

唐中叶后，随着庄园经济的瓦解，小农经济复兴，包括金融市场在内的商品经济得到大发展的机会，但无数小农的竞争也会走向恶意的不正当竞争。而世家大族的衰败、庶族地主的兴起，意味着超经济控制的急剧下降，在这种情况下，金融市场的问题由先秦秦汉时期更多的债权人压迫债务人，开始转变成为债务人利用主动者的地位欺凌债权人，以致宋元以后的史书不断提出骗子和防骗的问题，为此唐宋政府制定了不少法令法规去约束债务人，保护债权人的利益，这些法规法令的数量之多是以前的先秦秦汉政府无法媲美的，正说明了唐宋金融市场发展的深度和宽度。

当时社会生产力不发达，资金供给量不高而需求量偏高，导致利率偏高，影响民众生产、生活进一步发展，政府的做法之一是进入金融市场，希望通过资金量的扩大来降低金融市场利率，满足市场需要，这就是王安石推行青苗法的背景。当然，由于青苗法自身的不足，诸如对国家从事工商业服务态度不好，易形成垄断的弊端关注不够，而对国有资产的保值和增值强调过多，导致主管官员不敢对贫穷户贷款的同时，又用暴力的力量强迫富户借款，富户为维持成本计，只好加价向穷人放款，结果导致市场利率更高。青苗法运营的失败，说明政府和民间市场各有边界，不到万不得已，政府不要贸然进入民间市场，正所谓"最下与之争"。

政府更经常的做法是通过规定市场的最高利率，不许利上加利，不许利息额超过本钱；或者干脆宣布废除某些私人债务，来维护金融市场的正常运转（基于保护债权人利益的考虑，政府也不轻易为之）。而当债权人和债务人发生纠纷时，政府也经常站在维护小农经济正常运转的基础上，禁止债权人强取债务人牲畜、田宅的行为，并严禁以耕牛、人身抵偿债务。

如前所述，唐宋以后政府的这些旨在严格限制债权人的措施所以能够进行下去，是与东汉以降宗教运动的广泛开展，使得"积德行善"、"普度众生"的价值观广泛普及有关，以致债权人经常出于为子孙后代"积阴德"的考虑而减免某些债务。

及至明清，随着民间力量的发达，不仅更大规模的商业组织发展起来，而且各商号间的联合也逐步发展起来，这使得他们能做许多原来不得不交由政府去做的事情，于是政府退隐一边，市场的事务基本交由民间来办，民间市场以会馆为阵地，通过习俗惯例、行业条例来规范会员的行为，促使市场健康发展。尽管如此，一旦出现民间市场不能处理的案件，仍然交由政府来处理，这通过明清时期许多案卷的保存可以看出来。不过，鉴于处理市场纠纷的主角转移到了民间，因此，明清政府越来越倾向于借助行会的力量将其纳入政府管理的范围内。

鸦片战争的爆发彻底改变了这一切。随着欧美商业力量的到来，一方面，市场竞争空前激烈，商号倒闭率提高，这对金融业来说无疑是严重的威胁，使得"父债子还"的无限信用和钱庄、账局、票号无抵押、无担保的放款模式受到了强烈的挑战，不得不向担保和抵押放款的方向转变。另一方面，市场交易范围的扩大，意味着对更便捷的货币中介的需求提高，这带来了有亚纸币作用的钱票的广为流行，这对钱庄来说毋宁是一项新的业务，而钱庄广为发行的结果往往兑不了现，这自然要影响民众的利益。凡此种种，都提出了国家干预金融市场，使其健康发展的要求。

尽管儒释道三教合一的价值观仍然深深地影响着广大民众，但钱票的发行泛滥说明道德的约束力不是无限的，同样受到边际收益递减规律的影响。马克思在《资本论》中指出，"一有适当的利润，资本就会非常胆壮起来。只要有10％的利润，它就会到处被人使用；有20％，就会活泼起来；有50％，就会引起积极的冒险；有100％，就会使人不顾一切法律；有300％，就会使人不怕犯罪，甚至不怕绞首的危险。如果动乱和纷争会带来利润，它就会鼓励它们。走私和奴隶贸易就是证据。"

这说明，当企业竞争的内外部环境相对平稳时，民间自发的制度创新占上风，鸦片战争前的环境即是这样；一旦企业内外部竞争环境失衡，尤其是外部竞争环境发生急剧变化时，为了维护社会秩序的稳定，尤其是出于提高产业竞争优势的需要，政府必须加强对经济的干预，此时政府强制性的制度创新占上风，这就是为什么从晚清到北洋政府，到南京国民政府，再到中华人民共和国政府，一个比一个更深度地介入经济发展进程的原因。只是社会要求政府干预是一码事，而政府有没有干预的知识和控制社会的能力又是另外一码事。只有既具备现代化导向又具备一定动员社会能力的政府才能够担负起正确干预经济，推动社会进步的重任。从这个角度看，王莽干预金融市场的失败，是因为不明社会发展导向，即土地私有制的发展趋势不容逆转才失败的。王安石干预金融市场所以失败，是因为不明国有经济的弊端和私人经济的优点，更强调国有经济的优点和私人经济弱点的高扬，结果改革方案出现了明显的漏洞而失败的。而晚清新政干预金融市场所以没有取得明显的成效（传统的金融机构，如票号等，并没有响应政府组建有限责任公司的号召），是因为空有现代化导向，虽按照西方的模式，顺应工业资本主义发展的趋势设计出了不错的改革方案，但动员、控制社会的能力在减弱，以致改革方案遭到利益团体的反对而不能得到有力的贯彻。

这说明，市场由于自身的特点会有失灵，政府也会因为自身的弱点而失灵，这才有了二者的协调，各就其位，不到万不得已，绝不越位和错位。

上述就是我对中国金融市场发展的一些看法，愿以此就教于方家。

经济学院老院长晏智杰教授一直关心笔者的进步，耳提面命，并亲自作序，在此表示诚挚的谢意。储吉旺先生、孙立文先生都是著名的企业家，前者从事实业，后者从事金融业，我从他们处受教甚多，他们的作序令本书增色不少，在此表示深深的谢意。笔者写作的过程中，和张亚光博士多有切磋，在此也一并致谢。

此为序。

周建波

2016 年 11 月 10 日

目 录

第一部分：市场与政府视野下的金融

第二部分：民间金融的制度与组织

第三部分：民间金融的管理与运营

第四部分：金融区域化与国际化

第一部分：市场与政府视野下的金融

先秦秦汉时期金融市场的发展暨政府对金融市场的管理

摘　要：先秦秦汉时期，在发达的小农经济和强大的中央集权的基础上，民间出现了以借贷为核心的金融行为。此时的政府既是金融市场的参与者，也是金融市场的管理者，但政府对于金融市场的管理并不有效。金融市场严重失灵，最终在战乱中崩溃殆尽。

关键词：先秦秦汉　金融市场　借贷　政府　利率

"金融"在古代中国并不是一个原生的概念，《康熙字典》及以前并没有"金融"一词。（张亚光，2011）现代意义上的"金融"，往往指的是与货币、存贷款、汇兑、股票债券等较为成熟完善的金融产品和金融体系相关的活动。但从本质而言，金融可以理解为对资源的跨时间、跨空间调配。

古代中国的金融市场的发展大致可以分为三个阶段：一是先秦秦汉时期，这时的金融市场主要表现为借贷，它经历了产生、发展并逐步衰微的过程，基本上与小农经济的衰微、庄园经济的发展相同步。二是魏晋隋唐时期。一方面，围绕着每一个庄园地主形成了彼此割裂的区域化的金融市场，统一的全国市场趋向消解；另一方面，地方力量的强大导致中央权威衰弱，由此造成长达三百多年战乱频仍、民不聊生的局面。这段时间里，超越血缘、地缘限制的宗教寺院金融起到了中流砥柱的作用，金融业的基本业务——存、贷、保、汇、兑，在这时的寺院金融中已具雏形。第三个阶段是唐宋以后，随着适合小农使用的曲辕犁的推广，庄园经济瓦解，小农复兴，由此导致宗教寺院金融衰落，世俗金融市场复兴。从此，金融市场的主要活动不再局限于借贷，而是出现了很多从事储蓄、汇兑等业务的新机构，诸如专业进行货币兑换的金融机构——钱庄，专业进行远距离资金流通的金融机构——票号，等等。

本文选取先秦秦汉时期的金融市场，是因为这是中国历史上第一个较为完整的经历过从产生到衰微的金融市场时期。其中，春秋战国时期，殷周的农村公社宗族共同体瓦解，一定意义上的自由竞争的小农经济兴起，由此为金融市场的产生奠定了社会基础。及至秦汉大一统时期，长期的和平环境使得这种自由竞争加速进行，优胜劣汰的结果自然是大量小农解体，由此促进了大垄断组织——豪强地主的产生。豪强地主内部生产、分配、消费计划性的增强，意味着包括金融市场在内的商品经济的大幅萎缩，中国从此进入以大垄断组织为主，垄断竞争市场结构的中古社会。关于春秋战国秦汉时期金融市场的发展情况，刘秋根的《试论中国古代高利贷的起源和发展》，徐祗朋的《周代借贷性质的演变》，魏悦的《先秦借贷活动探析》，乜小红的《论中国古代借贷的产生及其演变》等，已按时间线索做了详细的研究，不赘述。本文主要围绕两个问题展开，一是春秋战国秦汉金融市场产生、发展的原因及其运营情况；二是政府对金融市场的管理及其对后世的影响。

一、小农经济的局限性与先秦秦汉金融市场的发展

（一） 小农经济的局限性与先秦秦汉时期金融市场的产生

春秋战国时期，农业生产领域出现了铁制农具和牛耕的发明，个体家庭生产方式逐渐取代集体生产方式的趋势，小农经济在此时逐步形成。个体小农的劳动积极性较强，正如《管子》中记载的："夜寝蚤起，父子兄弟不忘其功，为而不倦，民不惮劳苦。"[①]

但同时，农作物生长具有周期性，在当时较为低下的生产力水平以及农业科

---

① 出自《管子·乘马》。

学技术的限制下，经常出现周期性的物资短缺。《史记·货殖列传》载范蠡曰："六岁穰，六岁旱，十二岁一大饥。"《越绝书·计倪内经第五》也说，"天下六岁一穰，六岁一康，凡十二岁一饥。"而统治者的横征暴敛更强化了这一周期性，以致力量弱小的小农往往因抵抗不了这些打击而走向破产。《汉书·食货志》记载，"农夫五口之家，其服役者不下二人，其能耕者不过百亩，百亩之收不过百石。春耕夏耘，秋获冬藏，伐薪樵，治官府，给徭役。春不得避风尘，夏不得避暑热，秋不得避阴雨，冬不得避寒冻。四时之间，无日休息。又私自送往迎来，吊死问疾，养孤长幼在其中。勤苦如此，尚复被水旱之灾，急政暴虐，赋敛不时，朝令而暮改。"说的就是这种情况。

在这种情况下，迫于无奈的小农不得不依靠向优胜劣汰的市场竞争中崛起的大农，亦即官僚贵族和民间富豪借贷来维持简单再生产。换言之，债务人的主体是生活困苦的小农，债权人的主体是官府、贵族和民间富豪。借贷的物品除了金钱外，更多是粮食、衣物、工具等物品。资源在空间和时间上进行调配，金融市场由此产生并得以发展。《管子·治国篇》说："上征暴急无时，则民倍贷以给上之征矣！耕耨者有时，而泽不必足，则民倍贷以取庸矣！秋籴以五，春粜以束，是又倍贷也。"这是说，当君主对农民急征徭税不以时时，农民只有用倍称之息的借贷来应上征。当雨泽不足时，百姓只有用倍称之息的借贷来雇人浇地。秋收时富人们以半价收籴，春荒时又加息出粜。由此看出，农民始终生活在高利贷者的盘剥之中。

（二） 先秦秦汉时期金融市场的发展状况

先秦秦汉时期，小农经济发达，专制主义中央集权日益强大并逐渐巩固，此时的金融市场正是建立在这样的经济和政治基础之上的。小农经济天然地难以抵抗农业风险的脆弱性，封建政府为了维护小农经济的稳定，有时会采取一些无偿救济的方式，但更多的还是依靠官府、贵族和民间地主、富商提供的资金来满足市场对借贷的需求，即采取金融市场的方式。当时金融活动的主体是借贷，按照借贷关系中债权人的不同，当时的借贷可以分为两种，即官府借贷和民间借贷，其中又以民间借贷为主。

史书中关于民间借贷的记载有很多。例如，《史记》中提到的"曹邴氏……以铁冶起，富至巨万……贳贷行贾遍郡国"，[①] 讲的就是以冶铁起家的富商向国民提供借贷的例子。再如《庄子》中也记载， "庄周家贫，故往贷粟于监河侯……"。讲的是庄子向监河侯借贷的例子[②]。除了普通民众，部分官僚，甚至周天子也曾经靠借贷为生。《帝王世纪》中记载，"王（赧王）虽居天子之位号，为诸侯之所役逼，与家人无异。多贳于民，无以归之，乃上台以避之，故周人因名其台曰逃债之台。"

1. 民间借贷

既然借贷，总得有还款的保证，或者建立在借款方或第三方的实物担保基础上，或者建立在借款方的信誉基础上，据此民间借贷可以分为信用借贷和质（抵）押借贷，在当时，信用借贷是最主要的借贷方式，这主要是因为当时生产力水平较低，人们很少有生产剩余来为借贷进行担保，只能进行信用借贷。

（1）信用借贷

在信用借贷中，借款人凭借自身信用取得贷款。在当时，这种信用不仅基于债务人的资产和经营能力、社会地位、商业信用和人际关系等，更基于具有崇高社会地位的贵族以及与官府联系密切的富豪所拥有的对借款人的强大威慑力量。比如，孟尝君之所以敢于如此对待薛地的民众，是因为这是他的封地，他拥有对民众强大的威慑力量。而交通不便和严格的户籍制度的限制，使得人们的社会流动性很差，不容易产生逃债的情况，一旦还不上借款，则不能不用土地或人身劳动偿债，从而构成事实上的质（抵）押借贷。由于这个原因，当时的信用借贷条件远不如后世那么严格。

这时期的民间信用借贷主要可以分为两种，即有利息的商业借贷和无利息的

---

① 出自《史记·货殖列传》。
② 出自《庄子·外物》。

互助借贷。[1] 例如《史记·高祖本纪》中记载，高祖刘邦经常向王媪和武负借酒喝，刘邦喝醉时，武负、王媪看见他身上有龙缠绕，而且每当刘邦来喝酒的时候，酒店的收入会提高到平日的数倍。他们觉得奇怪，因此常常"折券弃责"，免除刘邦的债务。这可以被视为一种民间商业借贷。武负、王媪因看见刘邦身上有龙，且刘邦来时酒店的收入每每大大提高，因此不需要他提供相关担保就借贷，最终竟也不用刘邦偿还。

《韩诗外传》中记载："八家相保……患难相救，有无相贷……是以其民和亲而相好。""有无相贷"就是一种民间互助借贷，互助借贷一般发生在聚居村落，由若干小农组成一个小生产合作组织，小农之间彼此照应，由此形成成员间的互信，以致当某户发生经济困难时，其他小农单户会义无反顾地提供支持，助其渡过难关。显然，这是另一种形式上的信用借贷，是经济水平相当，且生活中有密切来往的组织成员之间通过相互免利息的方式所进行的生产、生活的合作。《史记·苏秦列传》中记载，苏秦到燕国的时候，"贷人百钱为资"，这也可以视为这种"有无相贷"的传统的延续，后来债务人富贵了之后，偿还苏秦以"百金"表示感谢，这可看作苏秦投资的利息。[2]

（2）质（抵）押借贷

严格说来，质押指的是债务在偿还之前，债务人就必须将自己的财物转移给债权人，提供担保，当债务人无法偿还时，债权人可变卖担保物，并用所得资金来抵偿债务的一种担保制度。古代一般用"质""贽"等词来表示质押。抵押也是用财物来作为履行债务的担保，但用于抵押的财物不需要转移给债权人，只需将财物的权利凭证交于债权人即可，一旦债务人无力偿还债务，债权人可据此取得或变卖担保物。[3] 在先秦秦汉时期，对质押和抵押并没有后世那样特别严格的划分，这是因为由于流动性差，一旦借债人无法还债，债权人即可利用超经济力

---

① 胡磊：战国至西汉借贷活动试探。南京师范大学，2014。

② 出自《史记·苏秦列传》。

③ 梁慧星，陈华彬：物权法。法律出版社 1999 年版，转引自：岳琦亩：简论中国古代担保制度：华东政法学院，2003。

量的威权强逼他用土地、房屋等还债，因而并不需要将他的房产、地产交于债权人。

《说文解字》中是这样解释的："质，以物相赘也。""赘，以物质钱，从敖贝。敖者，犹放贝当复取之也。"根据用于"质"的对象的不同，"质"可以分为物质和人质。"物质"是指用财物作为担保以保证债务的履行，多指"以物质钱"，可分为动产担保和不动产担保两种。

动产担保，指的是用一般可移动的财物（非房屋、土地）来进行担保。例如，《后汉书》记载了这样一个例子，东汉大外戚梁冀将四匹马抵押给扶风人士孙奋，想向他借五千万钱，可是孙奋只借给了他三千万。这里的"冀因以马乘遗之，从贷钱五千万"[①]，就是一种质押借贷的形式，质押物是马匹。

而由于当时生产力低下，普通小农的剩余产品较少，因此，在"物质"中还有一种是不动产担保。秦汉时期，土地的买卖、租佃和转让进一步发展，经常发生以土地等不动产作为担保的现象（刘秋根，1991）。四川郫县出土的东汉残碑有一些记载，碑上记载的财产价格大体属于东汉调查私人田产时的乡里簿书。其中田土、宅舍有"质"价，如"田八亩，质四千"，"田卅亩，质六万"等，就说明当时以土地、房屋作为抵押物借贷钱物的现象十分普遍。《通典》中记载了一个东汉不动产担保的案例。乌程男子孙常和弟弟孙并分家，每个人四十顷田地。"并死，岁饥，常稍以米粟给妻子，辄追计直作券，没收其田。并儿长大，讼常。"[②] 在这里，孙常事实上是将救济粮食作价，以孙并的土地做抵押担保来订立借贷契约的。

而人身质押则是这时期的质押借贷中最常见的一种担保方式。"人质"指以人身（劳务）作为债的担保，作为抵押的既可以是债务人本身，也可以是债务人的亲属。当时的社会生产力非常落后，经济不发达，小农所有的作为动产的个人剩余财物很少，作为不动产的房屋土地也有限，为了保障债权人的权益，最直接

---

① 出自《后汉书·卷三十四》。
② 《通典》卷 168《刑典六决断》。

的做法就是强制债务人以人身作为债务的担保，因此"物质"借贷的记载并不多见，大量出现的是"人质"借贷。

人身质押担保的情况在秦代已经出现，但秦代的法律是反对这种方式存在的，秦简中的"百姓有责，勿敢擅强质，擅强质及和受质者，皆赀二甲"①说的就是，如果贷方强迫借贷的百姓用人身抵债，会受到"赀二甲"的惩罚。然而，虽然秦代的法律中有"强质""恐猲""强买"等罪名，但现实生活中，人身质押借贷屡禁不止，一直延续到汉代，依然广泛存在。关于人身质押的词语，例如"赘婿"，颜师古疏曰："赘，质也，家贫无有聘财，以身为质也。"②说的就是如果家里贫困没有聘礼，不得不以用人身作为抵押来娶媳。再比如"赘子"这个词，指的是以子女的人身作为担保来进行借贷。《汉书》中有"淮南俗，卖子与人作奴婢，名为赘子，三年不能赎，遂为奴婢"③的相关记载，说的是，如果在三年之内，借款人不能还清债务，那他们用作抵押的子女就会被作为奴婢来偿债。

除了债务人直接的"物质"和"人质"，秦汉时期也已经出现了第三方担保的现象，但并不普遍。第三方担保指的是，债务人以外的第三人在债务人不履行或不能履行债务时，代替债务人承担债务责任的一种担保形式。④《汉书》中记载："（郑）当时为大司农，任人宾客僦，入多逋负。司马安为淮阳太守，发其事，当时以此陷罪，赎为庶人。"⑤《说文·任部》中说，"任，保也。"⑥这里的"任人"，有时也称为"任者""保人"等，指的就是第三方担保人。这里说的是郑为大司农时，保举的人及其宾客在替大农令承办运输时，亏欠钱款甚多。司马安任淮阳郡太守，检举此事，郑当时因此落下罪责，赎罪后削职为平民。

---

① 《睡虎地秦简·法律问答》。
② 《汉书·贾谊传》颜师古注。
③ 《汉书》如淳注。
④ 吴红艳. 我国古代担保制度研究［D］. 安徽大学，2001。
⑤ 出自《汉书·张冯汲郑传第二十》。
⑥ 《册府元龟·邦计部·旷败·诬谓·贪污》。

此外，《周礼·地官·大司徒》中也有"使之相保相受"的记载，郑玄注解"保"为"犹任也"。居延汉简中关于借贷的契约在最后往往都会有"任者××"的说法，这是用来注明担保人的姓名的，例如"惊虏隧卒东郡临邑吕里王广卷上……贳卖八稷布一匹，直二百九十……任者阎少季、薛少卿"。①

2. 官府借贷

官府借贷在不同时期发挥的作用有异。春秋前期的官府借贷主要表现为宗族共同体内领主贵族的、带有救济性质的赈贷②。例如《左传》中记载，在饥荒年份，宋公子鲍对国人"竭其粟而贷之"，对于七十岁以上的人，"无不馈饴也，时加羞珍异。"③ 到春秋后期，借贷活动更加普遍，出贷方开始要求借方偿还贷款并与借方签订债务契约，商业性大为增强。《左传》中有记载："宋亦饥，请于平公，出公粟以贷。使大夫皆贷。司城氏贷而不书，为大夫之无者贷。"④ 其中说的"贷而不书"的"书"，指的就是借贷契约，说明在此时的官府借贷中，订立契约已经比较普遍了。

秦汉时期保留了不少有关官府借贷的史料。例如，《睡虎地秦简·秦律十八种·司空律》⑤ 中记载："有罪以赀赎及有责（债）于公"，这里的"有责于公"，指的就是民众向官府借贷的现象，这在当时是比较普遍的。又如《汉书·宣帝纪》中记载的诏令："池崇未御幸者，假与贫民。……流民还归者，假公田，贷种、食，且勿算事。"说的是政府将公田租借给流民耕种，以帮助他们应付生计。

为了使借贷更为规范化，政府还设立了相关机构来管理所贷财物。例如《汉书·元帝纪》中记载的"北假田官"这一职位，李斐作注云："主假赁见官田与民，收其假税也，故置田农之官。"该官职的主要职能是向农民提供土地租借，

---

① 《居延汉简释文合校》
② 胡磊：战国至西汉借贷活动试探。南京师范大学，2014。
③ 出自《左传·文公十六年》。
④ 出自《左传·襄公二十九年》。
⑤ 睡虎地秦墓竹简整理小组：《睡虎地秦墓竹简》，文物出版社，1978年版，第84页. 转引自：胡磊：战国至西汉借贷活动试探。南京师范大学，2014。

并收取相关租金。此外，政府也会对贷出的财物进行登记以便管理。居延汉简中记载："驿北亭卒东郡平乔里皇随来，矢五十，三石承弩一，弩盾一，靳干幡各一，革甲鞮督各一。"记录的就是政府借给民间的物品。

上面讲的更多是正常状态下的情况，一旦遇到天灾人祸，为了维持社会稳定，政府除了无偿赈济之外，还会通过官府借贷的方式帮助小农渡过难关，而政府借贷中最重要的就是针对灾荒时期的救荒赈贷。（陈英，2010）所谓赈贷，就是将粮食、种子、衣物等维持生活所必需的救济品，借贷给受助人来帮助他们渡过难关。当然，利息也较低。例如《盐铁论》中记载，由于自然灾害，齐、赵二地遭遇大饥荒，政府就给灾民提供赈贷。"故均输之物……所以赈困乏而备水旱之灾也。"① 这些用于借贷的救济物品，往往是专门储存用来应对灾害的，是政府采取的重要的社会保障措施。

政府对灾民的赈济主要集中在粮食种子和食物，这既能保证灾民的基本生活，又有利于灾民进行生产自救。例如《汉书》中记载的"三月，遣使者振贷贫民毋种、食者。"② 说的是政府向贫民提供种子和粮食的借贷。《后汉书》中记载"丙午，赈贷张掖、居延、朔方、日南贫民及孤、寡、羸弱不能自存者。"③ 说的是政府提供赈贷的对象主要是贫民、孤儿、寡妇和体弱多病、无法自理的人。

湖北江陵凤凰山十号汉墓中，曾经发掘过一些竹简，上面记载了一些关于赈贷种子和粮食的内容。据学者陈英的统计④，政府在向贫民提供种子和粮食的借贷时，一般会登记户主姓名、劳动力人数，全家口数、土地亩数以及所贷种子和粮食的数量。而从这些竹简中的记录来看，借贷种子和粮食与劳动力人数、全家口数无关，完全是按亩数计算，一亩贷一斗。

---

① 出自《盐铁论·力耕》。
② 出自《汉书·昭帝纪第七》。
③ 出自《后汉书·孝和孝殇帝纪第四》。
④ 陈英：汉代贫富差距与政府控制研究。中国社会科学出版社，2010。

但是，救荒赈贷只是治标不治本的权宜之计，政府在社会保障方面更具有实际意义的是防灾备灾。在西汉后期大量百姓失去土地的情况下，政府在向民众提供种子和粮食的借贷时，往往也伴随着土地的借贷。其中，"假民公田"指的就是政府进行的土地放贷。

二、先秦秦汉金融市场的利率和还贷问题

（一） 利率问题

利率问题是民间借贷关系中的一个重要问题。而利率的高低起伏往往和当时经济的盛衰和走向有着紧密的联系。根据刘秋根先生的研究，先秦秦汉时期的利率在历史上处于一个较低的水平。[①]《史记》中关于利率的相关记载有："周人之俗，治产业，力工商，逐什二以为务。"[②] 这里的"什二"虽然是工商利润率，但也能部分反映当时的一般借贷利率的情况。

在《管子·轻重丁》一篇中，根据宾胥无、隰朋、宁戚和鲍叔四人分别前往南北东西四个方向调查当时的民间借贷利率，得出了在齐桓公时期，"凡称贷之家出泉三千万，出粟三数千万钟，受子息民三万家"的结论。

表1 《管子·轻重丁》中百姓负债利率[③]

方位	每家放债数	利息率（％）	债户数
西	六七百万～千万钟粟	100	900
南	六七百万～千万钱	50	800 余
东	三百～五千钟粟	50	800～900
北	六七百万～千万钱	20	900 余
合计	3000 万钟粟，3000 万钱		3000

---

① 刘秋根：关于汉代高利贷的几个问题——与秦晖同志商榷。中国经济史研究，1991（4）：138—145。

② 出自《史记·苏秦列传》。

③ 胡磊：战国至西汉借贷活动试探。南京师范大学，2014。

虽然汉代的高利贷比较常见，但整体而言，汉代的借贷利率还是比较低的，处于历史上的利率波谷。刘秋根认为，汉代的利率较低主要有三个原因。首先是农业生产工具的改进促进了生产力的发展，提高了小农经济的效率，进而提高了小农偿还债务的能力，这是最根本的原因。其次，商业货币资本在汉代得到进一步的发展，大商大贾较之以前有更为充足的资金进行高利贷供给。最后，国家颁布了相关政策法律对利率采取了上限管制，如汉武帝时期曾对"取息过律"的诸侯进行处罚，这对高利率起到了一定的抑制作用。笔者认为，除上述原因外，当时的利率不高还有一个原因，就是由于社会生产力的落后，商品经济发展的水平不高，小农除了食盐、铁制品不能自给，需要和外界交换外，其他的全可依靠自我生产来解决，这导致全社会能够提供的资金数量固然不高，但由于需求更低，遂造成了市场利率的不高。

汉代的利率根据史料可以整理如下表：

表2　汉代利率①

编号	时间	资料摘要	具体利率	资料出处
1	文帝时（公元前179—前157年）	"亡者取倍称之息"	谷贷年利100％	《汉书·食货志》
2	汉武帝时（公元前140—前87年）	"子贷金钱千贯……亦比千乘之家"	钱贷年利20％	《史记·货殖列传》
3	成哀之间（公元前32—前2年）	"赊贷郡国……期年所得必倍"	钱贷年利100％	《汉书·货殖传》

① 刘秋根：关于汉代高利贷的几个问题——与秦晖同志商榷. 中国经济史研究，1991（4）：138—145。

编号	时间	资料摘要	具体利率	资料出处
4	新始建国二年（公元 10 年）	官府"赊贷予民，收息百月三"	钱贷月利 3%	《汉书》卷 99《王莽传》
5	同上	官府放贷"欲贷以治产业者……计所得受息毋过岁什一"	钱贷年利 10%	《汉书》卷 24《食货志下》
6	西汉	"今有贷人千钱，月息三十"	钱贷月息 3%	《九章算术》卷 3
7	东汉前期（公元 25－57 年）	"富商大贾，多放钱贷……收税与封君比入"	钱贷年息 20%	《后汉书》卷 28《桓谭传》

（二） 还贷问题

还贷问题是借贷过程中必须详加考虑的一个问题。在提供借贷时，债权人必须考量，当债务人不愿或无力偿还债务时候该如何处理。对于这种情况，债权人通常有两种处理方式，一种是直接免除利息，有时候甚至连同债务一同免除；第二种是迫使债务人进行债务抵押，抵押的对象包括财物和人身。

直接免除债务的例子在先秦时期已经存在，但这大多是当时政治家为了更好地笼络民心维持势力范围内的社会稳定的手段。例如《史记》中提到，孟尝君提供借贷时，对于有能力偿还债务的人，"与为期"，孟尝君与他们约定还款期限，而贫困不能偿还的人，"取其券而烧之"，孟尝君就免除了他们的债务。使得百姓纷纷感叹"有君如此，岂可负哉！"① 当然孟尝君这样做，有一定的笼络人心、提高威望的政治目的在，但客观上还是减轻了无能力还贷人的负担。

另一种方式是债务抵押。当时的社会流动性较差，造成借贷的流程体系并不

---

① 出自《史记·孟尝君列传》。

十分完善，债权人在提供借贷的时候，并不一定要求债务人当时就提供相关财产或人身的担保。当债务人有能力归还债务时，借贷表现为信用借贷，而债务人一旦还不上，则往往以财产或人身劳务作为抵赔，此时借贷则表现为抵押借贷。《太平御览》中引用刘向的《孝子图》中董永卖身葬父的故事，董永的"以身作奴"，就是当时非常典型的以人身作为抵押进行借贷的例子，这也是为什么到了西汉中后期，土地兼并、债务奴隶现象大量出现的原因。

三、政府对金融市场的管理及其评价

先秦秦汉时期，以小农经济为基础的中央集权逐步建立并不断得到巩固。中央集权的加强使得政府有较强的控制力，并且小农经济的发展使得政府有意愿保护小农的私有财产，这些都是当时的金融市场得以运行的重要条件。这段时期，政府对金融市场的管理主要从行政层面制定相关法律政策，规范金融市场行为。

总体而言，先秦秦汉时期的政府对金融市场的发展采取较为积极的鼓励态度，这主要有两个原因。

第一，政府赈贷的局限性。在发生重大自然灾害时，为了维持社会稳定，政府一般会进行一定的赈济性质的贷款，而当债务人无力偿还时，政府往往会下诏令予以免除，这决定了政府借贷的非常态性，也使得民间形成了"欠政府的钱不算欠"和"欠政府的钱不用还"的心理。汉代诏令中的："文帝二年，民贷种食未入、人未备者，皆赦之。""昭帝始元二年，诏所振贷种食勿收责。"[①] 等说的都是政府免除百姓债务的例子。

第二，政府的财政收入有限，在进行赈济贷款时可能会出现费用不够的情况，这需要民间的金融业来补充。例如周赧王就曾经靠借贷为生。《管子》中也记载，桓公对民间放贷者说，"寡人有峥丘之战，吾闻子假贷吾贫萌，使有以给寡人之急，度寡人之求……故子中民之父母也。"[②] 他称赞那些提供借贷的人家

---

① 徐天麟：西汉会要。北京：中华书局，1995 年版，第 551 页。转引自：谢全发：《汉代债法研究》。
② 出自《管子·轻重丁》。

为"民之父母"，可见民间借贷对于政府的重要性。《史记》中也记载，"……於是天子遣使者虚郡国仓廪以振贫民。犹不足，又募豪富人相贷假。"① 说的是，山东遭遇水灾，政府向灾民提供借贷却遭遇资金不足的问题时，政府向民间募集资金来进行赈贷。

此外，政府还常常借助民间金融业来了解社会各阶层状况，制定保护小农经济的政策。例如《管子·问第二十四》中的一系列关于国情的问题中就有"贫士之受责于大夫者几何人？""问邑之贫人，债而食者几何家？"这类与借贷相关的问题。这一方面说明当时的金融市场的活跃，另一方面也说明，政府会通过金融市场来体察社会各阶层的生存状况。

鉴于金融市场的发展对于政权巩固的意义，尤其要保证政府借贷的安全，政府自然要制定相关法律和政策来规范金融市场，由此承担起金融市场的监管者的责任。

（1）在借贷的担保方面，政府规定了对官府债务承担担保责任的经手人的责任。例如，《睡虎地秦简·秦律十八种·金布律》规定："百姓假公器及有责（债）未偿，其日足以收责之，而弗收责，其人死亡；……令其官啬夫及吏主者代赏（偿）之。"这里所说的"官啬夫""吏主"，有时候也称为"徒""舍人"等，都是法律规定的官方经手人。

（2）在债务追讨方面，政府制定法律来强制债务的偿还，并在债务人无力偿还时处以相关的惩罚。例如《睡虎地秦简·秦律十八种·司空律》中的："一室二人以上居赀赎责，而莫见其室者，出其一人，令相为兼居之。"② 这里的"居"指的就是秦汉时期，政府对无力偿还债务的债务人实施的劳役惩罚，一般称为"居作"。《睡虎地秦简·秦律十八种·司空律》中还有一段："有罪以赀赎及有责（债）于公，以其令日问之，其弗能入及赏（偿），以令日居之，日居八钱；公食

---

① 出自《史记·平准书》。
② 睡虎地秦墓竹简整理小组：《睡虎地秦墓竹简》，文物出版社，1978 年版，第 85 页。转引自：胡磊：战国至西汉借贷活动试探。南京师范大学，2014。

者，日居六钱。……居赀赎责（债）欲代者，耆弱相当，许之。……其日未备而被入钱者，许之。……百姓有赀赎责（债）而有一臣若一妾，有一马若一牛，而欲居者，许。"① 这说的是，当债务人无力偿还债务时，应该从一个规定的日期开始，用人身劳务来偿还债务，不同的劳作情况可以抵债的数量有差别。此外，还可以由别人代替债务人用劳作抵债，也可以用牲畜、奴隶等来抵偿部分劳役。《睡虎地秦简·秦律十八种·司空律》中还有一段："居赀赎责（债）者归田农，种时、治苗时各二旬。"② 意思是用劳役抵偿债务的人在农忙时可以有 20 天回家务农，这说明虽然政府会强制那些债务人以劳役还债，但为了维护基本的农业生产，还是会对小农有所照顾。

当然，对于实在还不上债务的，政府考虑到小农经济的安全和社会秩序的稳定，也会采用各种办法让债权人自动取消债务。例如，管仲就劝齐桓公"表称贷之家，皆垩白其门而高其闾"，以使"称贷之家皆折其券而削其书，发其积藏，出其财物，以赈贫病，分其故赀"。而在解决债务奴隶方面，"鲁国之法，鲁人为人臣妾于诸侯，有能赎之者，取其金于府"。这一方面反映了债务奴隶现象之普遍，另一方面也反映出东方各国经济发达，民众追求精神生活，政府试图运用经济和非经济手段相结合的方法维护金融市场的正常运转。而地处偏僻西部的秦国政府更倾向于采用严厉的法制手段保障金融市场的运转，于是明文规定禁止让无力还债者为奴隶，"百姓有责，勿敢擅强质，擅强质及和受质者，皆赀二甲。"

（3）在利息方面，政府对收取高额利息的行为会有相关惩罚。例如，《汉书》中记载的旁光侯殷因为"贷子钱不占租，取息过律"③ 而获罪，此外，永始三年有人上书请求"除贷钱他物律"④，这个"贷钱他物律"中就包含着对民间借贷

---

① 睡虎地秦墓竹简整理小组：《睡虎地秦墓竹简》，文物出版社，1978 年版，第 85 页，转引自：胡磊：战国至西汉借贷活动试探。南京师范大学，2014。

② 睡虎地秦墓竹简整理小组：《睡虎地秦墓竹简》，文物出版社，1978 年版，第 88 页，转引自：胡磊：战国至西汉借贷活动试探。南京师范大学，2014。

③ 出自《汉书·王子侯表第三上》。

④ 《居延汉简新释》，兰州大学出版社，1988 年版，转引自：刘秋根：关于汉代高利贷的几个问题——与秦晖同志商榷。中国经济史研究，1991（4）：138-145。

利率的限制条款。

（4）秦汉政府还对贷款人的身份作出明确规定。例如，新出土的西汉初年的《二月律令》规定："吏六百石以上及宦皇帝，而敢字贷钱财者，免之。"这是规定凡六百石以上的官吏及朝廷中的官员，敢以高利贷谋取钱财者，给予免官。由此看出，到了秦汉时期，随着社会生产力的发展，贫富分化的加剧，政府官员、皇亲国戚利用手中巨大的财富向民间放贷牟利的事情越来越多，以致政府不得不通过国家律令加以限制。

尽管如此，先秦秦汉时期的金融市场建设并不完备，虽然在短期内取得了尚可的效果，但从长期来看，政府对金融市场并没有做到有效监管。

首先，由于当时生产力水平低下，政府的财政收入有限，甚至在战争年代，政府还需要向民间借贷。例如东汉时期，中央政府与羌族的战争大量消耗国库存银，使得"兵费日广，且连年不登，谷石万余"，最终政府不得不向民间借款以弥补国库空虚，"官负人责数十亿万"。[①] 在这种情况下，政府很难有充足的资金稳定市场利率，这推动了民间高利贷的发展，以至于政府尽管对高利率有所限制，但实施效果并不好，民间动辄出现借贷利率高达 100% 的情况。如，《管子·治国第四十八》中记载的"凡农者月不足而岁有余者也，而上征暴急无时，则民倍贷以给上之征矣"。同时，由于小农力量弱小，很多时候并不能及时偿还借贷，更多的只能将人身和土地抵押给大农来还债，以致出现"卖田宅，鬻子孙以偿债"[②] 的情况，土地和劳动力大量向地主豪强集中。

其次，此时封建生产方式正处于迅速成长期，全社会形成了纵向进取有余，横向关心不足；自强不息有余，厚德载物不足的风气，这从当时人们形容事业成功和人生得意的"奋疾""驰骛""奔扬""驰骋""奋迅"等词汇，以及陈胜的"苟富贵，勿相忘"，项羽的"富贵不归故乡，如锦衣夜行"等毫不掩饰的表达中可见一斑。这种不顾一切追求利益的行为固然推动了社会生产力的进步，然而也

---

① 《后汉书·李陈庞陈桥列传第四十一》。
② 《汉书·食货志》。

加速了与借贷相关联的土地、资金、劳动等资源加速向官僚地主和富商大贾集聚的现象，以致"富者田连阡陌，贫者亡立锥之地"，"贫民常衣牛马之衣，而食犬彘之食"①。

最后，西汉三大农业科技进步——代田法、两牛三人的耦犁、楼车的推广，使得农业规模经济的效益渐渐体现，庄园经济比个体小农经济有更高的生产率，这更对资金、劳动力和土地等生产要素的规模化使用提出了高要求，由此带来的土地兼并、债务奴隶问题也日益严重，以致到西汉末年竟成为严重影响政权安全的两大痼疾，这加快了小农经济向庄园经济的转变。西汉末年王莽曾经希望通过国有制和计划经济的方法来解决这两大问题，他推行"王田制"，规定土地和奴婢不得私自买卖，②他的初衷是好的，但这与私有制和商品经济的发展趋势相违背，只不过是一种书生之论，并不可行，失败是必然的。诏令颁布三年后，王莽就颁布诏令"王田及私属皆得卖买"③。

随着庄园经济的发展，豪强地主有更多的剩余产品服务于周围民众，由此造成统一的国内金融市场被分割为若干孤立的区域市场。豪强地主势力的扩大，严重影响了封建集权的巩固，使得大一统的国家在整合社会资源方面的能力越来越弱，由此导致了黄巾战乱之后长达几百年的战乱纷争，之前勉强维持的金融市场在战争中几乎被完全摧毁。在这种传统的世族、政府等社会组织无法满足乱世中朝不保夕的民众对于资金、食物的大量需求的情况下，一种强调突破血缘、地缘限制的金融——宗教寺院金融在乱世中出现并迅速成长起来，中国历史从此进入中古社会。

参考文献

[1] 陈英. 汉代贫富差距与政府控制研究 [M]. 中国社会科学出版社，2010.

---

① 《汉书·食货志》。
② 《汉书·食货志》。
③ 《汉书·食货志》。

[2] 胡磊. 战国至西汉借贷活动试探 [D]. 南京师范大学，2014.

[3] 弘一. 江陵凤凰山十号汉墓简牍初探 [J]. 文物，1974（6）：81—82.

[4] 李昌宝，叶世昌. 略论先秦时期的社会保障思想——中国古代社会保障思想的初步形成 [J]. 财经问题研究，2011（2）：90—94.

[5] 李东雷. 中国古代信用和信用机构的发展轨迹 [J]. 河海大学常州分校学报，2001（4）：61—65.

[6] 刘秋根. 关于汉代高利贷的几个问题——与秦晖同志商榷 [J]. 中国经济史研究，1991（4）：138—145.

[7] 魏悦，沈敏燕.《管子》中的信用思想 [J]. 探求，2006（1）：64—67.

[8] 吴红艳. 我国古代担保制度研究 [D]. 安徽大学，2001.

[9] 徐建红. 秦汉民间借贷述略 [D]. 吉林大学，2007.

[10] 徐迎冰. 中国早期的信用和信用业 [J]. 广东金融研究，1982（7）：32—35.

[11] 叶世昌. 中国古代的信用和信用机构（上）[J]. 河南财经学院学报，1991（4）：71—77.

[12] 岳琦亩. 简论中国古代担保制度 [D]. 华东政法学院，2003.

[13] 张亚光."金融"一词的由来 [J]. 中国金融家，2011（11）：152—154.

[14] 曾维君. 略论中国古代高利贷资本利率演变趋势 [J]. 湖南社会科学，2001（2）：77—80.

[15] 张弘. 略谈战国秦汉时期的高利贷资本 [J]. 齐鲁学刊，1998（2）：103—106.

[16] 谢全发. 汉代债法研究 [D]. 西南政法大学，2007.

[17] 李一鸣. 汉代借贷关系研究 [D]. 山东大学，2010.

[18] 魏悦. 先秦时期借贷活动的发展及其演变 [J]. 上海财经大学学报，2004（2）：53—59.

（该文发表于《河北经贸大学学报》2016 年第 1 期，与曹姮合写）

中古社会寺院金融的兴衰

摘　要： 寺院金融始于魏晋，兴盛于南北朝，维持于唐中叶前，唐中叶后加速走向衰落。金融业的五大基本业务——存、贷、保、汇、兑，在魏晋南北朝时期的寺院金融中已具雏形，奠定后世金融机构的基础。但其自身的局限性决定了它的创新能力的有限性，随着商品经济的发展不得不在唐中叶后将其领头羊的地位让位于民间金融。

关键词： 寺院金融　借贷利率　对后世的影响

一、引言

学术界普遍认为，中古社会始于魏晋，终于晚唐，800 多年的时间。而寺院金融始于魏晋，兴盛于南北朝，维持于唐中叶前，唐中叶后加速走向衰落，近乎于与中古社会相始终。

魏晋以降，长达几百年的战乱与分裂造成民不聊生，民众迫切需要依赖借贷来解决最基本的生活和生产问题，这给旨在促进流通的金融业提供了大发展的机遇。长期战乱既摧毁了民间商业，也使得政府信用和儒家伦理信用下降到极点，传统的借贷主体——政府和富商大贾无以为继，而基于家族、宗族关系的士族地主金融和建立在宗教信用基础上的寺院金融异军突起，成为乱世金融的主体。二者之中，以寺院金融的作用更为突出，地位更加崇高。

至南北朝，伴随寺院经济的发达，寺院金融也呈现出快速发展的势头，"寺库"这一名称在史籍上的频频出现充分反映了这一点。寺库是专门用来管理寺院财产的机构，这个名称此前鲜见于史籍，进入南北朝后变得常见，这指出了一个事实：随着寺院产业的壮大，寺库作为一个专门机构显得越发重要，已不仅是一个简单的保管财物的仓库，并且成为寺院实践自利利他、济世救人、普度众生的理念的基地，并为寺院实行有偿借贷、开展金融活动创造了有利条件。

金融业的五大基本业务——存、贷、保、汇、兑，在魏晋南北朝时期的寺院金融中已具雏形，奠定后世金融机构的基础。寺院"寺库"作为中国金融史上最早的大规模从事多种类业务的金融机构，不仅业务种类齐全，规模庞大，而且范围广泛而深入，开后世典当业、存钱保管业、汇兑业、拍卖业等先河，是明清当铺、钱庄、票号等金融机构的鼻祖。学者吴慧指出，魏晋南北朝时期满足社会借贷需求的主体是"一种前所未有的新的商人——寺院地主兼商人"。柯林斯（Collins）甚至将僧人们视为管理寺院公共财产的集体企业家，认为僧侣们不仅开辟了土地交易的市场，而且组织了中国最早的金融市场。

及至隋唐，寺院金融的规模更大。创立"三阶教"的信行法师（公元540—594年）于长安化度寺创立"无尽藏（源源不断）院"的金融机构，将信徒奉献的财物贷于他人，用以救急济难。信行认为用无尽藏的财物，可以激发受施者的从善心，施者的菩提心，因而特别强调布施不应该是个人活动，而应成为集体的事业。这是因为，单独所行的布施量虽多功德却少，但若通过无尽藏汇聚力量，无论布施多么微小，都可不问贫富贵贱、僧俗，互相融通，故信行要求加入无尽藏的信徒，每天至少要"舍一分钱或一合粟"。无尽藏设有十六种无尽藏施，即信徒施舍的内容，不限于钱谷，还可以施舍香火灯烛，音声钟呗，房舍床坐，甚至还可以施舍劳动。仅饮食无尽藏一项，就列入了粳米、糯米、面粉……柴、厨具、调料、蜂蜜……酪、瓜菜等。他把各位信徒的少量供物合在一起，使其价值和宗教功效得以倍增。正是这种广泛的施舍，为三阶教积累了大量的财富，为其开展金融性的"无尽藏"，即发挥类似现代银行的功能奠定了基础。

迨至唐中叶后，大一统国家的力量大大增长，皇权对佛教寺院的依赖严重下降，而对社会控制力的急剧提高，更使其无法容忍寺院经济的膨胀发展。与此同时，随着严重束缚个人、家庭自由的士族地主生产方式向土地和劳动力自由结合的庶族地主生产方式的转变，新兴庶族地主同样无法容忍包括寺院在内的士族地主的各种特权。于是，皇权和庶族地主阶级联合起来共同打压佛教，全社会范围内佛教寺院经营环境严重恶化，直接导致了寺院金融的衰败和民间金融的复兴。隋唐大一统国家的建立有力地维持了社会秩序，带来商业的空前繁荣，并进一步促进了民间金融的发达。民间金融在学习寺院金融的基础上，广泛开展起典当、保管和存款支付、"飞钱"汇兑等业务，并在唐中叶后取代寺院金融成为新时期金融的主体，建立起较寺院金融更强的竞争优势。

二、寺院金融的核心——借贷

尽管存、贷、保、汇、兑五大业务在魏晋南北朝时期的寺院金融中已具雏形，但其主要业务还是借贷，这是寺院的一项非常重要乃至居于核心地位的业务。寺院利用自身在风险防范等方面具有的优势，对借贷业务进行了创新和发展，同时也凭借在这一项业务上的成功，登上当时中国金融业的巅峰。

寺院借贷主要有"质举"和"举贷"两种形式。

所谓"质举"，即后世常说的典当，唐时称"僦柜质钱"，是债权人为了减小放债风险，要求债务人提供一定的财物作担保的借贷形式。胡三省注云："民间以物质钱，异时赎出，于母钱外，复还子钱，谓之僦柜。"同时，质押借贷产生了最早的信用机构——质库，或称长生库、当铺、典当等，历代称谓不同。

所谓"举贷"，亦称"出责"，是民间一种常见的无须抵押而通过契约进行的借贷形式。它建立在债务人个人信用之上，只以券契为凭，债务与债权关系的维系以券契的存在为前提，券契一毁，债权、债务便算了结。

从出贷方身份来看，据现有出土史料的统计分析发现，寺院借贷中的信用放款大多发生在僧人个人与借贷者之间，而质押放款则大多发生在寺院和借贷者之间。这是非常符合情理的，因为经营质押放贷需要场地和大量的管理技术人员，对于个人经营成本过高。同时，质押放贷面对的人群更广，这使其放贷形成的资产风险非常复杂，对于个人经营者而言往往是难以承受的。因此，以"典当"为代表的质押放款只适合于寺院集体来经营，而信用放款虽然对社会和个人信用的发达程度有相当高的要求，但是它的执行成本并不高，更适合僧侣个人来经营。

1. 质举

南北朝时期，质举在民间已很普遍。东晋桓冲家曾"以冲质羊"，刘宋尹嘉之母"自以身贴钱"，南齐"顾测以两奴就（陆）鲜质钱"，可见东晋、宋、齐，质举已经盛行。但诸例中的"质"或"贴"，还只是拥有财富之家（他们富于土地、房产、资财，能够有效地安置各类"质"物）偶然兼营此业，尚未设置专门的机构收质取利。从现有史料来看，最早设置专门机构经营质举业的是南齐的佛寺。《南齐书》卷二十三《褚渊传》："渊薨，（弟）澄以钱万一千，就招提寺赎太祖所赐渊白貂坐褥，坏作裘及缨。"是知南齐司徒褚渊生前曾将太祖赐赠的白貂坐褥等物，和长耳裹发巾（介帻）、犀角做的发栉（犀导）乃至坐骑黄支国的犀牛等，作为质押品送入招提寺质库质钱。《太平广记》中提到以苎到寺库质钱的甄彬也是南齐人。现代学者陈果夫在为《典当论》所撰序言中也指出："我国典当业发源甚早，初创于南齐之寺僧，仅为慈善性质，以济贫救灾为旨。降及唐宋，富绅大贾，出其资力，群起组织，乃益臻发达，遂递遭而演成近世救济平民惟一之金融机关。"

寺院质库收质，从南朝开始就已有较为详密的管理制度。《僧祇律》记录了收当的程序和当物的管理："塔僧二物互贷，分明券记，某时贷，某时还。若知事交待，当于僧中读疏，分明唱记，付嘱后人，违者结犯。"关于甄彬质钱一事，《太平广记》中提到："道人大惊曰：近有人以金质钱，时忽遽，不记录……"，说明寺库在制度上要求对于每一笔质举业务必须记录上账，但在实际操作过程中难免会有违背制度、粗心大意的事情发生。

南北朝寺院的典质事务相当发达。首先表现在放款对象的复杂化上，从用束苎质钱的平民百姓到用黄金质钱的富豪大族，再到达官显贵。其次是抵押品，即质物的多样化。如齐司徒褚渊曾以"介帻""犀导""所乘黄牛"等到建康招提寺质钱。梁处士庾诜为帮助邻人，"乃以书质钱二万"。北魏的李元忠，退休后不事家产，客至，"使婢卷两褥以质酒肉"。

《小乘律》记载："佛言：若与物时，应可分明，两倍纳质，书其券契，并立保证，记其年月，安上座名及授事人字。""两倍而纳其质"，正是后世典当业的常制——"值十之物，只当四五"，或"值十当五"。当然，这是就一般情况而言的，具体产品可能就要在此间上下浮动。

质押放贷的利率普遍是月息五分，基本遵循春秋以来借贷业"倍称之息"（借一还二）的惯例。南北朝时期有关质押放贷利率的记载很少，只有一些诸如"偿利过本""主司冒利"等含糊说法。及至唐代，《唐六典》卷六"比部郎中·员外郎"条则明确规定："凡质举之利，收子不得逾五分。出息债过其倍，若回利充本，官不理。"这是说，质举利息不能超过本钱，又不能回利充本。唐律的这一规定说明当时质押放款的利率普遍是月息五分，但也存在超出五分的现象，因而受到社会的关注，以致政府以法律名义加以规范。《法苑珠林》卷七十一载："有一经生……将他法华转向赵师子处质二百钱……陈夫将四百钱赎得。"以四百钱赎取质二百钱的物，利息恰为本钱之倍，即传统借贷业所称的"倍称之息"。此例虽非寺库收质，但考虑到市场竞争的压力，寺院收质的利息大体与此相差不远。

质押放贷的赢利途径，除了征收质举利息外，出卖质押品也是重要的赢利渠道。质押贷款人由于各种原因，到期可能不来赎当，寺院只好"拍卖"抵押品，将其中的风险和流动性升水变现。《宋刑统》卷二十六《杂令》引唐开元廿五年令："收质者，非对物主，不得辄卖，若计利过本不赎，听告市司对卖，有剩还之。""非对物主"辄卖抵押品之为法律禁止，正是因为这种现象的大量存在。寺院把质物占为己有的事，也不乏实证。正因为质库收质有大利可图，故自南北朝以来，历代续有发展，唐宋时一般寺院皆"辄作库质钱取利"，质举业成为寺院地主聚敛财富的重要方式。

隋唐以后，工商业发展加快，流动性需求迅速扩大，进一步促进了寺院典当业的发展。如名僧常俨为福田寺长住库"建立铺店，并收质钱舍物，计出缯钱过十万余。"与此同时，典当开始由寺院走入世俗社会。南北朝时期，专业性的质押放贷机构仅局限于寺院经济范畴。隋唐以后，质押放贷除了僧办以外，还有民办和官办性质的典当行，打破了寺院质库的单一典当模式。

2. 举贷

"举贷"作为信用借贷的形式很早就发生了。《史记·孟尝君列传》中孟尝君的放债就属于信用放贷，但这种借贷形式对出贷人来说风险很大，因此常局限于达官贵人所能控制的有限范围内。南北朝以来，寺院及其僧人出于济世救人的信念，将寺库所藏及个人收入广为放贷，期望"无尽藏"，大大拓宽了信用放债的范围——上至官吏乃至官府，下至底层百姓及商贩。此外，寺院对僧尼个人、寺院之间、僧尼之间，乃至同一寺院的不同机构之间，都存在借贷现象。

虽然寺院把借贷网络撒向了社会各个阶层，但其最主要的出借对象还是附近的农民，最常见的出借物是粮食。对于农民而言，最为迫切的是满足生产资料需求和消费性需求，所以他们首先寻求的是种子和青黄不接之际的生活必需品。农民经常在农事生产季节向寺院租借谷物稻种以播种。如一段敦煌文书记载："子年二月六日，普光寺人户李私私为种子及粮用，遂于灵图寺常住处，便麦肆汉硕，粟八硕。典贰升铛壹口。其麦粟并限至秋八月内送纳足。"一些佛教寺院通过借贷粮食的业务，吸纳了为自己服务的奴婢，并使定居于寺院附近的良民保持从属地位。法国汉学家谢和耐指出，最为富裕的寺庙曾在中国起过大型农业银行的重要作用，对当地产生着强大的经济和社会影响。

通常情况下，寺院信用放贷的利率是"偿利过本"。北魏的僧祇粟演变为借贷资本后，"及其微责，不计水旱，或偿利过本，或翻改券契。"及至唐代，这种情况仍没多少改变，有唐五代沙州寺院的大量借契为证。其借贷期一般是春借秋还，大约半年，故月利率为8%～10%。唐开元十六年令规定："自今已后，天下负举，只宜四分收利，官本五分取利。"开元二十五年令规定，"诸公私以财物出举者……每月取利不得过六分，积日虽多，不得过一倍。"寺院放贷月利八分至十分，甚至积久而偿利过本，都超过了法定的利率，寺院的高利贷并不比俗世来得仁慈。当然，这在某种程度上也与佛教的教义有关。贷款人通过向外借贷解决了借款人暂时的生活困难，表示了自己的菩提心，亦即爱心；借款人得到了别人的帮助后，也要交一定的利息表示自己的菩提心。当然，借款人交得越多，说明自己的菩提心越强，对今后的发展就越有帮助。由于这个原因，借款人在可能的情况下，往往愿意多交利息，遂造成佛教寺院的高利贷甚至比世俗更高的现象，这同时也反映了佛教教义在规范借款人行为中的巨大作用。

从现存资料可以看出，佛教寺院大量的借贷都是举贷，借贷双方往往通过签署附加违约条款的形式来保证合作顺利进行，在敦煌出土的残契中有很多都与此相关，以下便是一则：

健儿马令痣借贷契

建中三年七月十二日，健儿马令痣为急要钱用，交无得处，遂于护国寺僧虔英边举壹仟文。其钱每月头分生利仟文。如虔英自要钱用，即仰马令痣本利并还。如不得，任虔英牵掣令痣家资牛畜，将充钱直，还有剩不迫。恐人无口（信），故立私契，两共平章，画指为记。

钱　主

举钱人马令痣年廿

同取人母范二娘年五十

同取人妹马二娘年十二

通过一些类似唐代契约可以看到，举贷虽不像质、典那样直接以物作抵押，实际上却要以举债人的全部家产作担保，甚至还要其亲属联保。这种私契受到法律认可，征债之际，若债务人逃走或死亡，联保人便要负担起代为还纳的法律责任。《唐会要》卷九三《诸司诸色本钱手》载元和十一年九月东都御史台奏，"当台食利本钱……及纳息利年流，身既没，子孙又尽，移征亲族旁支，无支族，散征诸保人，……"。

在借贷过程中，债务人因破产、逃亡或丧失偿还能力而赖债，寺院地主的对策之一是让郡县代为征债。《续世说》卷三记载："北齐苏琼为清河太守，性情慎，不发私书。有沙门道研求谒，意在理债。琼每见则问天理，道研无由启口，弟子问其故，研曰：'每见府君，径将我入青云间，何由得论地上事，遂焚债券。"这个记载正是寺院债权人为了保证信用放贷的安全性而竭力谋求封建国家和法律的保证的反映。官府拒绝为僧人出面讨要债务的现象并不多见，更多的情况是如果债务人不能如期如数偿还债务，还将受到官吏的迫害。

寺院地主讨债更常用的办法是发挥宗教性信用的功能，讲说许多赖债人在地狱受苦的报应故事。毕竟政府并不是一个擅长解决市场内部问题的主体，否则在这一时期扛起中国金融大旗的就是在维系官府关系方面具有比较优势的官僚贵族，而非寺院。寺院成功的背后有其独特的优势，这就是基于宗教信仰的社会约束功能。

《五分律》云："贷僧物不还，计直犯罪。"又如《太平广记》卷一三四《竹永通》载，隋并州盂孟县竹永通，"曾贷寺家粟六十石，年久不还。索之，云还讫。遂与佛堂誓言云：若实未还，当于寺家作牛。此人死后，寺家生一黄犊，足有白文，后渐分明，乃是竹永通字。乡人渐知，观者日数千。此家已知，遂用粟百石，于寺赎牛。别立一屋，事之如生。仍为造像写经，月余遂死。"对于信仰者而言，这种因果报应说是很有效果的，故在宗教氛围甚浓的魏晋隋唐，寺院放债有时虽不立文契，仍能按期收回本利，这是寺院借贷的灵活之处，也是其不同于世俗借贷的特点之一。《两京新记》卷三记唐朝化度寺无尽藏云："或有举便，亦不作文约，但往至期还送而已。"

短期而言，寺院金融肯定有坏账率，前述道研烧掉债契即属此例。但就长期来看，在魏晋南北朝宗教性信用功能最强之时，寺院金融的坏账率降到了最低点。寺院通过经济伦理信用、家族伦理信用、儒家伦理信用、政府行政信用和宗教性信用相结合的方式，将借贷风险大大降低，这是一般的民间借贷根本做不到的。正因此，寺院才敢于向社会底层放贷。学者何蓉指出，寺院从事质钱活动时，作为抵押物的"典"的实际作用并不大。在一般情况下，典物的价值肯定要高于出借的钱或帛的数额，但是在寺库的契约中，它主要起到的是物证的作用。

有些借贷甚至在没有文契的情况下就成交了，一个广为引用的例子表明，从黄金到苎麻都可以用来作为质钱的证物。这种没有文契、质物，而仅仅是物证的交易，虽带给寺院很大的潜在风险，但它在南北朝隋唐的寺院金融实践中却广泛存在，这正反映了寺院的宗教性信用约束机制所具有的巨大作用。

三、寺院金融的作用

寺院金融在中国金融史上最大的意义是在民间借贷、官员（官府）借贷之外，开辟了依靠社会组织放贷的新渠道。在寺院金融出现之前，中国的商业信用并不发达，在国家依靠行政力量降低借贷风险外，家庭伦理和熟人关系是另一种可以降低借贷风险的信用方式。南北朝时期佛教的兴盛，在国家行政信用、民间伦理信用之外，创造了依靠宗教的神圣性降低借贷风险的新的信用方式，开创了依靠社会组织进行大规模放贷的新局面。寺院在借贷市场中的巨大供给与社会需求共同作用，使社会借贷规模大幅上升，借贷的社会化程度大大提高，资本活跃程度和资源配置效率也得到了极大推动，这是寺院金融最大的社会历史价值所在。

寺院金融的宗教本质，是其得以产生的基础。没有社会各阶层的拥护以及源源不断的捐赠，也就没有寺院将这些资产反馈于社会的努力，自然不会有寺院金融的产生。但是，这种宗教本质也对寺院金融的发展构成一定的局限性，这主要表现在：

第一，寺院金融资产主要来自社会的捐施，因此寺院金融资本量的增加更多地与社会信仰水平相关，而与民间商业发展程度联系不甚紧密，构成其进一步发展的局限性。此外，来自社会的捐献虽使寺院掌握了繁杂的实物产品组合，但是从近代金融发展史来看，金融产品的标准化是推动金融业进步和创新的重要因素，因此寺院种类繁杂的借贷反成为其进一步发展的阻碍。

第二，寺院金融降低风险的途径主要依赖于宗教的神圣性，这在社会信用尚不发达的人类社会早期虽有优势，但随着商品经济的发展，人与人之间重复性博弈的增加，民间信用的约束力、影响力越来越大，造成寺院金融优势地位的丧失。

第三，寺院金融的宗教性特点决定了其在金融产品创新上的局限性，而以逐利为目标的民间金融业务因较少约束性，更能顺应商品经济发展的趋势，具有统治整个金融领域的潜力。

第四，寺院金融的业务对象除达官贵族、僧尼之外，主要是收入无保障、违约风险大的周边农民，一旦无法还债，不得不舍身为寺奴或是将自己的田产纳入寺产，这导致寺院金融最终沦为兼并土地和人口的工具，从而将流动性很强的财产最终转变为流动性最差的财产，违背了金融业发展的规律。

第五，寺院金融由于没有工资、租金以及税收等负担，使其在经营时不会有非寺院金融的成本控制的压力，因而缺少民间金融机构那样强烈的创新和扩张的动力，仅有简单的戒律的约束而并未发展出复杂的、理性的经济制度。因此，寺院金融在经营过程中的突出特点不是资本主义的理性精神而是其宗教信仰之根，虽然这已足以使其在缺少现代意义上的契约和信用保障的基础上运行。

寺院金融发展的最大优势就是由于宗教的神圣性而提供的信用约束机制。但无论是宗教提供的信用还是商业信用，归根到底都是非制度性约束，它们作为社会中"默认的制度""隐含的默契"，同政府强制提供的制度性保障一样，都是金融发展所必备的。关键不在于这样的约束存在与否，而在于这类约束是否具有先进性和普适性。例如，中国社会中最为普遍的一种信用约束机制——建立在家庭伦理之上的信用，便是一种原始而且在很长一段历史时期内非常有效的信用约束机制，但是它不具有先进性。商品经济的发展，社会化程度的提高，家庭关系与观念的变化，都会导致这种信用约束机制失灵，所以在现代全球化的金融经营中，很难再见到它的应用。而寺院所依仗的宗教信用约束机制虽然帮助寺院金融取得了很大的成功，但是它的社会普适性不强，并不能帮助寺院金融在全社会范围内开展业务时降低违约风险。相比之下，能够克服这两种缺陷的商业信用显示出其价值所在，成为推动民间金融发展的重要力量。

总之，寺院虽然在特殊的历史机遇和条件下占据了中国金融业的高点，但其自身的局限性决定了它的创新能力的有限性，因而终究不会成为中国金融领域的主力，随着商品经济的发展不得不在唐中叶后将其领头羊的地位让于民间金融。

（该文发表于《清华管理评论》2012 年第 3 期）

洋务运动期间的对内融资思想

摘　要：在任何国家从传统社会向现代化转变的道路上，资金的缺乏都是一个长时间困扰当政者的大问题，对于在外力压迫下被迫走上现代化道路的国家来说，这个问题尤其严重。清政府担心引进外资会受到更大控制，被迫走上主要依靠国内积累发展经济的道路。对内融资的手段主要有整顿传统税收和征收新式商业税两类。洋务派在筹资问题上遇到很多痛苦和无奈，如征取厘金（商业流通税）与妨碍工商业发展的矛盾；开征捐税、赌博税、鸦片税与败坏政风、败坏社会风气的矛盾，等等。所有这些，都预示着中国早期现代化发展道路的艰难，预示着中国早期现代化成效的有限性。

关键词：洋务运动　资金匮乏　融资　矛盾

资本在现代企业的发展中起着十分重要的作用。洋务运动期间，洋务派要按西法练兵、造船、制器等，势必需要巨大的费用。但处于社会转型期的中国，资金尤为缺乏，如何为现代企业的催生、发展准备必要的资金呢？由于国力衰弱，清政府担忧对外融资会丧失国权，因而尤重视对内融资。长期以来，学术界对洋务运动期间的对内融资情况研讨得并不够，且多有逻辑推论不严谨之处，如谈起厘金问题，多谈厘金的征收对近代工商业发展的妨碍，避而不谈厘金在资本筹集中的作用，更遑论探讨替代厘金的其他税源问题了。基于此，本文将按照马克思主义的辩证法原理，结合现代经济学理论，重点探讨洋务运动期间的对内融资思想，以期对中国当前的社会主义现代化建设有所裨益。

一、整顿传统税收

洋务派整顿传统税收的努力主要集中在田赋和盐课两个方面。简而言之，主要包括以下几点。

（一） 改革征税办法

早在鸦片战争前，清政府尚能稳固地统治全国之际，地丁银的征收就因地方官员、征收吏胥上下其手而"诸弊丛生"，统称为"陋规"。鸦片战争后，清政府威权下落，地方官员、征收吏胥更无所顾忌，致使各种弊端恶性发展。为此，何启、胡礼垣提出了防止吏胥上下交手作弊的具体操作办法，其要点有四：一是加强舆论监督；二是行担保之法；三是行竞争之法；四是提高收银人员薪俸，使其无养家之累。

在漕粮征收上，冯桂芬主张京师官民所需的粮食不必由官府从南方漕运接济，有漕粮的地区可按每亩折银若干上缴京师，而京师所需食粮可在京津等地招商自运，向市场供应，官府用粮则以南方上缴漕银向市场购买。后来的郑观应则干脆提出停运漕粮，将漕粮折收漕银，在天津等地购买粮食。在整顿盐税方面，主要是改革盐政管理办法，变以前的官商经营为私商经营，同时降低运营成本。郑观应认为，盐课绌乃由于滞销，滞销的原因是私盐的崛起，私盐所以崛起乃是因为官盐价昂，官盐所以价昂乃是由于成本太重。所以他的结论是要提高盐课，唯有降低成本。具体办法是：平减赋则；制造效率高的洋船以运盐；广建盐仓，起到平准的作用。

（二） 在传统道德规范外征取各种税收，包括征收赌博税、鸦片税等。

1. 征取赌博税

为给洋务现代化筹措经费，洋务派可谓绞尽脑汁。为了开辟更多的税源，张之洞甚至不顾及个人声誉与社会后果，开广东"闱姓"赌捐以救燃眉之急。"闱姓"赌博是两广地区的一种劣习，以猜中闱场考试士子中式之姓的多寡赌输赢。起初以文武乡试榜中小姓为赌，赌注不过百钱，后逐步扩大规模，开局收票。更恶劣的是，赌商甚至勾结考官作弊，以操纵科举考试牟取暴利。鉴于此，历代粤督莫不严厉打击，但赌商们相率赴澳门，愿缴纳巨额赌款于葡萄牙殖民当局，以谋求他们的保护。作为清政府要员，张之洞当然明白，一旦正式宣布解戒，闱姓赌风将越演越烈。何况运用这种办法筹措资金，因违背传统的政治伦理必然成为政敌攻击的绝好口实。但是，为了军政大局之急需，个人毁誉在所不惜。张之洞先后从"闱姓"赌捐中抽出上百万两，分别用于修复黄浦船坞、建造巡河炮轮、订购布机、加固堤防等。

2. 征取鸦片税

在近代中国，鸦片始终是中国进口之大宗。为塞此漏卮，并为洋务事业征取税源，洋务派提出了"驰禁"的主张。李鸿章针对中国每年进口鸦片七万数千箱、售银三千余万两之多的情况，指出"既不能禁英商之不贩洋烟，又不能禁华民之不食洋烟，惟有暂行驰禁罂粟"，其好处是"不但夺洋商利权，并可加征税项"，待洋人感到贩卖烟土无厚利可图的时候，再于国内妥立章程，严为限制，如此鸦片之患总能解决。据此，他批评禁烟派的主张是"徒为外洋利薮之驱，授胥吏扰索之柄"。李鸿章的主张得到了清政府的支持，在短时间内取得了"土药之产日益多，洋药之来日益少……亦足以稍收利权"的效果。

然而鸦片贸易合法化在换来税收大涨的同时，也造成了鸦片之患越来越严重的局面。怎样解决越来越严重的鸦片之患呢？陈炽主张运用经济手段，通过重征鸦片税最终逐步加以解决。他指出，"（鸦片）事由渐开，当以渐禁。渐禁之法，非重征其税不可。筹成巨款，既可以筹措海防，逆计将来，复可以消除隐患。"

3. 捐输、捐纳

中国封建统治者历来有在财政危机时卖官鬻爵的传统，故金田起义一爆发，清政府即"特开筹饷事例"，规定捐纳的各种具体标准。太平天国起义被镇压后，洋务现代化兴起，捐纳又成为筹措财源的一个重要手段。

诚然，捐纳所入在解决洋务现代化经费短缺上有一定的作用，但是捐纳所得，远远不敷经济建设所需要的巨大资金需求，故越到后来，其积极作用越少，负面作用越大，因而也越来越招致人们的反对。在这种情况下，洋务派发出了改革捐纳的呼声。他们中的一些人主张废止捐纳，如同治五年左宗棠奏请停止各省武职、文职报捐。但更多的人却主张利用人们对功名富贵追求的心理，将他们引导到兴办实业的道路上去，具体做法如下。

一是仅给捐纳者荣誉奖励，而不授以实职，这样既解决了现代化经费不足问题，又不对国家政治造成损害。

二是引导捐纳者将资财投向近代工商业。郑观应说，"民既不捐官而为商，宜令民间纠合公司，大兴商务……则善攻心计之流，皆转而为斗智投时之举，而国家之阴受其利者多矣。……商贾中，如有品行刚方行事中节者，人必举以为议员以办公事，是求利中不失求名之望。"更重要的是，"捐纳废而后好官出，好官出而后公道明，公道明而后民志畅，民志畅而后国运昌，我国家宜知所务矣！"

二、征取新式工商税收

随着现代经济的发展，新式工商税收越来越多，逐步变成最重要的筹资渠道。洋务派是从以下几个方面考虑征取新式工商税的。

1. 海关税

关税在传统的中国财政收入里根本不占什么地位，但鸦片战争，特别是第二次鸦片战争后中西贸易交流的增多，使得海关的关税收入增长很快，直接造成了政府财政收入结构的根本性变化。

海关收入在清政府财政收入中比重的提高，表明清政府在传统的财政支出，包括官僚的薪俸、皇室的费用、日常的军费等刚性支出之外，可以拿出很大一部分用于新事业的创办。当时西方列强控制了中国海关，他们着眼于开辟外国在华更多的经济权益，因而对一切有利于开拓西人在华商业利益的举动都将给予有力的支持，这就为洋务事业创造了一个较好的财政资本基础。

同治五年，总理各国事务衙门奏请"提出四成洋税，由户部另款存储"，作为洋务事业的专用款项。此事虽获清政府批准，但由于国家税源不足，而支出庞大，经其他各处陆续借拨，致使洋务专款不能专用。同治十二年，总理各国事务衙门借发生日本侵犯台湾事件，再次提出洋务专款专用的问题，得到了越来越多的人的赞同，清廷遂明文规定，每年从关税收入总量中拨"四成"，"解交部库，另款存储"，"一概不准擅动"，"专备总理衙门及海防统帅大员会商拨用"。

后来的事实证明，关税在中国洋务现代化运动中是发挥了相当大作用的。据统计，海关关税占整个洋务军事工业官方资金的 83.7%。

2. 厘金税

厘金本是专为筹措镇压太平天国运动军费而实施的一项商业杂税，原定"军务告竣，即行停止"。可是太平天国起义被镇压后，传统的农业税出现了"地丁多不足额，税课仅存虚名"的困境，而鸦片战争后中国越来越与世界市场连在一起的状况，造成了对内、对外贸易的发达，使厘金这种对内征收的商品税有越来越高的趋势。在这种情况下，洋务派特别是洋务大吏是无论如何也不会放弃厘金这一仅次于关税的税收大宗的，何况关税的征收与使用的决定权还不掌握在自己手中。

同治三年，清军攻陷太平天国都城南京后不久，有人即提出裁厘建议，遭湖广总督官文、广东巡抚郭嵩焘等人的坚决反对。他们认为，厘金"只宜严禁重科，万不可骤议裁撤"，并提出了宜将厘金改为经常税制的反主张，提议各抽厘省必须将一部分厘金拨解京师，以充裕部库。因此，厘金非但未撤销，反而越来越加强。它和关税一道，成为清末国家财政的重要组成部分，也成为洋务派筹措资金的重要渠道。

然而厘金好比一柄双刃剑，既有筹集资金促进新式经济发展的一面，也有提高商品运输成本，使市场萎缩的一面。尤其是在外商利用不平等条约，进行中外不平等竞争的时候，厘金对近代商业的破坏作用尤大。这样，使用厘金的初衷就与发展现代化的目标发生了矛盾。然而现代化越进行，就越是需要更多的资本，因而在未找到替代它的财源之前，骤撤厘金显然是不可取的。如何既能保证现代化所必需的资金，又能开拓现代化所必需的市场呢？洋务派提出了以下几种办法。

办法之一是趁洋货欲加税免厘之机，将厘金完全裁撤。马建忠持此主张。他说，"闻之西人，谓中国税则增至值百抽十二，差可与厘金相抵。而西人欲停厘捐，有愿值百抽八者。今修约以抽税从重，彼族必然不允，然后可抽长截短，一律减至值百抽十外。加各色杂捐，似可当厘金之入。"

办法之二是裁厘并关，即将所有厘卡一律裁撤，并归洋关。王韬和郑观应持此主张。郑观应在《盛世危言·厘捐》篇后曾附录王韬论裁撤厘捐一篇，内曰"惟是厘捐一日不撤，商困一日不苏。欲救此弊，莫如以厘金并入关税一次抽收……凡洋货进口，纳税于海滨通商正口；土货出口，纳税于第一子口，悉照新章完纳，一征之后，任其所之，不复重征，而遂将厘卡概行裁撤，是举从前积弊一扫而清之也"。

办法之三是只对坐商征税，而不对行商征税。汤寿潜持此主张。他说，"今斟酌停与不停之间，则莫如包办。每遇贸易繁盛之地，设局置委员焉，法不妨仍旧其贯，惟不捐之行商，而捐之坐贾"，其好处是简单易行，既方便了民商，又降低了征厘成本，还减少了吏胥徇私舞弊的机会。

办法之四是发展铁路事业，用铁路的收益来替代厘金。甲午战争后，李鸿章游历欧美诸国，亲眼看到铁路带来的巨大收益，遂有大力发展铁路，用铁路收益来替代厘金的想法。他说，"在中国今欲整顿一切新政，惟铁路为第一枢纽。即以厘金言，厘卡委员之舞弊，固属可恨，然亦必借铁路告成之后，全国先自通其脉络，再谋除此巨蠹，始可胜任而愉快也。"

3. 内债

中国历史上殊少政府向民间借债的传统。郑观应在《易言·论借款》一文中，曾谈到周赧王筑台避债，"至今传为笑柄。故中华以为殷鉴，向无国债之名。"而西方则不同，"凡兴建大役，军务重情，国用不敷，可向民间告贷，动辄千万。或每年仅取子金，或分数年连本交还，隐寓藏富于民之意。"深受筹款之难困扰的洋务派由此受到启发，萌生了向国内富民借债的想法。光绪九年，钟天纬在《扩充商务十条》中肯定国债说，"国债之法创自欧洲，实开千古未有之局。不敢谓永无弊端，而总觉其有大利而无大弊。"而且当时借内债的条件也比较成熟，鸦片战争后，社会上出现了一大批靠从事近代工商业、从事近代对外贸易过活的人。如19世纪90年代前，汉口茶叶贸易最盛时，有茶商100多户，资本多的达100万两以上。在江西，"因茶叶致富者，不下数十百家"。在福建，曾涌现18个因茶致富的"百万富翁"，最少的也有200万元资财，最富的达800万元。

然而中国社会长期的超经济控制，造成了民对官的不信任，汤寿潜说，"中国商民素不信任朝廷，其视官吏尤疾首蹙额，以为虐我则仇，孰肯以锱铢所集者寄食于虎狼之口哉？"为了解决这一矛盾，洋务派设想了三种方案。

第一，改官库为官号，这样可使国债的出入不经官之手，有利于破除民对官的不信任，最后造成"民知号商之较可恃也，必有踊跃输将以资两利者"。

第二，仿西人之法筹借民款。郑观应认为中国"二十一行省殷实商民为数不少，但使由户部及各藩库仿西法出给股票，每股百金，定期归还，按年行息，收放出入诚信无欺，安见中外商民信户部者必不如其信银行，信中国者必不如其信外国乎？"

第三，由收入固定的海关办理借债事宜。钟天纬指出，"若自借本国之国债，每年偿利若干，由各海关经理，刊给饷票，以抵现银，而即由海关付息。庶商民取信尽出其藏锱，以牟十一之利则市面流通，经商易于获利。"

4. 劝募私人资本投资洋务企业

在当时社会法制不健全，又存在中外商人不平等竞争的情况下，不少华商搭附外商公司，冀以取得理想的投资利益。也有少数华商竟"冒充洋商"，以图

"偷漏税项"。为吸引这些华商将资金投入到洋务企业，洋务派提出组织"官督商办"的股份公司，然由于股份公司内部官商关系难以协调，致使股东效益受到影响，出现了"人皆怨悔，深以为戒"的局面。为了吸引广大商人继续投资洋务企业，洋务派提出了改革集股办法的主张。

钟天纬在《中国创设铁路利弊论》一文中，提出"至于集股之法，第一关键须由国家保利若干，赢则归公，亏则赔补，此即官为保险也。而又无论铁路、贸易之赢缩，必按期付利不爽。各股份由各海关招募，而每年即由海关官银号付息，则人皆倚信而集资自易矣。"此后他又明确提出了"请保定官利以资招股"的建议，这样就形成了中国近代工业史上特殊的"官利"制度。官利的利率一般为7%～10%，它的作用具有两重性。一方面，它有助于减少商人的风险，鼓励他们投资。正如张謇所说，中国产业的发展"亦赖依此习惯耳，否则资本家一齐畏缩矣，中国宁有实业可言"；但是另一方面，官利制度又增大了企业的成本，严重影响了企业的正常开办和经营。如大生纱厂在创办初期便受到官利之累，该厂在因资金艰涩，几至不能成厂的时候，还要动支股本17000多两，并出卖原棉以应付官利。

三、小结

在任何国家从传统社会向现代化转变的道路上，资金的缺乏都是一个长时间困扰当政者的大问题。中国的洋务运动正发生在西方爆发第二次工业革命，国内资本严重过剩，被迫去海外寻找投资场所之际，按理说这正是引进外资解决国内资本匮乏问题的最佳途径。但清政府在国权日丧之际，担心被外国进一步控制，因此即便外国资本主动找上门来，也总是婉言谢绝。这样，洋务运动被迫走上主要依靠国内积累发展现代经济的轨道。洋务派在筹资问题上遇到的很多痛苦与无奈，如征取厘金与妨碍工商业发展的矛盾，征取赌博税、鸦片税与捐纳与败坏政风、败坏社会风气的矛盾等基本来源于此。洋务派设想了许多取代这些不当税源的法子，但由于没有替代这些等量税收的新税源出现，因此迟迟难以解决。所有这些，都预示着中国早期现代化发展道路的艰难，预示着中国早期现代化成效的有限性。

参考文献

［1］洋务运动（卷 1）［M］. 上海：上海人民出版社，1973.

［2］陈炽. 陈炽集［M］. 北京：中华书局，1997.

［3］郑观应. 郑观应集（上册）［M］. 上海：上海人民出版社，1982.

［4］皇朝经世文新编［M］. 北京：北京大学图书馆善本室.

［5］汤寿潜. 汤氏危言［M］. 北京大学图书馆善本室.

［6］蔡尔康. 李鸿章历聘欧美记［M］. 长沙：岳麓书社，1986.

［7］钟天纬. 刖足集［M］. 北京：北京图书馆善本室.

（该文刊载于《河南师范大学学报》2002 年第 3 期）

洋务运动期间规范证券市场思想

西方企业为筹集经济建设需要的巨大资本，发明了集股经营制度。洋务派对这种经营方式十分欣赏，认为可以"集少而成多"，对解决中国现代化资金不足问题特别富有启发意义，故大力在中国推广，组建了以轮船招商局、开平矿务局为代表的一系列的股份公司。有了股份公司，自然就有了筹集股金的场所——证券公司的粉墨登场。

中国最初的股份公司是以官督商办的形式组织的，因有官府的襄助，这些公司取得了包括行业垄断权在内的大大小小各种特权，因而对外竞争的能力大增，提高了民间对这些公司收益的预期，因此在各通商口岸，特别是在中国新式经济最发达的上海，民间的投资欲望渐趋高涨。1882年，《上海平准股票公司叙及章程》中介绍这种情况说："人见轮船招商与开平矿务获利无算，于是风气大开，群情若鹜，期年之内，效法者十数起。每一新公司出，千百人争购之，以得票（股票）为幸，不暇计其事之兴衰隆替也"。

不过就在这一年，上海发生了股票的狂跌，从而引发了严重的金融危机——倒账风潮。在危机的打击下，中小型股份公司几乎全军覆灭，大型股份公司靠着官府的全力支持方渡过危机。这次事件在中国股份公司发展史上相当重要，一方面，证券市场受到沉重打击，以至于长时间内人们"谈股色变"，严重影响了当时股份制企业的发展。另一方面，它使证券市场的主持者——洋务派认识到，证券市场固然有便于集资的优点，但也存在着巨大的风险。为规避证券市场的风险，洋务派进行了艰辛的探索，其主要思想如下：

一、要加强对股份公司成立资格的审查

当时中国股份制企业甚少，只要公司成立，自然就取得了通过股市融资的权

利，在这种情况下，洋务派要规范股票市场，就必须防患于未然，首先在加强对股份公司成立资格的审查上做文章。1883 年，即金融危机仍在继续的时候，钟天纬写作《扩充商务十条》一文。在"合公司"一条中，他详细介绍了西方国家组建股份公司的经验，强调公司必须要依法成立。他说，"西国每立公司，必察请国家，由商部派员查勘，事实可凭。利亦操券，始准开办"，也就是说，西方的公司必须经过国家有关机构依法审查批准，确有发展价值和发展潜力后，方准许成立。反观中国公司成立的做法正和西方完全相反，"纠股者只须禀请大宪，给示招徕，刊一章程，绘一图说，海市蜃楼，全凭臆造"。也就是说，中国的股份公司成立得很草率，从而埋下了祸根。据此，钟天纬认为，要让股份公司这一先进的企业组织形式在中国扎根，必须"查照西洋成法"，今后，"凡立公司，必须经商会派人查考"。只有符合创办条件的，才准许成立。钟天纬把应该属于国家的成立公司的审查权移交给民间商会，是有其深意的。因为当时清廷衙门大多腐败无能，由国家行使此权，只能是给衙门官吏增开了一条贪赃受贿的门路，而使徒有其名的公司堂而皇之地披上合法的外衣。

应如何进行公司的资格审查呢？郑观应指出，"凡创商贾公司，必须具禀列明：股董何人？股本若干？所办何事？呈请地方官注册，如不注册，有事官不准理。庶几上下交警，官吏不敢剥削，商伙不敢舞弊"。在这里，设立公司的条件更明确了：要有公司的申请人和投资人，要有注册资本和开办目的，以及注册登记的法律效力等。

在洋务派看来，国家所以要审查公司的成立资格，正是为了保证公司的健康成长：一方面，有利于公司加强管理，提高经营效率，这是股票市场保持生机的基本条件；另一方面，有利于保护股东利益，维持股票市场生机。

二、规范证券市场

洋务派认识到，股份公司要健康发展，证券市场必须规范。前面讲过，股份公司制度刚到中国时，企业主管仅把它看作一种新的、有效率的集资方法，一般股东也仅把它当成一种迅速谋利的手段，对它自身存在的风险还没有考虑。1882年年底开始的上海金融风潮，使洋务派看到了股份筹资制度存在的风险：当股民对某企业产生良好的预期时，便将大量资本投入该企业，从而对企业的发展起到锦上添花的作用；反之，当股民对某企业产生了悲观的预期时，便大量抛售股票，从而对企业的发展产生雪上加霜的效果。如何能规范证券市场的投资行为，使之更符合企业发展的长远利益呢？

钟天纬在《扩充商务十条》的"合公司"一条中，对股东的投机心理做了分析。他指出中国的股东盲目地购买股票，"本无置产业贻子孙之心，不过以股票低昂为居奇之计。"1888年，他在《挽回中国工商生计利权论》中，进一步指出，"资出于富家则本有置产业贻子孙之心，资出于市侩则无非借股票低昂为买卖空盘之计，苟收效稍迟，即弃敝屣，斯公司为之牵率而倒矣。故与其招散股不如招大股"。在这里，他实际上是将购买股票的人分为投资者和投机者。"以置产业贻子孙"为目的而购买股票的是投资者，以"借股票低昂为买卖空盘之计"为目的而购买股票的是投机者。他认为大股多以前者为目的，散股多以后者为目的，故提出"招散股不如招大股"。应该说，钟天纬的这种划分并不科学，因为以投机为目的的"市侩"也可能是大股。

欢迎投资者，反对投机者，对发展股票市场来说不是一种健康路的思路，尤其是把股份公司的失败归结到股票的频繁流转易主，更不可取。因为一般的股东所以选择某种股票，是预期将能赚到大钱，他并不是为了公司的发展而去投资的。因此，对很多股民而言，他们关心股票价格的热情远过于关心公司的业绩，但是，钟天纬的思想中确实有不少合理的东西。他主张使公司有一批长期投资者以稳定股份公司。这和我们今天发展股份制企业，希望各上市公司有一批相对固定的长期投资者的思路是基本一致的。确实，只有那些长期投资者，才有"置产业贻子孙之心"，才会真正关心股份公司的经营，才会行使股东的权利，从而使股份制起到促进企业效率的作用。陈炽认为要把股民长期留到股票市场上，就必须通过法律保护他们的正当利益。他说，"前此矿务诸公司亏闭卷逃，有股诸人控管不准。而此后招股一事，通国视为畏途。虽善口婆心，无人肯应者，职此故耳"。应该说，陈炽的认识是很有见地的，然这只能依靠国家制定有关法律、法规，并严格执法才能解决。在晚清，这是很难做到的，于是中国商务遂难以振作。

此一时期，社会舆论还指出股民投资时，要有风险意识，要慎重选股。19世纪70年代末80年代初，中国兴起了一股投资矿产的热潮，当时不少中小型官督商办企业，如长乐、鹤峰、池州、金州、荆门、承德、徐州等处，一经禀准招商集股，无不争先恐后，数十万巨款，一旦可齐（《字林沪报》，1883年1月2日）。钟天纬讽刺这种现象说，"各股东亦不究矿在何处，矿质着何"（《刖足集，外篇，扩充商务十条》），只管盲目投资，唯恐落于人后。事实上，1882年，在上海招股的官督商办企业中，除轮船招商局和开平矿务局比较有成效地投入经营和生产外，其余各企业都还在筹备之中。能否有利润可得，尚难预测。然而他们发行的股票却在争相购买的状态下，其市场价格都毫无例外地维持在票面额之上，有的甚至升水到两倍以上。因而从某种程度上说，正是股民的这种盲目投资心理，造成股票市场出现泡沫现象，这种虚假繁荣的泡沫一旦破灭，股东的投资热情无疑将大受打击，所以，一直到90年代，不少人仍然谈公司色变。这一现象，固然反映了私人资本对投资新式经济的热望，但这是一种盲目冲动，是不利于中国资本主义的发展的。

三、评论

应该说，洋务派的这些探讨是合乎市场初期证券市场的运营规律的。然而洋务派的设想虽好，在中国近代的官办企业里却是不容易办到的。从股票市场来说，外商竞争的压力，本国封建者各种名义的"摊派"以及企业内部大量腐败现象的发生，使得近代中国企业的经营成本太高，由于公司获利难以保证，这容易使股东形成短期利益观点，从而造成股市的剧烈震荡，其直接的影响是股市的正常发展，间接的影响是股份公司的健康发展。

我国目前正处于从传统社会向现代社会的转变中，这也造成我们的证券市场很不健全，波动很大，从而严重制约了上市股份公司的发展，最近发生的吴敬链、厉以宁、萧灼基等著名经济学家关于我国证券市场发展的争论，实是我国证券市场发展不健全、股民投机心理过度，严重影响了证券市场和股份公司发展的反映，在这种情况下，洋务派的规范证券市场发展思想应该会给我们提供很好的借鉴。

当然，我们今天发展股份公司、证券市场的条件和洋务运动期大不相同，第一，我们是独立自主国家，是根据本国经济发展状况决定向外商开放的力度的；第二，我们的经营环境大为改善，虽然在某些经济落后省份还存在以各种名义向企业摊派的事情，但在全国的绝大部分地区已出现了千方百计吸引外来企业，留住本地企业的风气，企业已不是任人宰割的羔羊，而成为社会瞩目的焦点；第三，十几年来的企业文化建设，使我的企业风气大为好转。虽然仍存在各种腐败现象，但空间已大为缩小，所有这些，无疑都增强了我国企业的竞争实力，降低了我国企业的经营风险，易使股民对未来产生稳定的预期，逐步减小其过度投资心理，从而为证券市场的稳定创造了很好的条件。

（该文刊于《中国改革》2001 年第 5 期）

文化与金融的可持续发展：历史的启示

学术界提到金融，更多地着眼于通过降低风险突破市场边界的金融技术进步，对于影响人们行为的文化与金融的关系，往往泛泛而谈，缺乏深入的研究。实际上，科斯、诺斯创立的新制度经济学，特别强调习俗、习惯、传统、伦理道德、意识形态等非正式的制度的作用，认为作为制约人际关系，决定人们经济行为的一种无形的规则或心理约束，非正式制度同法律、法令、规章、合约等正式制度一样，对经济起着重要的作用。作为中国经济思想史专业的一名研究者，笔者试图从意识形态的视角谈谈文化对金融市场可持续发展的作用。

一、"孝"文化在加强自我约束以促进金融市场中的作用

有一种议论认为，国外的金融市场好做，是因为社会相信前世、今世、来世，这种信念使得人们容易自我约束，尊重他人，对金融市场的可持续发展有重要作用。而中国人没有天堂地狱的概念，很容易自我放纵，侵犯他人，这就是当前金融界各种乱象，诸如欠款不还、欺诈、跑路等出现的原因，这些都不利于金融业的可持续发展。

笔者认为，这种说法貌似有理，其实经不住推敲。"世"指的是时间，前世、今世、来世，换另外一句话，可以理解为老子、儿子、孙子，这就是中国传统的孝道观念。一个"孝"字代表了中国人的前世、今世和来世。中国是使用象形文字的国家，"孝"字的笔画构成不正是儿子背老子，体现了血缘关系的传承嘛！作为家庭关系的范畴，"孝"特指的父母、妻子、儿女关系的处理。父母以及之上的祖宗，可以理解为前世；妻子、兄弟、姐妹，正是今世；儿女以及后代子孙，就是所谓的来世。因此，如同西方天堂、地狱将人们的言行约束住一样，一个

"孝"字也很好地约束了国人的言行举止。

孔子曰："夫孝，德之本也，教之所由生也。……身体发肤，受之父母，不敢毁伤，孝之始也。立身行道，扬名于后世，以显父母，孝之终也。夫孝，始于事亲，中于事君，终于立身。"这是说，"孝"的最基础的境界是感恩。父母对自己有养育之恩，自然要报恩父母。"孝"的最高境界是服务社会，受到社会的赞美，让父母祖宗以自己为荣。试想，一个心中有孝道，希望给爸妈家人以荣耀的人，一定不会轻易违背社会的规范。一个人养老、抚小的责任没完成，很难做到随心所欲，而要完成养家糊口，光宗耀祖的使命，就必须努力工作，尊敬师长，在更大的层面，正所谓得人心者得天下。反之，如果不好好工作，反而伤害社会，只能遭到社会的唾弃，令家人蒙羞。故《孝经》云，"爱亲者，不敢恶于人；敬亲者，不敢慢于人。""君子之事亲孝，故忠可移于君。事兄悌，故顺可移于长。居家理，故治可移于官。是以形成于内，而名立于后世矣。"

具体到金融市场，一个心中有"孝道"的人，肯定要严格地自我约束，期望以高质量的工作赢得社会的支持，在这种情况下，诈骗、欠款不还等自毁形象的行为就会大大减少。基于此，孔子的结论是："夫孝，始于事亲，中于事君，终于立身。"也就是说，从"事亲"开始的"孝"，必然走向关心社会，忠诚企业的"忠"，亦即见利思义，利人利己的道路，但这是需要一辈子不断修养的，亦即"终于立身"。这是因为，人的天然的弱点是得志便猖狂，失败便失志，正常状态下往往只看别人的弱点和自己的优点，因而愤愤不平，这意味着人是很难自动地达到见利思义的状态的，这才需要通过不断的群体聚会，诸如教堂、清真寺、庙观等接受圣贤的教导，传承人类的文明。由此看来，中国社会目前存在的种种问题，诸如食品的严重不安全，环境的极其污染，官场的空前腐败，是与近代以来激烈的反传统，使得祠堂、牌坊、庙观等接受圣贤的教导，传承中华文明的场所被当作封建迷信而毁掉，由此导致民族文化传统断裂，"孝道"意识淡漠，自我放纵分不开的。要改变这种现象，必须大力弘扬以"孝道"为中心的中华古典文明，并通过适当的群体聚会的固定场所来接受圣贤教导，传承民族文化，这就是以习近平为核心的党中央大力倡导传统文化的原因。

只是在将家庭和社会结合的道路上，有两种性质的"孝"。一种是因为爱自己的父母，于是便侵犯别人的父母，诸如抢劫、偷盗、诈骗等。显然，这是动物本能的、不正确的孝，必将遭到社会的报复而让家人蒙羞。当前严重的社会问题，正是这种不正确的"孝"的反映，即只爱自己的家庭不爱别人的家庭，损人利己。还有一种是因为爱自己的父母，于是亦爱别人的父母，其表现便是好好工作，尽职尽责，忠于职守。显然，这是理性的、正确的孝，必将赢得社会的信赖而使家业昌盛。两种"孝"之间，只有经历了不正确的"孝"带来的巨大代价后，人们才能升华到正确的"孝"，正所谓穷则思变，失败是成功之母，大风大浪锻炼成长。因此，透过中国目前严重的社会问题，我们反而能感受到中华民族未来美好的前途，这就是为什么近年来出现国学热，以及习近平大力反腐败，受到全民族高度支持的原因。当一个民族到了不能容忍的时候，也是其发奋图强，动力最强的时刻，亦如《易经》所说，"法久则弊，变则通，通则久。"

还有一种议论认为，"孝"文化阻碍了金融市场的发展。这是因为，孝文化强调家庭互助，对来自非血缘的社会资金的需求自然减少，这样自然导致金融市场的不发达。笔者认为，中国金融市场不发达的原因并不是作为意识形态的孝文化造成的，归根到底是经济发展水平不高，社会流动性不强造成的，毕竟意识形态只是经济发展的反映。试想，当一群人及其后代的婚姻长期局限在十里八村的有限范围内，一旦手头有点紧张，曲里拐弯地找七大姑八大姨解决就可以了，对于社会化程度高的金融市场的需求自然不高，这就是目前农村金融存在亲缘互助程度高的原因。不过一旦到了社会流动性强的城市，就是另外一种面貌。由于无亲缘关系可以依靠，自然需要依靠社会化程度高的金融市场。在这一问题上，笔者赞同陈志武教授的观点。陈志武在《儒家孝道文化的终结与中国金融业的兴起》（《新财富》，2006年12月）中指出，随着生产力水平大大提高，包括财物、人员在内的流动性增强，主要由家族配置资源的制度必定要向以市场配置资源的制度转变，而家庭也将由以前的侧重经济互助功能走向侧重精神互助功能。

不可否认，孝文化确有阻碍金融市场发展的一面，南宋袁采痛心疾首的"杀熟"现象即是典型事例。《袁氏世范》写道："房族、亲戚、邻居，其贫者才有所阙，必请假焉。虽米、盐、酒、醋，计钱不多，然朝夕频频，令人厌烦。如假借衣服、器用，既为损污，又因以质钱。借之者历历在心，日望其偿；其借者非惟不偿，以行行常自若，且语人曰：'我未尝有纤毫假贷于他。'此言一达，岂不招怨怒。"在这种情况下，作为债权人的一方出于保护自身利益的考虑，以后再碰到亲戚借钱，他能做到的只能是：或者干脆装穷，或者如袁采所建议的，"应亲戚故旧有所假贷，不若随力给与之。"而不管哪一种，都不利于金融市场的发展，而这却是中国社会目前普遍存在的问题。

为何"孝"文化具有阻碍金融市场发展的消极方面的作用呢？正如前面所说，"孝"分正确的"孝"和不正确的"孝"两种。只有那种利人利己的、正确的"孝"，才能既促进家庭的和谐又促进社会的合作，从而推动金融市场的发展。那种损人利己的、不正确的孝，既不能促进家庭和谐，又不能促进社会的合作，自然会阻碍金融市场的发展。生活中所见到的"宰生""杀熟"现象，正是这种不正确的"孝"的反映。而只有经历了不正确的"孝"带来的巨大代价后，人们才能觉悟，从而升华为正确的"孝"。因此，我们要对金融市场的未来充满信心，要对民众的认识能力、纠错能力充满信心，这也说明事物的发展不是一帆风顺的，总是要经过一番辛苦的努力，痛苦的挫折后，才能走上正确的道路。

与包括印度、阿拉伯、欧美在内的西方文化强调超越家庭血缘关系的普遍的博爱，主张众生平等，上帝面前人人平等不同，中国文化则重视家庭血缘关系的力量，主张有差别的爱，要求沿着修身、齐家、治国、平天下的忠孝之路，实现天下大同。罗素在《中国问题》中指出，"孝道并不是中国独有，它是某个文化阶段全世界共有的现象。……随着文明程度的增加，家族关系便逐渐淡漠。"不过罗素也谈到了中国在这一问题上的特殊性。"古代希腊人、罗马人也同中国一样注重孝道，但随着文明程度的增加，家族关系便逐渐淡漠，而中国却不是这样。""奇怪的是，中国文化已到了极高的程度，而这个旧习惯（指孝道）依然保存。"如何看待东西方文化的这一显著差异呢？笔者认为：

第一，与地理环境有关。东面浩瀚大海、西边陡峭高山的环境保证了古代中国东西南三面的安全性，只有临近大草原的北边不安全，而依托万里长城也可以有效地抵御游牧民族的南下，这在相当大程度上保存了政权和依托固定区域的家族的生存，即使如魏晋南北朝那样的大迁移，也是以家族的形式进行的，这是造成中国社会政府力量强大、家族力量强大的重要原因。

与中华文明局促于东亚大陆不同，其他几大文明主要在亚欧非毗邻的北非、爱琴海、小亚细亚和印度次大陆地区。这一地区内部分成几个相对孤立的单元，由此产生了不同的文明，但总体而言该地区地势较为平坦，周围没有特别的高山大川，人和人的交流方便，以至于战争的交流也方便。不间断的战争的爆发、政权的覆亡、民众的流离失所，固然推动了建立在不同民族、种族相互交流基础上的知识的进步，也导致强大的政权和依托固定区域的家族力量难以存在，只能依靠超血缘的宗教组织和市场组织的力量维系民众生存，这导致了西方超血缘的宗教力量和市场力量的发达。当然先有宗教力量的发达，再有市场力量的发达，毕竟市场力量是建立在共同信仰基础上的。

第二，与经济发展水平有关。从东西方社会配置资源方式的历史来看，各个社会无不经历了生产要素的非自由结合向生产要素的自由结合的转变，以及配置资源的主角由家族互助向市场互利的转变，至于近代中国和西方在市场制度上表现出的差异，诸如中国家族的色彩更浓厚，西方市场的色彩更浓厚，更多地由生产力发展水平不同而导致的程度的不同而已。余英时《中国近世宗教伦理与商人精神》中指出，英国在工业革命初期的商业组织及其网络构成，仍然是家族成员之间的合作。铁业中"重要的企业家都和创业的达比（Darby）家族是亲族关系，包括儿子、族人、女婿、连襟等。而且这不是例外"。相信随着中国经济的进一步发展，家族配置资源的色彩会越来越淡、市场配置资源的色彩则会越来越浓。在这种情况下，建立在家庭和谐发展基础上的"孝"自然也要顺应全球化的趋势，越来越向服务全社会的"忠"的方向发展。换言之，通过服务社会得到自身和家庭的发展，这是全人类文化趋同的体现，但在表现方式上表现出不同民族文化的特质。西方文化更多地用上帝、天堂、地狱等词汇来规范人们的行为，而中国文化更多地用忠孝来规范人的行为，因此发展中国的金融市场，不讲孝道是万万不能的。

二、提倡超越血缘关系限制的外来文化对于扩展金融市场边界的作用

尽管重视家庭血缘关系，主张有差别的爱的中国文化，明显不同于强调超越家庭血缘关系的普遍的博爱，主张众生平等的外来文化，但中国文化和外来文化本质上是一样的，都主张超越一己利益的限制，关心社会，因此中国文化重视家庭血缘关系的"孝"的背后一定要有超越家庭血缘关系限制的"忠"作配合，这就是儒家为什么反复强调"民足，君孰与不足；民不足，君孰与足"，要求统治者关心人民，反对竭泽而渔的原因。

只是"孝"的范围很具体，无非家庭、家族的关系，最多也不过是宗族关系的处理。由于这处在有限的看得见摸得着的范围内，加之经常在一起举行祭祖的活动，自然日久生情，且有利于共同价值观的生成，便于合作和管理。而"忠"的范围很广阔，从邻居、社区、民族、种族、国家到全人类，且越往外圈扩展，越超出看得见摸得着的范围，这样自然不可能发生共同的活动，更无法形成共同的价值观，建立起密切的感情，在这种情况下，合作显然难以进行，各种分裂活动不断产生。不过，科学技术进步推动下的人类交流的增加，要求全社会成员必须合作，而只有经过了不正确的"孝"带来的巨大代价后，人们才能突破狭隘的视野的限制而在广阔的空间范围内思考问题，并依靠科学技术和人文道德的力量降低合作的交易成本。这意味着，中国人在推动社会化的道路上，一方面需要科学技术本身创造出的先进生产力的推动，另一方面也需要倡导社会化的先进理论的拉动。在这方面，强调超越家庭血缘关系限制的外来文化，先是中古社会来自印度的佛教，后是来自欧美的基督教和马克思主义文化，对推动中国文化的进

步，尤其是社会化程度提高方面发挥了巨大的作用。

正如前言所述，如果说家族是在祖宗的旗帜下通过定期不定期的聚会形成共同的价值观来约束人们行为，从而形成规模力量应对环境压迫的话，那么超越家庭血缘关系的市场力量则是在共同信仰的旗帜下，借助耶稣、孔子、释迦牟尼、穆罕默德等偶像崇拜的力量，通过定期不定期的聚会形成共同价值观，降低交易成本的。这意味着，没有超越血缘关系限制的人类文化（在这里，主要体现为宗教）的发展，就不会有超越血缘关系限制的、在广阔的社会范围内进行交易的市场经济的健康发展。宗教文化和市场经济的发展可谓是两轮驱动、比翼齐飞。

只是作为意识形态的宗教文化也要与时俱进。随着盛唐的到来，民众安居乐业，其关注点遂逐渐地从来世转移到今世，从更多地关心众生转向关心家人，这带来了强调普度众生的佛教影响力的下降以及倡导孝道的儒家影响力的上升。在这种情况下，佛教界不得不顺应形势的变化而进行世俗化改革，这就是肯定家庭、孝道的新佛教——禅宗的流行。

在禅宗的影响下，韩愈、柳宗元、刘禹锡等发起了旨在恢复儒家道统的"古文运动"，此为新儒家创立之始。从东汉以至安史之乱前的儒家，一是更多地谈论世间，超越性不足；二是反对偶像崇拜。而且即使谈论世间，也是更多地讲服务家庭的"孝"而很少谈服务社会的"忠"。经过东汉以降近千年的宗教运动，尤其是佛教的冲击下而形成的以程朱理学为代表的宋元新儒家，不仅具有了"为天地立心，为生民立命，为往圣继绝学，为万世开太平"的超越性情怀，更通过牌坊、祠堂等的修建，实现了崇名节、厉风俗的目标追求。

在禅宗的影响下，以丘处机的全真教为代表，也拉开了新道教创立的序幕。东汉时期的道教对社会本有强烈的批判性、破坏性，一心修炼超越肉体的"飞升炼化之术"，但在佛教的冲击、影响下也不能不向与社会和谐的方向转变，《太上感应篇》《太微仙君功过格》等劝善书的广泛流行，以及"存无为而行有为""身在尘世，心游圣境""欲成天仙，要做三千件好事""欲成地仙，要做三百件好事"等主张的提出，即反映了道教界回归人世间的努力。及至宋代中后期，以儒家思想为主体，佛教、道教作为有效补充的儒释道三位一体的新价值观最终形成。

对改革后的基督教之于欧洲资本主义发展的作用，马克斯·韦伯在《新教伦理与资本主义精神》中进行了深入分析，余英时在《中国近世宗教伦理与商人精神》中也对改革后的新佛教、新道教、新儒教，尤其儒释道三教合一的新价值观对于宋元明清商品经济发展的作用做了精彩分析，不赘述。

如果说，公元3—9世纪长达700多年的宗教运动，使得牺牲今世换取来世幸福的思想深入人心，有利于"父债子还""夫债妻还"的无限责任思想在民间的普及，推动了中国包括金融市场在内的商品经济发展的话，那么近代的基督教则将有限责任的思想带到了中国，并在中国发生了巨大的影响，显然这是与社会化程度大大提高，中国市场与世界市场紧密联系，企业倒闭率提高，无限责任难以推广的社会现实联系在一起的。与此对比，无限责任观念的普及则应合了当时社会化程度不够高，市场竞争不甚激烈，企业倒闭率不高的社会现实。

当然，有限责任的观念在当代中国还有待进一步推广和普及。对经营者而言，存在如何对待投资者信任的问题，不能利用有限责任的漏洞谋一己之私；对投资者而言，存在理性投资的问题，不能仍然抱着传统的无限责任的观点不放，一旦企业发生问题，便采用非法的手段拘禁企业主，或者到政府门前静坐示威，对政府施加压力。依笔者之见，"跑路"问题固然与经营者不敢担当责任有关，也与投资者素质不高，用非法手段压迫企业主有关。这说明，没有超越血缘关系限制的外来宗教文化的推动，就不会有超越血缘关系组成的中国金融市场的健康发展。市场经济的伦理基础是超越血缘关系限制的人类文化。

三、"孝"文化与超血缘的宗教得以促进金融市场发展的共同之处在于着眼长远的价值观

尽管"孝"是中国社会的主流价值观，但这并不等于所有的时期，"孝"都被全社会所普遍接受而成为主流文化。事实上，春秋战国时期，魏晋南北朝时

期，还有 20 世纪的相当长时间里，孝道都受到激烈批判而失去主流文化的地位。即使这样，只要着眼于长远利益、社会利益的价值观占上风，金融市场照样能健康发展。反之，当全社会没有形成统一的价值观，普遍着眼于眼前利益时，金融市场的发展就比较混乱。

先秦秦汉时期的金融市场比较混乱。春秋战国时期，集体劳动的农村公社被个体劳动的家庭经济所取代，全社会出现了昂然向上、积极追求财富的局面，但在利益的诱导下，也存在不少的"放于利而行"现象，并在"劣币驱逐良币"的作用下不断向全社会扩散。在这种情况下，西周尚德、崇德的价值观受到挑战，出现了百家争鸣。以继承人类文化传统，高尚道德为己任的儒家积极入世，却被讥为"迂远而阔于事情"而不获当世统治者的信任。司马迁指出，"当是之时，秦用商君，富国强兵；楚、魏用吴起，战胜弱敌；齐威王、宣王用孙子、田忌之徒，而诸侯东面朝齐。天下方务于合纵连横，以攻伐为贤，而孟轲乃述唐、虞、三代之德，是以所如者不合。"在这种人们普遍看眼前利益的情况下，自然会出现于一己之私而侵犯社会的利益，从而导致金融市场难以自动达到平衡的局面，非得借助国家软硬兼施的暴力力量方可维持。

秦汉大帝国建立后，社会稳定，人民安居乐业，但在意识形态领域，长时间内仍处于百家争鸣状态，着眼于长远利益，有利于全社会合作的儒家价值观直到汉帝国建立六十多年后方被立为治国思想。而思想的传播，尤其被民众所发自内心地接受仍需要较长的时间，事实上也是这样，直到西汉末年，儒家思想的主导地位才在全社会确立起来。这意味着在整个西汉时代，全社会充斥着浓厚的追逐利益的风气，这从当时人们形容事业成功和人生得意的所谓"奋疾""驰骛""奔扬""驰骋""奋迅"等词汇，以及陈胜的"苟富贵，勿相忘"，项羽的"富贵不归故乡，如锦衣夜行"等毫不掩饰的表达中可见一斑。司马迁曾感叹地说，"余读孟子书，至梁惠王问'何以利吾国'，未尝不废书而叹也。曰：嗟乎，利诚乱之始也！夫子罕言利者，常防其原也。故曰'放於利而行，多怨'。自天子至於庶人，好利之弊何以异哉！"这种不顾一切追求利益，自强不息有余，厚德载物不足的行为固然推动了社会生产力的进步，然而也会造成与借贷相关联的土地、资金、劳动等资源加速向官僚地主和富商大贾集聚的现象，以致贫富分化严重，"富者田连阡陌，贫者亡立锥之地"，"贫民常衣牛马之衣，而食犬彘之食"。到西汉末年，土地兼并严重、债务奴隶（时称"奴婢"）突出，竟成为严重影响汉政权安全的两大痼疾，这自然也要严重影响金融市场的正常发展。尽管西汉政府出台了一系列旨在维护金融市场的正常运转和社会稳定的政策，但在疯狂追逐利益的社会风气面前，总是受到或明或暗的各种抵抗，亦即"上有政策，下有对策"。王莽改制的失败说明封建政府无力解决金融市场失灵的问题，只能任由豪强地主田庄自由发展。

魏晋南北朝长期的战乱，使得勉强维持的金融市场在战争中几乎被完全摧毁，许多地方甚至废弃了货币。在这种传统的豪强、政府等组织无法满足乱世民众对于广义资金——食物、服装、药品等大量需求的情况下，一种强调突破血缘、地缘限制的金融——宗教金融在乱世中出现并迅速成长起来，而东汉以降以佛教、道教为中心的宗教运动的迅猛发展，亦使反对孝道的宗教，尤其是佛教取代儒家成为社会主流意识形态，中国"几成佛国"。佛教倡导三世轮回、因果报应、积德行善、普度众生的价值观，要求突破家庭血缘关系的限制而服务于社会大众，尤其关心贫者、弱者，由此形成强烈的轻财好施、重义轻财的社会风气，以致从来世中得到幸福（即牺牲眼前，为了未来）的出世思想广泛传播。它既是当时盛行于门阀中的所谓"累世同财""累世同居"的伦理基础，也是没有压迫、剥削的"桃花源"产生的伦理基础，更是佛教寺院积极动员民众捐施，扩大佛教影响力的伦理基础。在这种价值观的支配下，佛教寺院金融迅速发展。谢和耐指出，"文献中从未谈到过那些最为富裕的宗教机构在中国起过大型农业银行的极为重要的作用……但是，不得不说，某些大寺庙在当时的某些地区产生着强大的经济和社会影响。"

唐中叶后，随着庄园经济的瓦解和宗教热的降温，全社会在价值观领域再次出现了混乱。尽管倡导孝道的儒家文化在复兴，但长期的外来文化热使得本土文化凋零不堪，以致长时期内人们的"孝"普遍停留在只重视自己的家庭，不尊重别人的家庭，甚至牺牲别人家庭的利益发展自己家庭，亦即损人利己的本能的、不正确的孝的阶段，远没有上升到既爱自己的家，也爱别人的家的正确的、理性的孝的阶段。客观地说，程朱理学赢得全社会普遍信任之前的宋代社会，在某种程度上与今天相似，也是一个缺乏信仰的时代，以至于金融市场蓬勃发展的同时问题成堆。表现在民间金融市场，主要是债务人利用拿到钱后的主动者的地位有意识地赖账不还，这就是袁采揭露的"杀熟"现象，这和今天中国农村的情况何其相似乃尔！表现在政府金融市场，则是国有金融机构官员滥用权力，弄虚作假，致使利民动机纯正的"青苗法"在实行的过程中走向了"扰民"。不过，这种情况在明清得到了极大的纠正。随着程朱理学成为社会的主流价值观，并借助世俗文化，诸如戏曲、评书、祠堂、关帝庙、土地庙等在民间广泛传播，民众的自我约束能力大大提高，这无疑有利于金融市场的健康发展，以致袁采所说的"杀熟"现象在文献中很少出现，晋商、徽商中的许多人正是借助家族、宗族提供的资金的力量发展起来的。史载，晋商发展过程中利用自有资金的不过十之一二，十之七八是利用社会资金，这正是金融市场社会化程度提高又健康发展的反映。当然，随着社会化程度的提高，社会对儒家思想的关注重点也在变化，由过去更多地研究家庭，即"夫妻、兄弟、父子"关系的处理，走向研究社会，亦即"朋友、君臣"关系的处理，而在"朋友、君臣"之间，则更多地研究朋友，以致社会中流传着这样的话，"在家靠父母，出门靠朋友"。显然，这正是当时社会流动性提高，商品经济发展，推动人和人之间的关系趋向平等的反映，这恰如马克思所说，"商品经济是天然的平等派"。

客观地说，佛教的传入开拓了中国人的视野，提升了中国人的超越性情怀，使其走出家庭的狭隘圈子而迈向广阔的大社会，不过唐中叶后佛教的中国化也意味着佛教并未打破中国的孝道观念，反而进一步巩固了孝道。在当时的中国人看来，关心社会的目的，是更好地爱自己的家庭，这才是真正的孝道。近代基督教和马克思主义的传入，意味着超血缘关系的博爱观念再次向有差别的爱的孝道观念发起了猛烈的冲锋，它使中国人突破东亚、南亚、中亚的有限视野的限制，而将眼光移向欧美、澳洲，开始具有全球化的情怀。应该说，没有五四运动激烈的反传统，没有"打倒孔家店"口号的喊出，来自西方的先进科学技术，以及建立在商品经济全球化基础上的先进政治、经济制度，是不会顺利进入中国的，而没有这些，就没有后来的民族独立以及经济建设的巨大成就。具体到金融，随着西方商业势力进入，西方文化的平等观念，尤其是有限责任观念对"父债子还""夫债妻还"的无限责任观念是极大的冲击，而这是大有利于商品经济的发展的，这就是何以民国年间的金融市场身处乱世，却仍然比较健康发展的原因，以致陈光甫、周作民这些民国金融家直到今天仍被人们津津乐道。

不过，随着中国的富强，国人的民族自信心也在上升，愈发看到民族文化的优点和外来文化的弱点。而长期的太平，民众的安居乐业，也使国人的关注点从更多地关心社会转向关心家人，这带来了强调超血缘的博爱的西方文化影响力的下降，以及倡导孝道的儒家影响力的上升，近年来的国学热即是民族文化复兴，孝道抬头的反映。只是长期的反传统，使得人们的"孝"普遍停留在只重视自己的家庭，不尊重别人的家庭，甚至牺牲别人家庭的利益发展自己家庭的本能的、不正确的孝的阶段，远没有上升到既爱自己的家，也爱别人的家的正确的、理性的孝的阶段，这就是当下社会出现严重的社会问题的原因。不过，正如前面所说，只有经过了不正确的孝带来的沉重代价后，人们才能最终升华到正确的孝，因此，我们有理由相信中国金融市场的发展在经历短期的混乱和时序后，必将随着传统文化在社会范围内受到重视，而重新走上良性发展的轨道。

（该文刊于《北京大学校刊》2015 年 11 月 9 日，第三版）

第二部分：民间金融的制度与组织

明清资本市场生成小考：历史视角

——晋商通过制度创新突破资本市场边界的启迪

明清时期，随着商品经济发展，出现了农村城镇化的趋势，贫富分化的速度也在加剧。如何满足社会的富者——工商业者出于发展的动机对资金的需求，贫者——城乡低收入阶层出于维持生存的动机对资金的需求，就成了摆在社会面前的一项重要任务。以晋商为代表的十大商帮中的一部分商业流通企业家看到了这一潜在的市场机会，他们在继承了以抵押借款为特征的典当之外，又大胆地将传统金融机构的有形抵押品——物质产品，改为无形的抵押品——劳动能力、信誉，结果催生出两个在中国金融史上有影响的金融机构——印局和账局。前者是专业向城市流民放贷的金融机构，后者是专业向工商业放贷的金融机构。随着印局、账局的创办，典当从最初非常重要的金融组织蜕变为专为资本需求不大，信用状况不良，但还总有些有形资产可作抵押的社会贫困阶层服务的金融组织。尽管并无史料证明印局是晋商首先创办的，但由晋商发扬光大则确定无疑，至于账局则毫无疑义由晋商在张家口地区首先创办。显然，晋商是这一时期推动商业资本融资边界不断拓展的驱动性力量。

从商业流通企业向商业资本企业转变存在一个门槛性的前提（threshold），要求从经济管理跨市场的价格风险转变到跨行业的利率风险上来。前者的运营空间是产品市场，后者是资本品市场。贸易产品的风险是消费品的价格信息，贸易资本品的风险是利率信息。但是，价格信息和利率信息的测度内涵截然不同。前者是产地产品的成本变量和贸易地消费者的收入变量。后者则是标的资本品的估值变量和资本品需求者经营产品价格能力累积的信用变量。如果价格风险是初级风险的话，则利率风险是价格风险的风险，是衍生性的风险。信息的加工处理难度要大一个数量级。因而从商业流通资本向商业融资资本的转变不是市场的边界在复制意义上的拓展，而是创新意义上的技术前沿拓展。这种创新在当时集中在了谁能将不具备市场价值的标的物（担保品）通过某种操作变为具备市场价值可以具备流动性的能力。

关于晋商典当、印局、账局等的历史文献，主要有李燧、李宏龄的《晋游日记·同舟忠告·山西票商成败记》（山西经济出版社，2003 年），卫聚贤的《山西票号史》（说文社，1944 年），陈其田的《山西票庄考略》（商务印书馆，1937年），黄鉴晖教授主编的《山西票号史料》（增订本，山西经济出版社，2002 年）等。当代研究晋商典当、印局、账局的著作，主要有黄鉴晖教授的《山西票号史》（山西经济出版社，2002 年），《山西商人研究》（山西经济出版社，1999年），《晋商经营之道》（山西经济出版社，2001 年），孔祥毅教授的《金融票号史论》（山西古籍出版社，2001 年），董继斌、景占魁主编的《晋商与中国近代金融》（山西经济出版社，2002 年），张正明教授的《晋商兴衰史》（山西古籍出版社，2001 年），刘建生教授的《晋商研究》（山西人民出版社，2005 年）、《晋商典当研究》（山西人民出版社，2007 年）等。应该说，学术界对山西典当的研究还比较深入，专门的研究著作就有刘建生教授的《晋商典当研究》，黄鉴晖教授的《中国典当史》等，但对印局、账局的研究成果不多，多泛泛谈及，当然这主要是由史料的不足引致的。在对印局、账局的研究方面，当以黄鉴晖教授的研究最为深入、全面。只是黄鉴晖教授将更多的笔墨用于探求印局、账局的产生背景、社会作用等，对于印局、账局的经营之道着墨不多，这就使我们很难理解当时的商人为什么会设计出这么一套运作模式来降低经营风险，自然也无从得出正确的结论来指导今天的金融建设。本文就是在这种情况下研究明清典当、印局、账局的，着重研究它们的经营模式、社会作用、局限性及其对当代金融业的启发。

本研究包括四个部分：（1）典当的市场边界及其局限性；（2）印局的市场边界拓展及局限性；（3）账局的市场边界及其局限性；（4）对我国资本市场重建的启迪。

一、典当的创生、运营及其局限性概述

1. 典当的创生与运营

典当业，俗称当铺、典铺、质库、押店等，是以抵押放款，高安全性为特征的金融组织。它产生于南北朝（420—589 年）的寺庙内，是中国最古老的金融组织。当一个社会的生产力严重落后，劳动生产效率非常低下时，人们对看得见摸得着的有形产品——物质产品的兴趣是远远超过对看不见摸不着的无形产品——劳动能力（包括体力的劳动能力和智力的劳动能力，现实的劳动能力和潜在的劳动能力）、信誉的重视的，这就是典当何以成为中国最古老的金融组织的原因。随着社会的发展，劳动生产效率的提高，人们对看不见、摸不着的无形产品——劳动能力的兴趣逐渐超过对看得见摸得着的有形产品——物质产品的关注，这样就有了以劳动能力、信誉作为抵押的新型金融组织的产生，这就是明清的印局、账局等。随着印局、账局的创办，典当从最初非常重要的金融组织蜕变为专为资本需求不大，信用状况不良，但还总有些有形资产可作抵押的社会贫困阶层服务的金融组织。

明清典当业的放款对象主要是两类人：一是贫困农民、小手工业者。当物多为衣服、首饰、木器、农具等，其中尤以衣物为主，占 80％以上，其次是农具、木器，许多当铺专门设有仓库以便存放农户当入的各种农具。典当每笔放款数额都不大，每票所当多不及一元，超过 5 元以上者寥寥无几。另外，典户入典有的并非专为贷款，例如农民于春暖时，棉衣棉袄等容积较大物件，因住屋狭小，无处安放。或春耕开始，家中成年人多外出工作，将此种衣物储藏于不坚牢之屋内易被偷窃，故多视当铺为保险库。即无通融资金之需，亦有押寄珍贵衣服，以求安全者。

二是下层知识分子和破落贵族。中国古代知识分子除出身富家者外，多有清贫度日、俭朴一生者。他们在发迹之前或受挫折打击之时，常常不免"床头黄金尽，壮士无颜色"，于是只得进出于"穷人之管库"——质库、当铺。一些由于家业衰落的破落贵族也常出入典当，凭面子以房或物为押，借款以度困难。有时某些家业巨大的贵族拍卖、典质贵重物品的行为还会促进当地典当业的发展。

典当业的风险主要有二：一是被骗的风险。当铺毕竟主要是与社会下层（当然也包括落魄贵族）打交道的金融组织，按照孟子的"无恒产者无恒心"① 的说法，这一阶层行骗的动力更强，加之典物种类繁多，一般人很难弄明白它的真正价值，这更为行骗创造了条件。二是被盗、被抢的风险。由于当铺资本高、贵重用品多，因而财大招风，常是强盗、窃贼以及哗变的官军以及农民起义军哄抢的对象，因此当铺最害怕社会动乱，常通过官商的勾结以及寻求江湖帮派的帮助来维持其安全。对于典当被盗的风险，典当资本家可通过加大安全方面的投资来弥补，这对家大业大财产多的山西典商来说根本不算什么。典当业最大的风险是如何降低被骗的风险，包括如何识别货物，如何给货物合适的估值，这只能通过提高员工的能力，调动其长期工作的积极性来实现。

明清商品经济发展，典当业繁荣。"典肆，江以南皆徽人，曰徽商。江以北皆晋人，曰晋商"②。以晋商为代表的典当商人是通过以下方法降低经营风险的。

第一，非常重视对典当人才的培养，提高其识别货物和正确给货物估值的能力，力求从经营上控制风险。

典物种类繁多，既有绫罗、绸缎、纱、绉、呢、布等各种丝、毛、棉织品，也有平民百姓的棉袄裤褂，达官贵人的朝衣蟒袍，各地皮毛土产、日用杂货、珠宝玉器、古玩礼品、名人字画、家庭器皿，足有上千万种。对这成千上万种质物如何鉴别真伪，如何决定当价，如何进行保存以及如何防腐、防火、防潮、防骗均需较高的专业知识与管理水平。

以当物价值评估而言，这是一项技术性很强的业务，既不能评估过高，也不能评估过低，其拆当比例（指定价）的大小，完全取决于评估者对当物本身及其市场可销价的熟练掌握与合理预测。拆当比例过高，会在某些条件下引起客户拒

---

① 《孟子．滕文公上》。
② 李燧：《晋游日记》，卷三，乾隆六十年。

赎，造成死当，增加当铺的经济负担，影响当铺的利润；而拆当比例过低，又会使当户认为条件苛刻，有"凡进当铺必挨宰"的感觉，从而妨碍成交。究其实，典当的利润是对未来投资的结果，而未来是不确定性的，如果经济形势好了，典当物的价值会上升，如果经济形势坏了，则典当物的价值要降低，因此当铺给典当物评估时侧重于长期持续的价值而非当时的时值。考虑到 2007 年美国的次贷危机，就可以看出当铺"物价值十者，给二焉"[1] 做法的一定的合理性。由此可见，当铺的经济效益与当物价值的评估等日常工作好坏休戚相关，必须具有一批熟悉典当业务，充分了解信息、掌握行情的经营人才。

山西典当坚持"唯才是用"的原则，如祁县广和当号规第八条规定："东伙亲戚子弟，不得私自荐用，如有用者，开会公议。"[2] 他们对伙友的选择特别严格，学徒进门要经过几年严格锻炼和考察，练字、打算盘是基本功。经过多方面、长期的培训之后，贤者、有才能者才出师任以专职，不合格的则会被淘汰。但入了当铺的也并非端了铁饭碗，如果触犯号规也是会被淘汰的。为陶冶伙友情操，当铺还规定了许多约束性情的号规，如不准赌博，不准吸食鸦片，如有犯者开除出号等。

晋商还通过严格的财务控制，帮助员工抵制外界的各种威胁利诱。如，祁县广和当号规规定："众股东不得以股票向本号押借，违者以经理是问"，"铺中东伙不准浮挪暂借或承保他人向本号借取"，从而保证了公司资本的安全。"贷款人名上账，得有充分抵押，不得滥放"[3]，从而确保了贷款手续严格，避免了追款无门，有效地防止了金融风险。

第二，通过顶身股制度引导员工看长远利益，从而自觉地遵守纪律。晋商各行业普遍实行顶身股制度，山西典商自然也不例外。晋商的顶身股是只出力，不出钱，但与银股一样，有分红的权利。其方式有二：一种是财东在出资设典时对

---

① 李燧：《晋游日记》，卷三，乾隆六十年。
② 段达海：《祁县广和当》，载《山西文史资料》总第 58 期，1988 年第 4 辑。
③ 段达海：《祁县广和当》，载《山西文史资料》总第 58 期，1988 年第 4 辑。

其聘请的经理事先言明顶身股若干，以合同形式规定下来；另一种是普通职工进典典龄在十年以上，没有过失，由经理向股东推荐，经众股东认可，即将其姓名记于"万金账"，写明从何时起，顶身股若干，即算顶了人力股。顶身股制度可激励职工钻研业务，学习技术，"殚精竭虑"为商号着想，从而最大限度地调动了职工的积极性，增强了商号的凝聚力。

第三，通过加强与外部环境关系的协调，弱化社会矛盾，提高当业形象。

如，山西当铺的利率有年底减利的传统。如山西辽县、武乡、沁源、寿阳等县，平常月利 2.5%，冬腊月赎时，月利则减为 2%，到第二年二月底止。晋城则是月利 3%，每年逢正月、二月、腊月减为 2.5%。这种每到年关辄对当户让利的传统很受社会欢迎，有利于树立当铺良好的社会形象。此外，山西当铺还通过捐助公益事业、慈善事业等赢得了百姓好感。如，嘉庆十八年（1813 年）平遥重修市楼，仅《众善募化芳名碑记》就载有当铺 24 家[①]。光绪三年（1877 年）大旱，（孝义）县内外当行赈银救急，其中，境内 27 家当铺共捐赈银2129.4两，外埠有 4 家当铺共捐赈银 2380 两[②]。此类事例，在山西典商中十分普遍。

2. 典当的局限性

明清典当是侧重为资本需求不大，信用状况不良，但还总有些有形资产可作抵押的社会低收入阶层服务的金融组织。它最大的作用是有利于农民、一般市民等小生产者的发展，尤其对农民的生产、生活起着不小的维系作用。小农在意想不到的灾难发生或生产资金短缺时，不得不质物举贷，以便维持生产与生活。尽管质物举贷的农民常因无力赎当而失去农具等财产而变得更加贫困，甚至破产，但是如果没有这种质物举贷的典当业，他们解决困难的途径会变得更加窄小，甚至会铤而走险做出损害社会秩序的行为。

由于典当业的目标客户主要是贫困农民、小手工业者等，因此当物多为衣服、首饰、木器、农具等，其中尤以衣物为主；其次是农具、木器，许多当铺专

---

① 《平遥县志》，中华书局，1999 年版，第 409 页。
② 《孝义县志》，海潮出版社，1992 年版，第 426 页。

门设有仓库以便存放农户当入的各种农具。典当每笔放款数额都不大，每票所当多不及一元，超过5元以上者寥寥无几，但典当并没有因此而生出嫌弃之心。中国当前开展新农村运动，一个重要的目标是满足农民等小生产者对资金的需求。农民有强烈的发财致富的动力，但手头现金有限，值钱的实物产品不多，很难作为抵押品向银行贷款，故各金融组织普遍不愿意开展针对农民的贷款业务。而不能解决农民、市民等小生产者对资金的需求，在市场经济条件下，提高农民的收入就变成一句空话。无疑，山西典商的经验是很值得当前的中国企业，尤其是志在开发农村市场的金融企业学习的。

当然，事物总是两方面的。山西典当业在有利于社会经济生活的同时，也有受到社会愤恨的一面，这主要指他们在给典当物作价时万般挑剔，折扣甚多。时人李燧指出："其书券也，金必曰淡，珠必曰米，裘必曰蛀，衣必曰破，恶其物所以贱其值也。金珠三年、衣裘二年不赎，则物非己有矣。赎物加利三分，锱铢必较，名曰便民，实闾阎之蠹也。"[1] 这是说，当铺总会给当物冠以各种贬词，以降低其价值，如棉纺织品冠以"破旧"二字，皮毛品冠以"大破、大洞"，对银器冠以"毛银"，首饰注以"淡金、沙金"，"铜锡器皿"则在当票上大写一"废"字，从而使所当之价值远低于当品本身的价值，这当然要受到百姓的痛恨了。

其实，当铺这么做无非是要压低当物的价值，这有它合理性的一面。典当的利润是对未来投资的结果，而未来是不确定性的，因此当铺给典当物评估时侧重于长期持续的价值而非当时的时值。当铺这么做不合理的地方有二：一是工作方法的不恰当。当铺可用讲道理的形式向当户讲明这么做的理由，何必非得采用这种恶心人，使人极度不开心的方式呢？孟子认为"人性善"，这是讲每个人都有认识世界、约束自我的能力，因此要相信群众，而不要低估群众的智慧。二是动机的不恰当。当铺出于自身利益的考虑，欲使有限的金钱多周转几次，遂有意识

---

① 李燧：《晋游日记》，卷三，乾隆六十年。

地贬低典当物的价值，这就严重不合情理了，难怪会受到社会舆论的激烈批评，这是今天的典当从业者应引以为戒的。

二、印局的创生、运营及其局限性概述

1. 印局的创生与运营

明清时期，随着社会生产力的发展，农业过剩人口日益增多，全国出现了大量的流民或游民。失去土地的农民为谋生路，一部分人移向了空旷的西南、西北、东北边疆，继续沿袭传统的小农生产方式；还有一部分人则流向京城、水旱码头等人烟稠密、舟车往来之地，依赖出卖劳动力或走贩设摊谋生，从而形成了一支城镇游民队伍。

流入城镇，对一个举目无亲、一贫如洗的农民来说，谋生是相当困难的。即使有的能觅到搬运夫、扛夫之类的活计，那也是"日中所入，仅敷糊口，而谋食之外，不暇谋衣"①；倘若觅不到出卖劳动的活计，想从事游街串巷的肩挑小贸，那也需要一定的本钱，而对于处于城市底层的游民来讲，这些微小的本钱却常常难以筹措，于是小额借贷便成为城市底层市民生存之必需。对于游民的这种生活困难，当时已有的服务于城乡贫民的金融机构——典当业是无法满足的。在城镇游民强烈需要资金而现有的金融机构又无法满足的情况下，当时的一部分商人看到了广大流民中蕴藏着的潜在的市场机会，他们抓住机遇，只用少量的资本，创办了一种专门以向底层市民的劳动能力作抵押，向其提供小额信贷的金融机构，这就是印局。之所以叫印局，是因为它每日催款，还一次盖一个印章，故名曰印局，也称印铺。

根据《明实录》的记载，万历年间京师就有不少印子局，清初以来，放印子钱的可以说遍及工商业城镇。凡是人口稠密、舟车交错的城镇和码头，都有很多无业游民，有赖于放印子钱的印局为其融通生活所需银钱。在创办和放印子钱的

---

① 张焘：《津门杂记》，卷下，光绪十年刊本。

商人中，以资本雄厚的山西商人，尤其是介休商人最为有名。民国年间的《介休县志》有下列记载："介休商业以钱、当两商为最……至邑人外出贸易者，在京则营当商、账庄、碱店，在津则营典质转账，河南、湖北、汉口、沙市等处，当商、印局邑人最占多数。"

孟子曰："无恒产者无恒心。"[①] 城市游民由于经济实力弱小，信用不好：不独还款能力弱，而且还款欲望不高，有浑水摸鱼恶意欠债的强有力的动力，这意味着向他们进行无抵押贷款是要冒很大风险的。不过，辩证法告诉我们，万事万物总是具有两面性的，有不利的同时必有有利，有威胁的同时必有机会。在印局商人看来，城市游民尽管经济实力弱小，但并不是一无所有，他们毕竟还有劳动力可以出卖，这意味着以其劳动能力作抵押进行贷款仍然是有利可图的，关键是要把欠款不还的风险降低下来。印局的具体做法是：

一是针对游民无有形产品可抵押的情况，印局借贷无须抵押，只要有熟人担保即可，这样做既规避了游民缺乏抵押品的客观事实，又利用担保降低了风险。

二是针对游民多从事肩挑小贩，固定成本投资不多，借款数额不大的情况，印局借贷以铜钱货币为主，既满足了游民对资金的强烈需求，又降低了印局的风险。

三是针对游民多从事肩挑小贩，流动资金周转快，每日手头多有闲钱，但又不思储存，今朝有酒今朝醉的生活习惯，印局通常借款一月，逐日派人归还本利，这样既不影响游民的生活，又保证了印局的盈利，降低了印局的经营风险。

当然，对于游民的那些置买换季衣服的需求，印局的借款期也相应延长，分一个月、两个月不等，但最多不超过 100 天。对游民来说，这是属于大件耐用消费品方面的需求，投资数额相对巨大，非短期内所能还上。印局正是综合考虑了游民潜在的挣钱能力、日常生活支出（包括可能的伤病开支）、每日盈余后，才将还款日期延长到一个月、两个月甚至一百天不等的。

---

① 《孟子·滕文公上》。

逐日派人归还本利，肯定会增加经营成本，这是由游民的特点决定的。好在当时的劳动力成本不高，且一个"客户经理"可以负责许多游民的工作，因而可以通过提高"客户经理"的工作效率来降低经营成本。

四是借助各种有影响的社会力量对社会信用极度不好的流民催还欠款。为了提高这种无抵押贷款的安全系数，印局普遍与地方势力集团有密切联系，利用其拥有的非经济力量追讨借贷，这样就不免使之掺入了几许恐怖的色彩。康熙年间，两江总督于成龙曾在一份会约中指出，有人借八旗势力举放印子钱，危害社会秩序，要求加以禁止。他说："严禁借旗放债。驻防满兵，皆系禁旅大臣统帅，戍守纪律，自是严明，断无纵容旗丁盘债、虐民之事。但地方无籍徒影射旗势，或串同苦独力营，厮狐假虎威，狼狈为奸，违禁取利，及印子钱名色，盘算估折，稍不如意，鞭挞横加，小民无可如何，殊干法纪。"①。此一史实，即是印局这种特殊金融机构经营方式的反映。

2. 印局的市场边界拓展功能及其局限性

印局的设立满足了城镇游民这一特殊阶层的生活需要，解决了游民无法借到钱的困难，对维持游民生计和社会的安定发挥着重要的作用，成为城市金融体系中一个不可缺少的部分。在京城，不仅游民赖借印子钱生活，八旗兵丁也向印局借印子钱。八旗兵丁是有月饷的。但不知勤俭，"逞一时之挥霍而不顾终岁之拮据，快一己之花销而不顾全家之养赡"，于是本月养赡不敷，不能不借印子钱。至于其他城市百姓，以向印子局借款谋生的人就更多了。"京城内外五方杂处，其无业游民不下数万，平素皆做小买卖为生。贫穷之人原无资本，惟赖印局挪钱，以资生理。如东城之庆祥、德源，南城之裕益、泰昌，西城北城之益泰、公和等号，皆开印局为生。有挪京钱二三串者，而挪一串者尤多，皆有熟人作保，朝发夕收，按日取利。而游民或携筐或担担，每日所赚之利，可供每日所食之资。而僻巷居家远离街市者，凡用物、食物亦乐其懋迁有无，取携甚便。"②

---

① 《于文端公政书·两江书》，卷七，康熙二十二年。

② 清档，通政使司副使董瀛山，咸丰三年三月四日奏折。

但是印局的高利率，尤其是逐日催款的营业方式也引起了社会舆论的抨击。人们批评印子局"以穷民之汗血为鱼肉，以百姓之脂膏为利薮，设心之狠恶，莫有甚于此辈者。"① "大抵肩挑背负之民，得钱数千以为资本，每日小贸可以糊口，无如资本无出。而为富不仁之徒，又从而盘剥之，既其倍称之息，又迫以至促之期，数月之间，已收一本一利，辗转胶削，民困弥深，不甘于冻馁，即流于盗贼，其所关甚非小也。"②至于逐日派人催还本利的营业方式，更是引起社会公愤，被斥为毫无人情，丧尽天良。有诗云："中秋佳节月通宵，债主盈门不肯饶。老幼停杯声寂寂，团圆酒饮在明朝。"③蓄意躲债者——杨白劳所以惹人同情，债权人——黄世仁所以被人唾骂，原因即在于此。

如何认识印局的高利率？站在商品经济的立场上，印局的高利率正是当时社会资金不充裕，而城市底层贫民的需求又很旺盛的反映。随着经济的发达，资金的充裕，利率是会慢慢降下来的。

如何认识印局的逐日催款？印局最为世人诟病的就是逐日催款制度，其实这正是它出于降低经营风险的无奈的选择。印局的客户是信用相当低的城市游民，较之其他社会群体更有动力欠款不还。如果印局对他们不严加催促的话，就会出现越来越多的"老赖"。至于印局采取"利滚利""驴打滚"的方式，也不能一概否定，这是印局借以提高欠款者拖延成本，促其加快还款的办法。从金融史的角度来说，所有采取延期付款方式的金融机构没有不借此加快回笼资金力度的，今天的房贷等不也采取这种方法吗？问题在于对那些实在还不了款的人，你就是再提高他们拖欠还款的成本，他还是还不上。古人云："天之大德曰生"，"生生之谓易"④。假若债务人并非恶意赖债，实在是无力还债的话，不妨学习孟尝君的门客冯谖的办法，对"（薛地）贫不能与息者，取其券而烧之"⑤。正如冯谖对孟

① 《益闻录》，光绪六年六月十二日。
② 《东华续录》，卷九五，光绪十五年八月揆未。
③ 杨静亭：《都门纪略》，道光二十六年刻本。
④ 《易经·系辞》。
⑤ 《史记·孟尝君传》。

尝君所说的，"虽守而责之十年，息愈多，急，即以逃亡自捐之。若急，终无以偿，上则为君好利不爱士民，下则有离上抵负之名，非所以厉士民彰君声也。焚无用虚债之券，捐不可得之虚计，令薛民亲君而彰君之善声也，君有何疑焉！"① 换言之，既然不能赚来实惠，那就得个好名声吧！这就是理性人思维的体现：不能做到有利情况下的利润最大化，也要做到不利情况下的损失最小化。

因此，作为商界人士，肯定应该讲"信"，讲对合同的遵守，对他人利益的尊重。孔子曰："人而无信，不知其可也"②。但是孔子又说，"言必信，行必果，硁硁然小人哉！"③ 孟子更是指出，"大人者，言不必信，行不必果，惟义所在！"④ 这是说，君子固然要讲究信用，但更要知道通达权变，不能拘泥于"信"而不知道"变"。须知，"信"是建立在"仁义"基础上的。"仁者，爱人"⑤，指要有爱心；"义者，宜也"⑥，指要有爱的能力，即有分寸的爱。"仁义"的本质就是在尊重他人的利益的基础上追求自己的利益。对于企业经营者来说，如果因为环境的变化，原来合适的制度、政策、合同变得不合适了，那就应该根据变化了的实际情况，根据"义"的原则及时地修正合同，而不应该让不合适的制度、合同继续使用下去。这是晋商印局给我们的一个重要启发。

三、账局的创生、运营及其局限性概述

1. 账局的产生与运营

明清时期，随着商品经济货币化的发展，工商业者对资金的要求日益迫切，在这种仅仅依靠自有资本不能满足日益发展的贸易，向典当借款又受到有形抵押物限制的情况下，专门为工商业者提供信贷支持的账局应运而生。

---

① 《史记·孟尝君传》。
② 《论语·为政》。
③ 《论语·子路》。
④ 《孟子·离娄下》。
⑤ 《论语·颜渊》。
⑥ 《礼记·中庸》。

所谓账局，即放账之局，兼营吸收存款，是以经营存放款为主要业务的金融机构，由山西商人于清代雍正、乾隆之际，在京城和张家口首先创办。据清末的一份资料记载，当时京城存在的账局中，创建最早的一家，名为"祥发永"，是一位名叫王庭荣的山西汾阳籍商人，出资白银4万两，于乾隆元年（1736年）始建于张家口城。这说明，账局的产生，最迟不晚于乾隆元年（1736年），甚至还在此前。

明清时期所以能够出现专业对工商业放款的金融机构，正是当时社会生产力发展，劳动生产效率提高，人们对工商业者看不见摸不着的经营能力、信誉的关注超过对看得见摸得着的有形产品的关注，而愿意以工商业者的经营能力作抵押向其提供必需资金的反映。

账局主要产生于中国北方，尤以张家口地区为中心，这是与远距离的汉蒙贸易、中俄贸易的商业特点分不开的。由于汉蒙贸易、中俄贸易牵涉到民族团结、国家安全，为加强对汉蒙贸易，尤其是中俄贸易的管理，清政府规定凡前往恰克图贸易的华商，必须先向张家口关监督提出申请，由张家口关监督转呈清廷理藩院审查，审查批准之后颁发"信票"，持此信票才能前往恰克图进行贸易。这样，张家口便成为中俄贸易中华商必须停留的地方。然而，当时中俄贸易的发生地——恰克图远在中亚腹地，距张家口有1500公里之遥，由张家口至恰克图，每一往返，仅途中运输就需时至少半年，如果再加上从中国腹地组织货源，或将俄国货物在中国腹地销售，以及其间的运输过程，贸易商的经营周期便被大大延长，这必然带来垫支资本的增加，意味着贸易要取得潜在的优厚利润，必须向金融业寻求借贷支持。由于传统的金融机构——典当从事的是抵押贷款业务，无法满足抵押品有限的贸易商对资金的巨大而强烈的需求，于是账局这一专门向工商业者进行信用贷款的金融机构便应运而生。反观当时经济最发达的江南地区，这里水系发达，交通方便，运输不受季节影响，商品周转快，需要资本相对比北方要少。更重要的是清王朝实行海禁政策，使得江南商人的地缘优势发挥不出来，只能开展内陆短途贸易或为边塞贸易充当加工商，因而对资本的需求远不及山西商人那般迫切。即使在粮、棉、丝收获季节，商人收购需要资本较多，也可以拿粮、棉、丝作抵押而向典当贷款。此外，来广州贸易的外商也给华商贷款。"近来内地行店民人，多有向夷商借本贸贩，冀沾余润。"由于南方工商业者的资金需求在原有的金融体制下就可以满足，因而迟迟没有专门给工商业贷款的账局的设立。

账局在北京、张家口、保定、天津、多伦及太原、汾州等地的不断设立，为工商业发展解决了资本不足的困难，受到社会舆论的称赞。到咸丰三年（1853年），京城共有账局 268 家，其中，晋商开设 210 家，顺天府商人开设 47 家，江苏、浙江、安徽、陕西商人开设的总共 11 家，从业人员"统计不下万人"[1]，"向来纹银交易盈千累万。"[2] 无疑，这是迅速发展的商品经济要求金融业的发展与其相适应的反映。

在开设账局的山西商人中，主要是汾州府和太原府的商人。比如，咸丰三年（1853 年）山西商人在京城开设的 210 家账局中，汾州府（介休、平遥、孝义、汾阳）和太原府（阳曲、太谷、榆次、祁县、文水、太原）开设的 200 家，占 95.24％。其中介休县就占 118 家，这与民国介休县志所述在外贸易者多营账庄是一致的。宣统二年（1910 年）山西商人在度支部注册开设的 34 家账局中，汾州府（介休、平遥、汾阳）和太原府（榆次、太谷、祁县、徐沟、文水）开设的 32 家，占 94.12％，其中最多者榆次为 9 家，介休 7 家，太谷 6 家。[3] 这些统计数字说明，如果说山西人善于经营银钱业的话，那主要也是介休、平遥、汾阳、榆次、太谷、祁县等山西中部地区的商人。

2. 账局的运营

账局的运营有两大特点：一是主要对熟悉的工商业者贷款，包括向熟悉的在

---

① 王茂荫：《请筹通商以安民业折》，咸丰三年三月二十五日。《王侍郎奏议》卷三。合肥：黄山书社，1991 年版。

② 宋廷春等咸丰三年六月二十九日奏折。转引自张正明等：《明清晋商资料选编》。太原：山西人民出版社，1989 年版。

③ 黄鉴晖：《山西商人研究》山西经济出版社，2002 年版，第 195 页。

恰克图经营的俄国商人放贷。当然也对印局、钱庄、典当等金融机构和其他社会阶层的借款者，如官员贷款，但为工商者放款是其主要业务。二是很少有抵押、担保或者根本没有抵押、担保，这是与工商业者"自本者十不一二，全恃借贷流通"①，根本没有足够的抵押品或找不到合适的担保人的状况分不开的，这就是为什么后来也做对工商业放款业务的钱庄、票号都实行信用放款的背景。这反映了账局浓厚的风险投资性质。

既然账局从事的是几乎无抵押、担保的信用贷款，经营的风险肯定是很大的。如何分析经济发展的走势，如何判断行业的兴替，如何识别、选择有水平的工商业者，如何处理恶意欠债事件等就成为账局生存、发展的关键。在这方面，账局从乡土社会熟人借款不打借条，更谈不上抵押和担保的事例中受到启发。乡土社会的人所以敢这样做，是因为交通通信落后，社会流动性差，人和人之间是长期博弈的关系，这有利于人们看长远利益，从而自觉地规范自己的行为。商品经济的发展尽管大大拓展了人们的活动范围，导致流动性增强，但人们的活动范围总是受到商品采购及其销售去向的限制，从而固守于一个或几个地区的，从长远看仍然属于长期博弈的关系。无疑，这对降低账局的经营风险很有帮助。而且，经营工商业的往往是社会的富裕阶层，他们不但能力强，而且进取心强，荣誉感强，这使得他们还款的能力和动力都比较强，因此账局犯不着像印局那样每天催逼流民还款。这说明，要做好对工商业者的放款工作，避免出现大规模的呆账坏账，一是提高预测经济发展走势的能力，这样才能抓住成功的市场机会，规避市场威胁，从而制定正确的投资战略——对什么行业投资，何时投资，何时退出等。二是要提高识别、选择有水平的工商业者的能力，这样才能确定对有前途的行业中的何人投资，大投还是小投等。账局的投资者是工商业者出身的背景有利于这一目标的实现。

第一，账局的投资者长期从事工商业的经历（甚至经营账局的同时仍不放弃

---

① 王茂荫：《请筹通商以安民业折》，咸丰三年三月二十五日。《王侍郎奏议》卷三。合肥：黄山书社，1991年版。

商品的贩卖），使其对影响工商业发展的环境因素，诸如政治环境、经济环境、文化环境、自然环境、技术环境、人口环境等的变化非常敏感，对成功地预测商业机会，规避商业威胁很有帮助，对账局正确地放贷——大放还是小放，继续放贷还是回笼资金，等等，都很有好处。

第二，账局的投资者长期从事工商业者的经历，还使其了解作为一个好的商人必须具备的素质是什么，一定不能具有的品行是什么，最容易犯的错误是什么，如何纠正这些错误等，这对其识别、选择放贷的对象很有帮助。

此外，账局在很长时期内不在外地设分庄，相当于现在的商业银行，这使他对当地的工商业者的各方面情况，包括产品采自何方、成本如何，影响因素有哪些，产品销向何方，价格如何，影响因素有哪些，经营者的管理水平、经营能力、身体素质如何，等等非常熟悉，因而敢于在没有抵押品的情况下进行信用放款。

账局除了通过多方面渠道搜集、评估有关工商业者的信息外，还通过缩短放款的期限来降低经营风险。"闻账局自来借贷，多以一年为期。五六月间，各路货物到京，借者尤多。每逢到期，将本利全数措齐，送到局中，谓之本利见面。账局看后，将利收起，令借者更换一券，仍将本银持归，每年如此。"原因是当时的工商业者经营的基本是农产品或农产品的粗加工，受季节性的影响比较大，因而账局对工商业的放款多以一年为期，以适应当时一般的商业经营周转需要。如果到期后欲继续借贷，也须"将本利全数措齐"，待账局确认其偿贷能力之后，再重新办理借贷手续，开始新一轮的借贷关系。

作为专业对工商业者放贷的金融机构，账局除了投资者的自有资本外，当然也向社会吸收存款。如，嘉庆十三年（1808年）十一月，刑部左侍郎广兴被革职处死，在查抄其家中，发现有"存放账局银三万七千两"，由盛师曾、盛时彦代广兴寄存，并查出"存银取利确据"①。

---

① 《清仁宗实录》，卷二〇四，嘉庆十三年十二月乙已。

为了防止无抵押、无担保的借款人恶意躲债，账局在追款方面是不惜血本的。史书记载，为了向借贷的官员及达官贵人索债，账局甚至有"潜赴外省官员任所索欠者"，使欠债官员体面丧失，甚至曾发生官员无力偿还被逼自杀的事件。当然，对于实在还不上债的，账局也不一味索债。比如，官员借债有"三不还"之说。"放京债者山西人居多，折扣最甚，然旧例未到任丁艰者不还，革职不还，身故不还。"以故诗称："借债商量折扣间，新番转票旧当删。凭他随任山西老，成例犹遵三不还"①。这"三不还"之说，正是账局业务中有风险投资因素的反映。

账局的借贷对象，除工商铺户之外，还有以下两类：

一是印局、当铺、钱庄等金融机构。虽然这类局铺本身也在从事借贷，但其中资本额较为微小者，也往往需要账局提供融资，以维持正常运转。咸丰年间便有人指出，"钱店之懋迁半出账局"。②因此，当账局因某种原因抽回资金时，便会导致此类机构的经营中断。

二是各级官员，尤其是候选官员。官吏借债，账局商人是凭其官缺为依据的，没有抵押，没有担保，实行扣头。李燧在《晋游日记》中详细记载了账局对官员放债收费的细目。他指出，"汾（州）平（阳）两郡，多以贸易为生。利之十倍者，无如放官债。富人携资入都，开设账局，遇选人借债者，必先讲扣头。如九扣，则名曰一千，实九百也。以缺之远近，定扣之多少，自八九至四五不等，甚至有倒二八扣者。扣之外，复加月利三分。以母权子，三月后则子又生子矣。滚利累算，以数百金，未几而积至盈万。京师游手之徒，代侦某官选某缺，需借债若干，作合事成，于中分余润焉，曰'拉纤'。措大需次有年，金尽裘敝，甫得一官，如贫儿暴富，于是制赴任之行装，购上官之礼物，狎优伶则需缠头之费，置姬妾则筹贮屋之资。始犹挥金如土，及凭限已促，不能不俯首于豪右之门，明知为鸩毒也而甘之。除奴仆之中饱，拉纤之侵渔，到手不过数千金，而负

---

①　《清代北京竹枝词》，北京古籍出版社，1982年版，第34页。

②　清档，侍读学士宝钧咸丰三年三月十四日奏折。

债已巨万矣。可哀也哉！"①

按照上述记载，账局对候选官吏放账，收费大大超过典当铺，这是账局不需要有形的抵押品，只以无形的信义抵押，风险更大的反映。鉴于账局对官吏放账，一来它不熟悉官吏，二来官吏也与账局无关系，为了降低经营风险，于是京城兴起拉纤（即介绍）之徒。拉纤者多为游手好闲之恶棍，他了解某官某月得选何缺，需借债若干，在官吏与账局之间拉纤，说合事成，于账局利益中分成。

3. 账局的市场边界拓展功能及其局限性

尽管账局的借贷对象多种多样，除工商铺户之外，还有印局、当铺、钱庄等金融机构和各级官员，但主要的却还是工商铺户，因此它的影响也就在工商界内。咸丰三年，因社会秩序不稳，京城账局纷纷抽回借款，导致京城市面普遍萧条这一事实，使时人真正认识到账局在促进生产发展中具有的社会作用。

咸丰三年（1853 年），太平军举兵北伐，矛头直指清朝都城北京。在这种情况下，为了减少借贷风险，京津地区的账局纷纷止贷不放，抽回资金。账局的歇业，立即引起连锁反应。对此，当时人留下许多相关记载。如说，"都中设立账局者，晋商最伙，子母相权，旋收旋放，各行铺户皆藉此为贸易之资。"② "是账局一收，而失业之民将不可数计也。"③ "贫穷之人原无资本，惟赖印局挪钱，以资生理"。但"印局之资本全靠账局"，"账局不发奔，则印局竭其源；印局竭其源，则有民失其业。"④

京城市场上显现出账局的重要作用，归根到底是各钱铺户经营"自本者十不一二，全恃借贷流通"⑤的缘故。据时人记载，在京城混乱中，"在京贸易之山西商民报官歇业回籍者，已携资数千万出京。"或"晋省之民携回重资岂止数千

---

① 李燧：《晋游日记》，卷 3。

② 清档，侍读学士宝钧咸丰三年三月十四日奏折。

③ 王茂荫：《请筹通商以安民业折》，咸丰三年三月二十五日。《王侍郎奏议》卷三。合肥：黄山书社，1991 年版。

④ 清档，通政使司副使董㶏山咸丰三年三月四日奏折。

⑤ 王茂荫：《请筹通商以安民业折》，咸丰三年三月二十五日。《王侍郎奏议》卷三。合肥：黄山书社，1991 年版。

万两"，反映出京城账局之多以及山西商人在账局领域的崇高地位。这说明，当时的账局，已经成为北方都市工商业资本融通的枢纽，开始直接左右市场的盛衰。

如同一切发展中的事物一样，账局也有其不完善的地方。第一，账局的资本太少，直到清末每家账局的平均资本只两万多两，不仅分布地区狭小，主要集中在华北地区，而且为工商业服务的力量也显不足。第二，账局经营的金融业务不完善，只有存放款业务，而没有汇兑业务，为跨地域经营的工商业服务的功能不完整。当然，这是当时科学技术发展程度不高，商业竞争还不充分的产物。随着科学技术的发展，交通、通信的进步，市场竞争，包括工商业市场的竞争和金融业自身的竞争的激烈，金融业在功能上要向存放款、汇兑方向发展；在规模上要向全社会范围内发展分庄的方向发展；在业务分类上或者走向以抵押贷款为特征的商业银行，或者走向以信用贷款为特征的投资银行。此后，中华大地上票号、银行的崛起和发展都是金融业的这一发展趋势的反映。

四、对当前我国资本市场重建的启迪

一百五十多年前，马克思在分析资本主义大工业发展的金融前提时曾经指出，如果"没有信用制度（甚至只是从这个观点来看），只有金属流通，能否存在？显然，不能存在。相反，它会受到贵金属生产的规模的限制"而不能发展。这段话，点出了金融创新在推动社会经济发展中的巨大作用，并指出了传统社会向现代社会转轨过程中金融创新的方向：一是在货币的使用上由金属货币向纸币转化，突破金属货币开采规模的限制，满足社会不断高涨的对交换媒介物的需求。二是在货币经营的抵押品上由有形的实物产品向无形的劳动能力、信誉转化，顺应科学技术发展，劳动生产效率提高的趋势。三是在规模上由独资经营、固守一隅向股份制、横向扩张的方向转变。四是在功能上由单纯的汇、兑、存放款向综合发展的方向转变。印局、账局的创办，反映了抵押放款向信用放款的转变，是传统金融向现代金融蜕变的标志。明清信用放款制度的完善以及信用放款数额的扩大，既是这一时期商品经济繁荣的反映，也是广大工商业者发挥创新精神，表现出高超的商业智慧的反映。

当前的中国正处于一个新的商品经济大发展，不断催生着金融业革命的时代。鉴于农村城市化速度加快，贫富分化程度亦随之加剧的情况，要求金融业必须同时满足工商业者和城市低收入阶层的资金需求。而现有的以四大专业银行为主导的金融体制是满足不了社会的这一强烈需求的，时代呼唤着金融创新。在这方面，明清晋商的典当、印局、账局可给我们很好的启迪。

典当给我们的最大启发是如何识别不同种类的货品，并给他们进行适当的估值，这需要相当高的专业知识与管理水平。由于典当的利润是对未来投资的结果，而未来是不确定性的，因此当铺给典当物评估时侧重于长期持续的价值而非当时的时值。

印局作为以低收入者为服务对象的专门从事个人金融业务的组织，对当前我国金融业最大的启发就是它的有效降低欠款不还风险的制度安排。一是贷款一定要有抵押或担保。应将抵押放在第一位，抵押不够的再让其寻找担保人。在给抵押物估价时，不能仅仅以市场现值作为估价的标准，而应将未来市场的风险考虑进去，侧重于抵押物的长期持续的价值而非当时的时值。二是加大催款力度。不给欠款客户创造侥幸的空间。三是建立、健全全社会性（包括国内及国外）的信用网络，防范欠款不还者利用流动性强的特点浑水摸鱼，"搭便车"。在这方面，科学技术将起到非常重要的作用。

账局作为专门为工商业者提供资金服务的金融组织，对当前我国金融业最大的启发是如何提高识别、选择有水平的工商业者的能力，制定有效降低信贷风险的制度安排。为此一要了解商业运作及其影响因素，学会识别商业机会或威胁；二要了解企业经营者必须具备的素质，一定不能具有的品行，这样才能识别出谁是有水平的借款人，从而正确地制定投资战略。因此，作为银行的工作人员，尤其是信贷人员，不能仅仅了解自己的业务，还要了解商业运动规律，尤其是商品价格变化规律，这有利于培养银行人员的大局观，有助于提高信贷效率，降低信贷风险。另外，银行有必要从企业中选拔一批员工，并吸收有实力的企业成为股东，这不仅仅是改善银行法人治理结构的需要，更是使银行了解企业，做到"知己知彼"的需要，这对银行信贷人员提高识人、选人能力很有帮助。

（该文收于 2009 产权市场蓝皮书《中国产权市场发展报告》，

中国社会科学文献出版社，2009 年第 8 期，与曹和平合写）

晋商股份经营制度刍议

摘 要：明清晋商适应时代环境的变化，将所有权与经营权分离，推行股份经营制度。好的制度设计，使晋商做到"足迹遍千里"。然而，随着生产社会化程度的提高，晋商股份制经营的弱点日益显现出来，成为生产力进一步发展的障碍，最终被市场抛弃。

关键词：晋商 股份经营制度 风险 缺陷

明清晋商的崛起，既与时代环境的变化有关，也与股份公司制度的推行有关。

按照制度经济学的理解，制度是制约人们行为、调节人与人之间利益矛盾的一些规则，制度对经济效率具有决定性的作用。相应地，制度也可划分为有效率的制度和无效率的制度。诺斯在《经济史中的结构与变迁》中指出，当我们说一种制度是有效率的时候，指的是这一制度下"参与者的最大化行为将导致组织总产出的增加"，换言之，就是"有难同当，有福同享"；当我们说一种制度"无效率"或缺乏效率时，是指一种制度下人们的最大化行为"不能导致组织总产出的增长"，换言之，就是无法做到"有难同当，有福同享"。随着环境的变迁，制度也应该相应地变革。经济发展不可能长期停留在一种无效率的状态，当一种制度安排无效率时，它最终将被另一种有效率的制度安排取代，这是由人追求利润最大化、竭力实现潜在的市场机会的天性决定的。

有效率的制度起码应该具备如下特征：一是产权明确，应能最大限度地使个人努力与个人收益具有正相关性，同时使个人行为与个人所负的责任也有正相关性，即前面说的"有福同享，有难同当"。二是可变性强，能够为人们提供尽可能大的选择空间和创新空间，使人们能够在不同的条件下，根据效率最大化的原则进行选择和创造最有利的制度安排。换言之，有效率的制度不仅能够实现特定环境下个人和组织的双赢，还能够随着环境的变化，灵活地调整有关条款，在动态中实现个人和组织的双赢。

在股份公司制度建设中，晋商投资者（东家）面临所有权与经营权分离、针对经理人（掌柜）不加大激励则后者不会好好工作、不加大约束又易受到外界诱惑和犯错误的状况，做了精密的制度安排，就是今天看来，也不能不佩服晋商创始者们深邃的构思。我认为，在特定环境下对经理人的激励和约束方面，晋商股份经营制度的设计是很精巧、充满效率的，值得今天的企业经营者借鉴。不过，在适应环境的变化方面，晋商股份经营制度是有缺陷的，应当引起当代企业家的警戒。

一、晋商股份公司制度的功效

作为两权分离下的资本所有者，他面临的任务是既要调动经理人的工作积极性，又要防范其受不住外界的诱惑犯错误；既要对经理人授权，又要保持必要的监督。若授权过大、监督过小，经理人会利用资本所有者的信任，滥用手中的权力犯错误；若授权过小、监督过大，经理人又因不拥有必要的权力而无法整合资源，完成工作。如何解决这一两难问题，做到既定成本下的利润最大，或者既定利润下的成本最小，使经理人既能完成工作，又能将犯错误的危害降低到最低呢？晋商在这方面有着很好的制度设计，下面试以晋商票号业为例分析晋商股份经营制度的优点。

一是慎重选择经理。当时，要建立票号，东家在选择经理上是颇费心思的，或是别人举荐，或是财东自己察访，都要经过严格的考察。东家心目中的票号经理，要能攻能守、多谋善变、德才兼备，最好有一定的专业经营经验。一旦确认可以担任票号经理的职责，财东便以重礼招聘。被选中的经理，一般事前要和财东进行一次面谈，对财东来说，这是最后一次的直接考察；对即将被委任的经理来说，也需要侦察一下财东是否信赖自己，还要向财东陈述自己的经营设想。如果双方主见相同，劳资之间的合作便基本告成，接着便是延请中证、订立合同、委以全权，择人的过程即告结束。以后能否挣钱，财东已不能左右，经营的权利，全部放到了经理肩上。

为什么要慎重选择经理人呢？就在于经理人有隐匿信息、以次充好的可能。这说明投资人一项很大的任务就是选择符合岗位要求的经理人。为此，一要尽可能扩大选择的空间，或别人举荐，或自己查访；二要通过访谈等方式广泛搜集经理人的信息并加以判断；三要通过一定的仪式，如初见面、二见面、三见面等降低选择过程中可能潜存的风险。

二是经理全权负责。一旦合同订立，财东将资本、人事全权委托经理负责，一切经营活动并不干预，日常盈亏平时也不过问，让经理大胆放手经营，静候年终决算报告。这时的经理拥有无上的权力，不论用人还是业务管理，均由经理通盘定夺。财东连举荐人的权力都没有。据1904年大德通合账众东添条规五条第二条记载"各连号不准东家举荐人位，如实在有情面难推者，准其往别号转推，现下在号工员，无论与东家以及伙计等有何亲故，务必以公论公，不准徇情庇护"。经理在票号内实行集权制，同仁们虽然有建议权，大伙友（年龄大、地位高的员工）在一些小事情上也可以便宜行事，但大事则由经理裁决。总经理每年年终汇集营业报告表，造具行册，报告财东一次。这时，财东对经理的经营策略等只有建议权，没有决策权。

不像现下的许多老板，明明说的授予经理人以经营全权，但当经理人工作时又忍不住上前指挥，结果造成"天有二日，国有二君"，指挥系统被打乱的现象。无疑，晋商也是经历了上述过程的，这是在经过了许多苦楚后得到的教训的结果，其好处是既方便经理人全权指挥，又方便对经理人的考核，免得出现互相推诿现象。

三是名利一体的激励约束机制。经理在票号中享有无上权力，却只负盈不负亏，盈利多自己得的多，但赔了却是财东负责。财东对票号负有无限责任，除了在择人上比较慎重外，平时就主要靠激励。经理在任期内能尽职尽责，业务有起色，财东给予加股、加薪的奖励。如不称职，就减股减薪。具体分析如下：

第一，劳资并重的分配制度。票号创立之时，就在设立银股的同时，设立人力股，俗称顶身股。一般来说，初创立时银股多，人力股少，但票号经营时间越长，人力股就越多，有时会超过银股。分红时，多以银股和人力股的总和平均分配，有时职员分红的总额会超过财东的分红数。虽然说，工作满十年以上就有了顶人力股的资格，但也不是绝对的，如果经理认为没有培养前途，或工作不够勤奋，工作十四五年顶不上人力股的也大有人在。而且，顶了股以后每次账期（当时规定，每四年一个分红期）后能不能增加，也全看个人的能力和工作勤奋程度，同样的工作年限或同时顶了人力股的职员，经过几年的发展后，会有很大的差别。

这种劳资并重的分配制度，把票号的经营状况，同财东的利益、职工的利益、职工的前途、经理的名誉等都有机地结合起来，相当大程度上做到了"有难同当，有福同享"。换言之，就是变老板的危机意识为员工的危机意识，变员工的智慧为老板的智慧，它调动了上上下下各方面的积极性，这是晋商能够取得数百年辉煌的重要原因。比如，晋商票号财东为了选出比现任经理还优秀的接班人，或者为了避免现任总经理留恋权位，往往积极创造现任总经理不得不看长远利益的条件，规定现任总经理在新经理上台后，原有股份保留，即使其身故后，家人也能得到其身后长达12年的红利。在这种情况下，现任总经理有动力举荐比自己还强的新人，并积极让位。

第二，严格苛刻的约束机制。票号的从业人员待遇优厚，前途有望，因而是当时晋中一带人们比较向往的职业，但票号对其成员的管理也是极严格的，其内容包括各分号与总号之间的关系、业务经营原则、对工作人员的具体要求等，而且不论经理、伙计、学徒，均须遵守。如休假制度，总号人员两三个月可休息7天，太原分号一年可以休息2个月，其他分号大部分为连续工作三年可休假半年，分号路远者如东三省、内蒙古、新疆等地为五年一次，从一般职员到经理都得遵守。每月准寄平安家信，但不准私寄银钱及物品。包括经理在内一律不准携带家属。平日在号，不准捐纳实职官衔、不准携带亲故在外谋事、不准赌博、不准吸食鸦片、不准在外娶妻纳妾、不准向号中相与之家浮挪暂借等。从这许许多多的不准中，我们可以看出晋商管理的严格。票号中不论是一般职员还是经理，他们虽然从财东那里获得了令人羡慕的报酬，但这是以严格管理为前提的，一入号，三年五载不得回家，又有那么多的不准管着，如稍不慎，被开除出号，不仅在乡邻面前丢脸，而且很难再谋到职业。在这种情况下，他们只能把全部精力用在票号发展上，因为票号和他们已经密不可分。对所有从业人员的个人财产，票号也有一套严格的管理办法，以防止票号人员在外面假公济私。另外还有财务制度、报告制度、经营制度等多方面的规定。例如，大德通票号1884年议定的号规就有30条之多，以后每逢账期还进行添补增删，可以说是既细密又严格。

对于那些业绩平平，甚至不如人意的经理人，晋商也有一套既能保全他们的面子又能维持企业资产不受损害的办法。比如，当时许多票号有年终财东请吃饭的习惯，谁面朝着门，说明他干得最好，东家很满意；谁背对着门，说明他干得最差，财东不满意。席间要上一盘鱼，取其年年有余之意，这条鱼的尾巴对着谁，说明东家要炒他的鱿鱼，饭后赶紧到账房结账走人，若这条鱼的尾巴对着财东，说明大家干得不错，老板基本满意，全部留任。

为什么要对经理人员，尤其是总经理严加约束呢？这是因为经理人员有逆向选择的风险，即尽管才能出众，但未必能发挥出来。要发挥出来，东家就必须满足其对利益的追求，让其高兴才是，为此，就必须一要激励，二要约束。所以要激励，是顺应经理人追求富贵的心理，变"让我干"为"我要干"；所以要约束，是既顺应经理人讨厌贫贱的心理，又承认人有经受不住外界诱惑、爱看眼前利益、爱贪小便宜的人性弱点，加以制度之强化，即一旦违反什么规矩，将受到如何的处罚等，目的是防范人们犯错误，或将人们犯错误的概率降到最低。

从财东放手掌柜经营、不到账期分红不过问号事，以及严格的号规条款中可以悟出一个道理，就是放手经营和加强监督管理是分不开的。可以说，没有这套详尽而严密的股份公司制度安排，资本的所有权和经营权的分离是不可能实现的。而在商品经济大发展的时代，只有把这两种权力分离开来，资本所有者才能够更好地从宏观上把握资本的运用，不致陷入繁杂的事务之中，得之一隅而失之全局；经营者也才能不为资本所有者的主观意志所约束，而是按照经济规律和市场变化采取应有的对策，从而使资本最大效益化。因此，晋商之所以能做到"足迹遍天下""辉煌五百年"，是与两权分离的股份经营制度分不开的。

二、晋商股份经营制度的弱点

制度是否有效率与所处环境有关。在一种环境下是有效率的制度，当环境发生变化时，它就可能成为无效率的制度。因此，判断制度是否有效率，要看相对于什么环境而言。和工业革命后社会化大生产更加发展的需要相比，仍属于重商主义历史范畴的晋商股份经营制度存在如下不足：

一是无限责任制。和有限责任公司相比，无限责任公司的特点有三：其一，强调空间的无限延伸，一旦某商号倒闭，则由出资人的其他商号的资产垫赔。其二，强调时间的无限延伸，所谓"父债子还"是也。其三，可以自由退出。如蔚泰厚票号契约中规定，"倘有东家抽本……俱照年总结账，按股清楚账目"，而有限责任公司不允许自由退出的，只允许自由转让。显然，和有限责任的股份制公司相比，无限责任的股份制公司的信誉更高，当然风险也更大。

晋商企业资本的无限责任制，是在康乾盛世、国泰民安、市场竞争不甚激烈的时代产生的，在商品经济进一步发展、市场竞争更为激烈的嘉庆、道光年间，其缺陷已经暴露。鸦片战争以后，中国市场成为西方市场的一部分，市场竞争空前激烈，无限责任制的缺陷更是充分暴露出来。当时工商业、金融业破产倒闭不断，甚至出现企业倒闭连带资本家破产的现象，这说明生产力的发展要求更先进的生产关系与其相适应，要求公司制度从无限责任走向有限责任。

二是没有退休制度。晋商各商号的员工，除辞号和号辞者外，实行终身制，没有退休制度，因而总经理等常常年老病死在岗位上。东家为鼓励总经理等终身为其效力，凡顶身股者死后，还可享受几个中长期的分红权利，叫作"故身股"。这一制度的好处是充分挖掘了一个人的潜力，将其几十年积累的经验教训发挥到极致，并顺利地传到下一代，这对当前的企业管理中解决老同志积极性如何更好发挥的问题很有借鉴意义。但这一制度的弱点也极其明显，即企业形成老人政治，暮气沉沉，创新精神不足。

老年人的优点是经历的事情多，经验丰富，虑事周到全面，稳健经营。但凡事有一利必有一弊。正因为其想事周到全面，尤其是风险顾虑太多，因而缺乏一种敢想敢干、欲平治天下舍我其谁的气魄，而有时候，尤其是历史的转折关头，恰恰需要这样一种天不怕地不怕的精神。另外老年人还有一个弱点，就是体力下降，而开发新产品、探索新事物的艰苦性又尤其需要这种连续作战的能力，当老年人在一个组织中不掌握主要权力时，这一弱点的影响还不大，但当老年人掌握一个组织中的主要权力时，这一弱点的影响将会无限扩大，从而束缚企业的发展。我认为，当面临时代的转折关头时，晋商各大行业，如票号业、典当业、茶业均表现出强烈的保守倾向，与这几个行业前期发展迅猛、股份制度普遍推广、老人政治发展更充分是分不开的。

三是对身股取利没有限制，以至后来的身股分红数超过银股，这加大了银股持有者的风险，是对银股持有者的不公平。晋商各票号中，起初是银股占多数，身股占少数，但身股人数和股数随着各个工人工作时间和效力的增加逐渐增加，所以到了后期就出现了身股超过了银股的现象，而二者在分红时都是凭股数平均分配，结果每股分红相对变少，从而身股总数分红额超过银股。如，大德通票号1889年分红时，银股20份、人力股917份。到1908年分红时，银股仍是20份，人力股却增至23195份，人力股在近20年内增为原来的25倍。这种比例上的变化意味着剩余收入的更大部分给了并不承担财产风险的身股者，而银股者在剩余收入相对减少的情况下还要和原来一样对企业风险承担无限责任，这种收益和风险的失调会导致一些银股者产生抽走资本的想法，特别是在风雨飘摇、政局不稳的时候，这对于企业的存在和发展是一种巨大的威胁。例如，20世纪三四十年代，许多晋商大族，像渠家、乔家、曹家等之所以抽走资本，宣布歇业，无疑是与承担了过大的经营风险分不开的。毕竟在一般情况下，资本的重新注入比劳动力加入难度大得多，因此使普通员工凭股份同资本家和经理平等分享利润值得商榷。孟子曰，"劳心者治人，劳力者治于人"。一般职工从事的工作劳动复杂性低、风险小，高级员工从事的工作劳动复杂性高、风险大。从事工作风险性大的人，在正常的岗位工资之外，应该再得一份风险收入，而且从事的工作风险越大，所得到的风险收入也应该越高，分红恰恰就属于这样的风险收入。这意味着，晋商应该在顺应员工看眼前利益的岗位工资、顺应员工看长远利益的分红之外，再加上顺应员工看中期利益的奖金。一般的员工可得到工资和奖金，不应该有分红；高级员工在工资、奖金外，还要有分红，这样的分配制度才更合理。

四是财东不参与企业运营，没有建立起对总经理可能的能力不足加以弥补的股东会议制度。从晋商股份公司制度的设计中还可以看出，财东们对总经理的道德风险考虑比较多，并通过顶身股、故身股等来弥补，但对以总经理为首的经理班子的能力的不足考虑得比较少，没有想过通过什么措施加以弥补，以致股东会议制度很不健全。由于股东事实上放弃了决策责任，这样自然就形成了对总经理的依赖，造成了总经理独裁局面的出现，也使来自分公司的要求政策的呼声，由于得不到财东的支持，而轻易地被总经理打压下去。晋商票号后期迟迟不能向银行转变，股东无所作为是一个重要原因。

财东不参与企业运营的好处是有利于强化总经理的权威，做到事权统一，其弱点之一是对总经理监督不力，造成总经理大权独揽；弱点之二是财东不了解行业发展大势，无法准确决策；弱点之三是不了解未来的企业需要什么样的总经理，在选人方面只能依靠前总经理的推荐，或凭偏好行事，这是不利于企业发展的。毕竟决定企业发展方向和选总经理的事是由财东决定的，财东不参与企业运营，一问三不知，又如何保证能定出准确的决策和选出合适的总经理呢？

另外，财东不能参与具体企业运营，还使得财东及其后代——未来的财东只能在家里吃喝玩乐，吃喝玩乐的极端就是抽大烟、赌博，一旦钱不足，自然违背规定去商号取款。按规定，财东违纪取款是不能允许的，但他是最高领袖，若取不到款又要发脾气，影响员工的命运，因此一些好说话、组织纪律不太强的员工往往迎合财东的脾性。而财东在选下一届总经理人时出于取款方便的考虑，往往选听话的、组织原则性不强的人做总经理。俗话说，"上梁不正下梁歪"，最高领导——财东都看眼前利益，不惜为了眼前的点滴利益而违背纪律犯错误，这对员工的影响该有多大？因此，票号后期内部出现离心离德现象是丝毫也不奇怪的。众所周知，票号鼻祖日升昌之所以会垮，就是因为选了一个组织纪律性不强，但能顺应财东偏好，让财东取款方便的总经理——郭斗南。

因此，财东必须参与企业的运营过程。只是他参与的目的和总经理不同，总经理要完成对财东的承诺，而财东则重在了解该行业的发展、运营过程中存在的问题，为更好地决策、弥补总经理能力的不足奠定基础。另外，也为选择更优秀的总经理，制定合适的制度来激励总经理，为防范其可能的犯错误的风险奠定基础。

五是晋商对总经理的约束方面有缺陷，这主要表现在没有建立监事会制度上，以致于对总经理在位可能出现的道德风险防范不足。

晋商对总经理实行任期制，一般每四年一个账期。客观地讲，任期制对经理确实构成很大的压力，但从将造成危害到实际造成危害，再到发现危害之间，毕竟有一段时间的间隔。如何监督总经理尽快发现经营中造成的危害，最适合的是三种人：一是消费者，二是内部员工，三是合作伙伴。

从总经理的经营能力、努力程度来看，消费者市场的监督确实关键，财东可通过经营业绩这个指标来判断经理的经营能力。但是，由于财东位居企业经营的最后方，接受市场的信息慢，再加上财东也有懈怠之心，这意味着往往是在公认的重大损失造成时，财东才感觉到，方通过更换总经理的办法来解决。可是当重大损失造成局面非常被动时，换任何人也是无济于事的。在这种情况下，如何约束总经理的不当行为，将其危害降到最低点呢？这就需要来自员工和合作伙伴的监督，尤其是来自员工的监督。员工长期在市场活动，会形成一定的关于经营的经验性的认识，他们不等市场漏洞大暴露就会察觉到经理经营上的问题，因此应利用员工对市场熟悉、反应快的特点来规范经理的行为。另外，合作伙伴长期在市场上活动，市场经验丰富，阅历面较广，亦能比较早地感受到企业经营中存在的问题，因此也应很好地利用合作伙伴的力量，这就是现代企业制度的监事会的功能。在这点上，晋商做得是不够的，它使财东无法通过监事会和第一线员工、顾客和合作伙伴及时沟通，无法得到关于经理权力运作过程中可能存在的不足及如何改正的信息，自然也无法将总经理可能造成的危害降到最低点。

当然，来自基层员工、合作伙伴的反馈意见有可能未必正确，但毕竟是对市场的一种反映，能为高层的正确决策包括经营决策及人事决策等创造条件，也能为纠正以往的错误决策奠定基础。晋商由于没有采取这种更民主、更能促进信息沟通的办法，无法将人力资本与物质资本的力量更有效地凝聚在一起，结果在与银行激烈的竞争中，只能处于下风，以致全军覆没。

总之，晋商股份经营制度是与中世纪后期农业生产发展开始出现商品经济的全球范围内的交流这一历史背景分不开的，属于西方重商主义时期商业管理的范畴。随着生产社会化程度的提高，原来合适的制度安排此时变成生产力进一步发展的障碍，这就是为什么鸦片战争后晋商无力与西方商人竞争的原因。尽管晋商股份制存在种种缺陷，但在明清时期的中国商业界，还没有哪个商帮的股份制能做到晋商这么发达的程度，它有助于物质资本和人力资本的结合，有助于将企业做大做强，更有助于企业市场风险能力的增强，因而信誉卓著。只是进入近代之后，随着中国市场越来越和世界市场紧密结合在一起，越来越受到世界政治、经济、文化等风云变化的影响，晋商股份制度的缺陷才越来越充分地暴露出来，直到最后被市场抛弃，全盘溃败。

参考文献

［1］穆雯瑛. 晋商史料研究［M］. 太原：山西人民出版社，2001.

［2］张巩德. 山西票号综览［M］. 北京：新华出版社，1996.

［3］张正明，邓泉. 平遥票号商［M］. 太原：山西教育出版社，1997.

［4］张正明. 晋商兴衰史［M］. 太原：山西古籍出版社，2001.

［5］史若民. 票商兴衰史［M］. 北京：中国经济出版社，1992.

［6］董继斌，景占魁. 晋商与中国近代金融［M］. 太原：山西经济出版社，2002.

［7］黄鉴晖. 明清山西商人研究［M］. 太原：山西经济出版社，2002.

［8］黄鉴晖. 晋商经营之道［M］. 太原：山西经济出版社，2001.

［9］黄鉴晖. 山西票号史（修订本）［M］. 太原：山西经济出版社，2002.

（该文刊载于《山西高等学校社会科学学报》，2009 年第 4 期）

基于信息经济学的视角浅论山西票号员工的管理及培养

摘　要：山西票号在选用、训练新员工方面积累了丰富的经验。应聘者除了是山西人、有担保外，还要经受严格的资格审查和业务考试。对于新招收的学徒，山西票号对他们进行为期三年的严格的业务和道德训练，只有那些经受住多方面的考核后仍然合格的人，才能成为正式员工。晋商的一批批优秀人才便是从"十余岁辄从人学贸易"的学徒中脱颖而出的，这是晋商能够成就五百年辉煌基业的重要原因。

关键词：信息经济学　山西票号　员工　道德训练

山西票号是中国经济史上的一大亮点，尽管辉煌不再，其经济运作机制仍然让人赞叹不已。其中，他们在选用、训练新员工中的一些做法很值得当前的企业借鉴。本文将运用现代经济学理论（主要是其中的信息不对称理论）分析山西票号人力资源管理中的一个重要侧面——新员工的选拔、培训、考核中的经验和教训。

一、信息不对称理论的简要介绍

所谓信息不对称就是在相互对应的经济人之间不做对称分布的有关某些事件的知识或概率分布。信息不对称理论是由三位美国经济学家（约瑟夫·斯蒂格利茨、乔治·阿克尔洛夫和迈克尔·斯彭斯）提出的，他们因此获得了2001年度诺贝尔经济学奖。作为微观信息经济学研究的一个核心内容，信息不对称理论用来说明在不完全信息市场上，相关信息在交易双方的不对称分布中对市场交易行为的影响及由此产生的市场运行效率问题。在不对称信息对策研究中，通常将对策中占有信息优势的一方称为代理人，而处于信息劣势的一方称为委托人，不对称信息的所有模型都可以在委托人——代理人的框架下进行。传统经济学基本假设前提中，重要的一条就是"经济人"拥有完全信息。实际上人们早就知道，现实生活中市场主体不可能占有完全的市场信息。信息不对称的条件下，代理人为了自身利益可能凭借自己的信息优势选择对委托人不利的行为，从而引发信息不对称理论中的两个核心问题——逆向选择和道德风险。

逆向选择是研究事前不对称信息的博弈模型，指掌握信息较多的一方利用对方对信息的无知而隐瞒相关信息，获得额外利益，客观上导致不合理的市场分配行为。道德风险是研究事后不对称信息的博弈模型，指占有信息优势的一方为自身利益而故意隐藏相关信息，对另一方造成损害的行为。道德风险的存在增加了交易的风险性和交易成本。

信息不对称理论认为，在市场经济活动中，各类人员对有关信息的了解是有差异的。掌握信息比较充分的人员，往往处于比较有利的地位，而信息贫乏的人员，则处于比较不利的地位。信息不对称是市场经济的弊病，一般来说，市场中卖方比买方更了解有关商品的各种信息。为了赢得彼此的信任，实现买卖双方的交换，掌握更多信息的一方有义务向信息贫乏的一方传递可靠信息，拥有信息较少的一方也有责任努力从另一方获取真实信息，价格、广告、品牌等就是买卖双方为解决信息的不对称，赢得彼此的信任而发出的市场信号。

信息不对称理论对很多市场现象如股市沉浮、就业与失业、信贷配给、商品促销、商品的市场占有等提供了解释，并成为现代信息经济学的核心，被广泛应用到从传统的农产品市场、劳动就业市场到现代金融市场等各个领域。

把信息的不对称理论运用到新员工的选拔、培训和管理方面，就要求企业人力资源管理部门：首先，必须高度重视应聘者信息的搜集与判断，避免为其释放的"烟幕弹"所迷惑，做到"知己知彼"；其次，在对业已挑选出来的新员工进行培训时，必须不间断地发布有关信息，目的是让受训者明白应该做什么，不应该做什么等，这有助于培训效率的提高；最后，企业还要通过各种形式的检查，包括日常检查、突击检查、中期检查、结业考试等了解新员工的受训情况，这样做不仅有利于督促其完成培训任务，还为后来的工作分配奠定了基础。

下面将依据信息不对称理论考察山西票号在新员工选拔、培训和考核方面的经验和教训。

二、山西票号如何选用新员工

用人的前提是选人，选人中最大的风险在于应聘者会利用信息的不对称有意识地释放假情报，迷惑选人者；选人者会因为信息的不对称而被求职者的外貌或花言巧语迷惑，从而选拔了不该选拔的人。尽管山西各票号在择人方法上略有不同，但其择人的实质性标准和方法却大致相同。一般来说，招收学徒（练习生）是票号人员的主要来源。山西票号主要是通过担保、面试、笔试加口试等方式让求职者尽可能地释放信息，然后对这些信息进行"去伪存真，去粗取精"的认真分析，从而将选人的风险降到最低点。

山西票号选拔员工，一般有如下标准和程序：

第一，必须由有影响、有社会地位、有财产的人士推荐。若无人推荐，是绝不可能进入选拔范围的。山西票号通过这种方法一定程度地解决了应聘者和接收者之间的信息不对称问题。

第二，必须为山西人。其好处是便于搜集应聘者的信息，可在一定程度上降低应聘者提供假信息的风险。当然，这是当时社会生产力不发展，交通、通信落后，使得商品经济社会化程度不高的反映。一旦社会生产力水平有了更大的发展，交通、通信进步，企业招聘员工时就必须突破地方化的限制，而在更广阔的社会范围内选人，这就是全球化。

第三，限十五六岁俊秀男青年。山西各票号对学徒的录用标准，通常是14～18岁的青年男子。这是因为年龄太小，自理能力不够；年龄太大，气质、性格已经定性，很难改造。选择14～18岁的青年男子，无疑教育成本低、效益高。

如，祁县乔氏的大德通票号规定"学徒年龄必须为15～20岁"。

为了防止求职者弄虚作假，许多票号的柜房里还摆着一双铁鞋，专供录用新员工时穿的，目的是让应聘者释放有关自己真实年龄的信息。就是说，求职者进号前，先得试穿这双鞋子，穿上了，才有进号当学徒的资格，如果脚大穿不上，其他条件再好也不行。这种以鞋来衡量求职者年龄的做法，具有一定的合理性，原因是特定地区某一年龄段的人的脚长大致是差不多的，这就好像体育管理部门为了防止运动员虚报年龄，需要对他们进行骨龄检查一样。但这样做也有失之偏颇之处，不免会漏掉某些人才，不过这也从一个角度说明了晋商对初学经商者年龄限制之严格。

也有一种说法，铁鞋有大小两样。对于合意的人选，便拿出正常人大小的铁鞋，让其顺利过关。对于看不上眼而举荐者头面大的则使用小鞋，以拒之门外，这是山西票号既严格执行制度又不失人情的反映。

第四，对求职者的家庭进行严格的考察，俗称查三代。家世背景如何，会对求职者为人处世的态度产生深刻影响，这就是晋商为什么对家世清白一项非常重视的原因。古人云，"近朱者赤，近墨者黑"。家庭是孩子的第一老师，家长的言行举止、音容笑貌对孩子的成长是非常重要的。

第五，笔试。由大掌柜审阅被推荐者写的毛笔字大小楷书，并考察其打算盘的水平，以判断其文化水准如何，心性是稳重还是毛躁，等等。

第六，面试。由大掌柜当面提问，观察其面相是否端庄可靠，思维是否敏捷，口齿是否伶俐，性格是否温顺和婉，等等。这里需要特别指出的是，山西票号对求职者的相貌比较在意，这是因为经商是要同顾客打交道的，商人的外貌好比是产品的包装，尽管顾客购买的并不是产品的包装，但产品的包装如何却直接影响到顾客对产品的评价，这就是山西票号对求职者的相貌很在意的原因。

第七，必须由殷实商铺担保，签订保荐书。被担保人"倘有越轨行为，保证人负完全责任"。由于担保人责任重大，如无特殊关系，并不易找。如果担保人破产，失去继续担保的资格，或者自己要求撤保，被担保人必须迅速另找担保人，否则有被停职的可能。显然，这有助于降低企业的管理成本。

第八，"请进"。所有测试全部合格后，方可"择日进号"，名曰"请进"。由票号举行一个简单的仪式，宣布其成为本票号学徒，大掌柜训示，伙友庆贺，提高新学徒对本号的亲近感、归属感和自信心。

山西票号由于经营蒸蒸日上，员工报酬稳定，很为世人看好。更重要的是，山西票号的各级经理人，许多是由普通员工晋升而来，一旦到达经理的位置，则报酬丰厚，受人尊敬，家道也因此而兴旺。所以，进入票号任职，在许多人眼中，是一条求取富贵的便捷途径，千方百计设法奔走。随着求职者的增多，票号的选用标准也水涨船高，有的甚至极为苛刻。例如，志诚信票号选用职员规则规定：招收员工，年龄必须在 15 岁以上、20 岁以下、身高 5 尺、家世清白、五官端正、毫无残缺、语言清晰、口齿伶俐、举动灵敏、善珠算、精楷书。而且，担保人必须与票号有利害关系，目的是促使担保者推荐真正有才能的年轻人进入票号，避免其徇私作假。招收条件如此之高，这就要求求职者具有相当好的教养与素质，而能够获得这种教养的人，其家庭经济状况必然不会太差。也就是说，只有经济状况尚属宽裕的家庭，其子弟才有进入票号工作的可能。

这种严格的选拔制度，尤其是重视出身与品德的选拔标准，为票号的经营提供了组织保证，使票号在日常的经营中，很少由于员工的失职而遭受损失。20 世纪初便有人评价说："山西票庄营业，自清初迄今，其同业间未闻有危险之事，未始非雇佣人之限制，有以绝其弊端耳。"

三、山西票号如何培训新员工

成为学徒仅仅是进入票号的第一步，还须经过一段时间的培训，得到认可后才能够独立从事工作，此时方成为真正的票号职工。

如果说招聘主要是设计一套程序引导应聘者释放信息，以便招聘者能够做到"知己知彼"，从而选拔到合格的人选的话，那么培训主要是向受训者发布他们必须具备和掌握的信息，包括技能方面的和道德方面的等，并设计一套程序使他们在不断练习的基础上达到熟练掌握的程度，直至成为生命中不可或缺的一部分。

山西票号对学徒的培训，均在总号进行，时间一般为三年，有聪明出众的，两年即可完成训练，个别过于愚笨或存在道德缺陷的，不到三年即被开除出号。

山西票号对新员工的培训分业务训练和道德训练两大板块。

（一） 业务训练

新员工的业务训练普遍分三个阶段：

第一阶段，主要是做日常杂务，诸如打水、扫地、伺候掌柜等号内杂活，晚上则用来练习书写与珠算。对这类活计，每个新员工都要做一年左右。

所以如此，一是号内杂活必须有人承担。二是能够对学徒进行经商基本功的培训，如书写和珠算等。三是有意识地折煞学徒的虚骄之气，培养他们的服务意识，这就是晋商对学徒有意识地强调"五壶四把（茶壶、酒壶、水烟壶、喷壶、夜壶和笤帚、掸子、毛巾、抹布），终日伴随"的原因。其实，作为掌柜，晚上不是不能去厕所，所以让学徒提夜壶，正是有意识地折煞他们的虚骄之气，教育他们树立起"顾客是衣食父母"的观念。四是可以根据新员工做日常杂活时的表现来判定其为人与做事，看他是否适合做票号工作，适合从事哪一方面的工作，这就为今后的工作安排打下了基础。比如，掌柜有时故意在地上丢钱，然后暗中看学徒的表现。有的学徒捡到钱后，偷偷地藏在腰包，掌柜就感到这人的自我约束力不够，于是早早打发回家。有的学徒捡到钱后，不为所动，当即交给掌柜，掌柜非常高兴，认为这小伙子的自我约束力强，堪成大才，于是有意识地加以培养。有的学徒捡到钱后，先藏进腰包，过两天再交给掌柜，掌柜认为这小伙子能够战胜私心杂念，也值得进一步培养。不少学徒没有通过第一阶段的考验，就被淘汰出局了。

第二阶段，学习票号业务基本技能，如学习背诵"平码银色折"。当时中国社会还没有形成统一的国内市场，自然也就没有统一的国内货币，各地均自行铸造货币，这样就出现了彼此换算的问题。熟练掌握各地平码银色的折算标准，是从事票号生意的基本条件。因此，在第二阶段的训练中，各地平码银色的折算口诀往往由掌柜向新员工亲自口传，并要求牢牢熟记。此外，开始做些帮账、抄信的事情。

第三阶段，学习做生意的技巧。这个阶段的训练，一般只限于有培养前途的员工，即"掌柜认为最有出息的学徒"。

（二） 道德训练

山西票号尤为重视道德训练，如大德通票号"延名师教育伙友，讲名著培养立身基础"。

据卫聚贤在"山西票号史"中的记载，晋商在道德训练方面的主要内容是"重信义，除虚伪，节情欲，敦品行，贵忠诚，鄙利己，奉博爱，薄嫉恨，喜辛苦，戒奢华等"。

所谓"重信义"，即指重视契约，说话算数。这就要求在签订契约前，要周密计划，尽可能估计到各种可能发生的情况。

所谓"除虚伪"，指要待人以诚。俗话说得好，你一段时间能欺骗所有的人，但绝不可能在所有的时间欺骗所有的人。鉴于信息具有传播性强的特点，"好事不出门，丑事传千里"，票号中人必须要规范自己的行为。

所谓"节情欲"，指克制自己过分的对利益的贪求，能够对顾客让利、对同事让利等，这样才能赢得他人的信赖，实现双赢。

所谓"敦品行"，指努力在仁义方面修养自己，反对只爱自己不爱别人的自私自利行为，在必要的情况下不惜为了他人牺牲自己。

所谓"贵忠诚"，指信守对客户的承诺，不因为环境的变化而随意违背合同。

所谓"鄙利己"，指反对那种光顾自己不管他人的行为。

所谓"奉博爱"，指要发扬仁义精神，爱顾客，爱员工，爱社会。

所谓"薄嫉恨"，指要与人为善。人和人之间总是会发生矛盾的。一旦发生矛盾冲突，要多看别人的优点，少看别人的弱点，并且正确地理解别人的弱点，这就是儒家所讲的"恕道"。

所谓"喜辛苦"，是指不畏辛苦。经商是一个艰苦地发现顾客的需求并加以满足的过程，为此就必须努力工作，不畏艰难，这样才能成功地发现并挖掘潜在的市场机会。

所谓"戒奢华"，指员工之间要比工作、比业绩，而不是比吃喝、比穿戴。比工作、比业绩，就是比长期的待遇。比吃喝、比穿戴，只能泯灭人的意志，这是与艰苦的从商工作的要求相违背的。

山西票号所以对学徒进行如此严格的业务和道德训练，正是长期经商过程中对经验、教训不断总结的结果。围绕哪些技能是从商者必须要掌握的，哪些缺点是从商者一定要避免的，哪些品质是从商者必须要根除的等问题，山西票号制订出翔实的学徒训练计划，并通过一系列创造性的教学活动的开展，在学徒的脑海中打下深深的烙印，直至成为他们生命中不可缺少的一部分。

关于山西票号严格训练学徒的情况，可在一些保留至今的山西谚语中得到充分反映。如，谚称"十年寒窗考状元，十年学商倍加难""忙时心不乱，闲时心不散""快在柜前，忙在柜台""人有站相，货有摆样"。在山西商人中流传着这样的学徒工作规矩："黎明即起，侍奉掌柜；五壶四把，终日伴随；一丝不苟，谨小慎微；顾客上门，礼貌相待；不分童叟，不看衣服；察言观色，惟恐得罪；精于业务，体会精髓；算盘口诀，必须熟练；有客实践，无客默诵；学以致用，口无怨言；每岁终了，经得考验；最所担心，铺盖之卷；一旦学成，身股人柜；已有奔头，双亲得慰。"严格的学徒制为晋商培育了不少人才，其中很多人成为以后驰骋商场的骨干力量。

四、山西票号如何考核新员工

对企业的人力资源管理部门来讲，仅仅重视培训是不够的，还必须了解：第一，受训者距离企业培训目标的要求还有多远；第二，受训者之间的差异度有多大，以便为以后的工作安排奠定基础。为此，企业必须设计一套程序能让受训者自动地释放出企业想知晓的信息。山西票号在严格的业务和道德训练结束后，对新员工进行工作能力及道德修养的考核的具体办法是："远则易欺，远使以观其志；近则易狎，近使以观其敬；烦则难理，烦使以观其能；卒则易难，卒使以观其智；急则易爽，急期以观其信；财则易贪，委财以观其仁；危则易变，告危以观其节；久则易惰，班期二年以观其则；杂处易淫，派往繁华以观其色。"

具体来说，一个人被派往人生地不熟的远方工作，很容易因遭受各方面的压力而萌生退志，借此可以考察一个人的意志是否坚强，这就是"远则易欺，远使以观其志"。

把人派往熟悉的、离家近的地方工作，则很容易放松对自己的要求，违背岗位职责犯错误的风险大大增加，借此可以考察一个人是否自重和尊重别人，这就是"近则易狎，近使以观其敬"。

让人做复杂的、难以短时间内做好的工作，往往心烦，而越是心烦就越是难以做好工作，借此可以考察一个人应对复杂事务的能力，这就是"烦则难理，烦使以观其能"。

让人仓促间办一件事，由于准备不足，很不容易做好，借此可以考察一个人是否具有敏捷的反应能力，这就是"卒则易难，卒使以观其智"。

人们在日常生活、工作的过程中，很容易因出现未预料到的事情而爽约，借此可以考察一个人信守契约的能力，这就是"急则易爽，急期以观其信"。

使人处于财富之地而不加监督或监督不足，很容易经受不住金钱的诱惑而犯错误，借此可以考察一个人的仁爱精神，这就是"财则易贪，委财以观其仁"。

使人处在受威胁的环境，很容易承受不住压力而变节，借此可以观察一个人的操守气节，这就是"危则易变，告危以观其节"。

在一个地方干久了，往往日久生情，而感情太深了又容易违背原则犯错误，通过两年的班期可以考察一个人坚持原则的情况，这就是"久则易惰，班期二年以观其则"。

工作、生活在繁华、男女杂处之地，很容易抵制不住美色的诱惑而犯错误，借此可以考察一个人抵制女色诱惑的能力，这就是"杂处易淫，派往繁华以观其色"。

这种绝妙的测试法，是根据票号对人才的要求标准，故意设置或选择一般人易犯错误的客观环境进行暗中测试，以全面考察所培养人员的真实品才。在经过如此严格的考核后，再根据个人的具体情况分派各号任事。凡循规蹈矩、勤于号事、心地清楚者，不拘一格委以重任；凡懒怠浪荡者即予辞退。在人事任用上，"回避亲戚，不避同乡。"

由此可见，山西票号在招聘、培训、考核员工的每一环节里，无不体现着搜集信息、判断信息及有效地发布信息的原则，因而培育了不少人才，成为晋商的骨干力量，这是山西票号能够高效运转的重要原因。当然，山西票号在招聘、培训员工的过程中也存在着不足，这主要表现在某些票号招聘过程中存在过分追求外观形象，致使一些很有商业潜质但外形一般的青年才俊未能入选的现象。

山西晋中地区流传着这样的俚语："本钱大的大德通，三晋源的画儿棚，要吃好的存义公"。这几句俚语说的是祁县三家票号的特点：大德通票号以财力雄厚，多财善贾著称。存义公票号以办事讲究排场、老板出场阔绰、伙友生活待遇优厚著名。三晋源票号则以青年伙计个个英姿勃勃，就像年画上的英俊少年一样而闻名。不过，三晋源也因为坚持以貌取人，结果办了件大蠢事，在当地成为笑柄。

祁县下阎灿村有个孟步云，字履清，同治六年（1867 年）生于商人家庭。他自幼天资聪颖，6 岁入私塾，受到良好的教育，16 岁时家贫辍学，经人推荐到三晋源票号，意欲投笔从商。当家掌柜一见孟步云身材不高，面貌黑瘦，很不起眼，更兼木讷口拙，随便问了几句话后，就把孟步云轰了出去，而且讥诮他永远成不了事。孟步云气愤难平，从此发奋读书，次年 17 岁考中秀才，27 岁中举人，后任隰州学政，此后更以妇女解放为己任，提倡女子天足，创办女子学校，成为全国著名的教育家和妇女解放运动的倡导者。

关于孟步云和三晋源的恩怨结局，流传有两种说法：一种是孟步云中举之后，站在三晋源门口叫骂了三天，雪洗了当年受辱之耻，吓得掌柜们躲在房内大气也不敢吭。另一种是孟步云中举后，当家掌柜悔恨自己当初走了眼，没有给三晋源票号留住人才，更兼说话孟浪，深感内疚，有失身份，便央东家出面，亲自登门谢罪，孟步云则宽容大度，双方握手言和。

上述事例可谓晋商选拔、培训新员工过程中的一个小插曲。这种以貌取人或者以文凭取人的现象在当前企业招聘过程中也不同程度地存在着。尽管人们都不赞成以貌取人或以文凭取人，但这种事情在生活中却频频发生，这是因为在看得见摸得着的外在形象、文凭证件和看不见摸不着的内在质量之间，人们更倾向于选择看得见摸得着的外在形象和文凭证件。这说明，企业要做好新员工的招聘工作，第一位的事情是根据以往的工作经验确定出新招聘员工的标准，并做出排序，然后才是按照这些标准及排序对求职者进行考察。三晋源的失误在于在确定用人标准时，就过分重视外貌，因而才造成了重貌轻才的失误。

老子曰："千里之行，始于足下"，这反映了新员工选拔、培训在企业发展中的重要意义。明清时期的山西商人所以能够成就五百年辉煌的基业，是与其有一支由出类拔萃的人物组成的商人队伍分不开的。当前的中国企业只有"以人为本"，把好人力资源管理的第一关——新员工的选拔和培训，才能提高竞争力，才能迎接更加激烈的、全球化的挑战。

参考文献

［1］颉尊三. 山西票号之构造［M］. 太原：山西人民出版社，1990.

［2］日本东亚同文会. 中国经济全书［M］. 刘祖培，译. 武汉：两湖总督署藏，1910.

［3］李谓清. 山西太谷银钱业之今昔［J］. 中央银行月报，1937，6（2）.

（该文刊登于《开发研究》2010 年第 1 期）

晋商票号兴衰再探

——基于市场营销的视角

摘　要： 从清初到民国初年，山西票号曾"执中国金融之牛耳"，对当时社会经济和贸易的发展起到了举足轻重的作用。然而，在经历了百年的辉煌后，山西票号的守业人由于患上"营销近视症"，固步自封、错失良机，只注意眼前利益，忽视市场需求和环境变化，没有顺应商品经济发展的要求及时将经营产品从异地汇兑转向存放款，变业已落后的票号机制为先进的银行体制，山西票号最终走向了覆灭。

关键词： 票号　银行　营销　日升昌

所谓票号，就是现代意义上的私立银行。它是在商品经济发展，要求解决远距离贸易中的资金运输快速、安全的情况下兴起、发展的。在某种程度上，社会动荡、交通不畅正是票号发展的前提。这意味着，一旦交通、通信进步，长期困扰远距离贸易的资金安全、快速问题得到解决，票号的使命便告完结，就要退出历史的舞台。不过，交通、通信进步在毁灭票号这一金融形式的同时，也推动了大工业的发展，并产生了为大工业聚集资金的问题，这就要求金融业从异地汇兑向存、放款方向发展，这就是现代银行产生的背景，也是票号向银行转轨的背景。

尽管票号的发展是与社会动荡、交通不畅联系在一起的，但是社会动乱总是要严重影响商业发展的。作为企业经营者，必须研究如何在混乱中寻找商机并将之发扬光大的问题，在这方面，票号将提供绝佳的经验和教训。笔者纵观山西票号从酝酿、创办到运营以致最后衰败的整个发展脉络，都能清晰地感受到现代市场营销学思想观点的运用，若从这一角度进行分析探讨，必能够得出一些很有启发性的结果，这对当前我国产业结构升级、经济增长方式转变都是大有裨益的。

一、洞察市场机会，成就宏伟大业

分析市场机会是市场营销管理过程中的第一步。古今中外的商业实践都表明，表现卓越的公司无一不对营销环境和顾客需求的变化始终保持敏锐的洞察力，它们善于发现和识别市场机会，并且能够结合自己的目标和资源迅速地对机会做出反应，力求在市场的风云变化中做到先发制人。日升昌票号就是这样的一个成功组织。票号创始人雷履泰富有远见卓识，看到了货币异地汇兑市场的远大前途，遂毅然率领"西裕成"颜料庄完成了向"日升昌"票号的改组，首开中国票号业之先河，不但使日升昌成为当时票号业中的领导者，成为中国金融业的"乡下鼻祖"，也使自己赢得了"拔乎其萃"的美誉。

19世纪上半叶，中国经济处于相对繁荣的发展阶段，农业发展、工商业复兴，商品经济越来越活跃。特别是晋商，商贾之风世代相传，"跋涉数千里，率以为常"，因此，晋商经营的大宗批发、运销、中转业务异常发达。但是当时两地间进行贸易往来，常常要通过运送现银的方式来实现，或者由商人随身携带，或者交由镖局保送，这样做不仅麻烦多、费用大、走得慢，而且风险极高，尤其是嘉庆年间，各地连续爆发起义，社会极不安定，民间镖银被抢之事时有发生，异地运现的安全问题令商人们头痛不已。票号的创始人雷履泰其时正担任平遥"西裕成"颜料庄京师分号的掌柜。当时，一部分在京经商的山西商人过年过节时想给家里带点钱，找镖局吧，一是人家嫌钱少，不愿接单；二是自己也嫌对方要价高，不合算，于是他们就找到北京"西裕成"颜料庄，希望雷履泰掌柜顾及老乡情谊，在回平遥进行商业往来时代捎一下。而雷履泰作为北京"西裕成"颜料庄的掌柜，尽管商号号称资金充裕，有时仍不免为资金不足急需从平遥调拨而着急。在这种情况下，出于既能为乡亲们排忧解难，又能够为颜料庄本身解决资金调拨问题的考虑，雷履泰同意山西老乡将银两寄存在"西裕成"的京师分号内，然后凭借雷履泰为其出具的凭证到"西裕成"的平遥总号内支取等额的银两，这样就避免了现银在运送过程中被抢或者被耗损。由于"西裕成"颜料庄的实力雄厚、信誉良好，京城的山西商人们纷纷响应，并且主动提出要支付一些费用，以答谢"西裕成"为其提供的安全便捷的帮助。到年底结算的时候，雷履泰惊奇地发现帮忙汇兑银两所得的收入比经营颜料庄生意所得的收入还要多！

干练精明的雷履泰马上意识到经营汇兑业务所具有的辉煌前景和潜在商机。加上"西裕成"颜料庄资金雄厚，分号广布，已经具备了经营汇兑业务的经济实力和组织准备，于是他大胆地向财东李大全建议，将"西裕成"颜料庄改为专营银两汇兑和存放款业务的票号。此建议得到了财东李大全的大力支持，于是"西裕成"颜料庄成功地完成了经营方向的转变，日升昌票号诞生了！票号一产生，由于适应了商品经济发展和远距离贸易的需要，因而迅速取得了对传统金融组织——钱庄、账局绝对的竞争优势，从此中国金融市场迎来了票号时代，晋商也由此进入更高的发展阶段。

二、根据自身状况，发挥独特竞争优势

随着日升昌票号的成功，平遥当地和临县的众多商家纷纷仿效，蔚泰厚、蔚丰厚、蔚盛长、新泰厚、天成享、协同庆、百川通等票号先后成立。这段时间中国经历了两次鸦片战争、太平天国革命、中法战争、中日战争、辛丑之乱等诸多战乱。战乱固然会给票号的发展带来严重的困难，导致其收缩战线，裁撤员工，但正如前面所谈，战乱造成的交通不畅恰恰正是票号发展的条件。原因是战乱使南北交通被隔绝，导致清政府的税收运输成为大问题，正当清政府一筹莫展之时，票号"一纸之信遥传，百万之款立集"的优势展现。"日升昌"由于大力组织官银汇解，为政府分忧，还赢得了道光皇帝的夸奖，说"日升昌汇通天下"。票号以此为契机，改变服务方向，从为商人服务逐步转向与清政府的结合，其吸收汇款、存款的大多数也变成了各省官府机构的公款以及地方贵族显宦的积蓄，正所谓"上至公款如税款、军饷、边远各省丁漕等，下至私款如官场之积蓄，绅

富之储蓄等，无一不存于票庄之内"，由此迎来了票号发展的黄金时代。据统计，山西票号前后共创办有 43 家。如此数目众多的票号不可避免地形成了对立竞争的局面。然而这些票号并没有互相蚕食，而是在竞争中不断地壮大自己、壮大队伍，笔者认为，票号的迅速发展固然与市场的壮大有密切关系，但也是各家票号能够根据自身的资源状况，合理地确定自己的竞争地位，发挥独特的竞争优势的反映。我们不妨以日升昌和协同庆这两家票号为例来窥其一二。

（一） 市场领导者——日升昌

作为中国最早诞生的票号，"日升昌"在其经营过程中励精图治、不断进取，成为众多票号中当之无愧的领导者。不过，"榜样的力量是无穷的"，日升昌票号的迅速发展也带动了后来者的纷纷跟进，并受到了他们咄咄逼人的挑战，其中最有名的就是"蔚字五联号"，从它诞生的那一刻起就注定了与日升昌永无止境的竞争。

日升昌票号诞生后不久，与日升昌仅一烧饼铺相隔的蔚泰厚绸缎店的财东侯荫昌父子，便发现了"日升昌"的两个经理雷履泰和毛鸿翙闹不和，于是用优厚的待遇将"日升昌"的二掌柜毛鸿翙拉拢过来，并将蔚泰厚绸缎店改建为蔚泰厚票号，任命毛鸿翙担任大掌柜。由于毛鸿翙有与"日升昌"一较高下的决心，而蔚泰厚票号的财东又有扩大经营的愿望，因此在短短一年的时间内，侯财东便将自己在平遥城内的蔚丰厚、蔚盛长、新泰厚绸缎庄及天成享细布庄一律改为票号，由蔚泰厚总经理毛鸿翙统一筹谋指导，大名鼎鼎的票号联合舰队——"蔚字五联号"就这样诞生了。"蔚字五联号"成立之后，一方面发挥其雄厚的资金优势，利用其熟悉各地市场的有利条件，先后在全国各大城镇建立起了几十处分支机构，在国内架起了与日升昌相匹敌的银两汇兑网络；另一方面，"五联号"之间相互配合，"一方有难，八方相助"，从而对"日升昌"形成了联合夹击之势。毛鸿翙在京津、汉口一再让雷履泰丢城失地，年龄比毛鸿翙老许多的雷履泰无论是出于自尊还是出于保持职业生涯声誉的考虑，都唯有积极应对一途。他凭借日升昌票号作为市场领导者的强大实力，不惜以赔钱为代价，挤得毛鸿翙没法在苏州等地开办分号，而毛鸿翙也在别的地方以牙还牙，这样的争斗一直延续到雷履泰去世。

当然，雷履泰也深知"日升昌"作为票号界的领头羊，扩大业务领域、扩展经营范围才真正是巩固地位、回击挑战的不二法宝。因此，一方面他努力加强个人汇兑、商款汇兑等传统项目的经营，同时他还积极谋划开展官款汇兑、存放款等一系列新兴业务，这使得日升昌覆盖了当时所能涉及的所有业务领域。另一方面，雷履泰还紧锣密鼓地在全国的各大商埠重镇建立了分号 40 余处，在当时交通闭塞的国内架起了庞大而完整的业务网络，并成立日新中作为"日升昌"的副品牌，来应对"蔚字五联号"的联合夹击。如此规模自然令其他许多票号望尘莫及。"日升昌"正是靠着网络覆盖面广，业务量大的优势，才得以一直在中国票号业享有盛名。

"日升昌"的成功除了得益于它采用的开发整个市场的领先者战略，还与其善于采用广告宣传策略密不可分。广告作为一种营销手段，在现代企业经营中已被广泛运用，但是在企业缺乏有效管理理论指导的清朝，能够像"日升昌"这样运用广告宣传来做活票号业务就很难能可贵了。尽管"日升昌"的大掌柜雷履泰不断努力地寻求发展机遇，但是"蔚字五联号"在毛鸿翙的得力经营下发展也极为迅速。面对竞争对手的强烈攻击，雷履泰除了在票号经营策略和业务范围方面建立自己的竞争优势外，还积极运用"广告"这种现代的营销方式来为票号宣传增色。前面讲过，在道光二十年（1840 年）左右，由于"日升昌"大力组织官银汇解，扩张票号业务范围，赢得了道光皇帝的赞誉，说"日升昌汇通天下"。对一般人来说，皇帝的口谕并非手谕，说说也就过去了，但是精明的雷履泰却将之视为把生意做大的宝贵资源，因为他清楚地知道包括"蔚字五联号"在内的其他任何票号千斤也难买皇帝的赞誉。于是雷履泰想出了利用皇帝口谕做广告的招式，在京都日升昌分号的门号上高高挂出了"京都日升昌汇通天下"的红漆金字匾牌，这可以说是中国最早最成功的埠际广告之一，雷履泰利用广告做活了票号的业务，汇通天下的"日升昌"很快誉满京城。

（二）后来者居上——协同庆

协同庆票号成立于清咸丰六年（1856年），比日升昌票号的诞生晚了足足33年，初创时银本仅为3.6万两，只有日升昌票号初创银本（36万两）的1/10。尽管如此，协同庆票号的事业却搞得有声有色、蒸蒸日上。李宏龄先生在《山西票商成败记》一书中说到："以区区数万金，崛起于咸丰末叶，得人独胜者，厥唯协同庆一业。"可见，协同庆票号是名副其实的后来者居上。协同庆的成就在很大程度上得益于它所采用的独特的营销战略。

（1）逆流而上，创立票号。清咸丰年间，国内形势动荡不安，战乱丛生，财政拮据，百业萧条。山西票号业也进入了一个曲折发展的时期，日升昌、蔚字五联号等著名票号都感到了发展的艰辛，纷纷收撤分号、裁汰伙友，实行紧急收缩的政策。然而在这举步维艰的情况下，也有一些人认为票号业的一时困境终将过去，因而对票号业的未来持积极乐观的态度。这些人以陈平远、孟鸿仁、刘庆和等为代表，他们逆流而动，毅然创立了协同庆票号。

（2）集中战略，重点经营。协同庆的成功与它所采用的集中化战略密不可分。美国著名的营销专家波特教授说："最好的战场是那些竞争者尚未准备充分、尚未适应、竞争力弱的区域市场或战略领域。"确实，协同庆在扩大经营规模的时候，正是充分地考虑到自己的资金规模较小，无法与那些实力雄厚的老票号在整个市场范围内进行较量，才决定集中力量进军西北、西南诸省。这样的选择从市场发展潜力来讲，一者西北、西南各省早有晋商经营的足迹，而商业的发展是金融业发展的前提。二者由于镇压太平军余部及西南、西北农民起义的关系，以及防范英法觊觎西南、防范沙俄觊觎西北的考虑，清政府不得不同时关注东南和西北、西南。一般来说，政府的资本投向哪里，民间资本就跟到哪里。显然，从发展的眼光看，西部是票号业发展的又一个大有发展前途的市场。

从市场竞争优势的角度看，尽管咸丰中叶已有几家票号在西北、西南设立了分号，但是无论从人力上，还是从规模上，都不是经营的重点区域。如"日升昌"，它的经营重点在东南一带，蔚泰厚票号竭力与日升昌票号竞争，也把经营重点区域放在东南一带。最好的竞争是避开竞争。协同庆票号避开实力雄厚的日升昌等票号的锋芒，将自己的分庄重点布置在西北、西南一带，无疑是经营方略上的一大明智之举。咸丰以后数十年的历史证明，协同庆票号在西北、西南一带扎稳了脚跟，打好了基础，取得了比其他票号更理想的经营成果，这也为它在很短的时间内，成为票号界脱颖而出的一支新秀奠定了最坚实的基础。

（3）以人为本，以人取胜。"以人为本"历来是事业兴衰的关键，协同庆就始终把尊重人才、关怀伙友放在其经营方略的首要位置。它用人有"四不"，即不计亲疏、不计贫富、不计老少、不计文白，只要有一技之长，就大胆录用。协同庆关怀人才还有"四以"，即贫者以济、弱者以扶、白者以教、能者以奖。在其他票号大量收撤分庄，裁汰伙友的情况下，协同庆这一系列独特而又行之有效的举措，为它迅速地聚集了一大批英才，并且充分地调动了他们的积极性，在很短的时间内就把票号的事业搞得有声有色、蒸蒸日上。

（4）结交官员，扩大业务。协同庆票号在困难的境遇下创立，并能够迅速得到发展，与其格外注重与官吏间的往来，积极扩大经营业务是分不开的。比如，光绪六年间，在平遥任知县的锡良，一直与协同庆票号保持密切的往来关系。后来锡良官至湖南布政使，协同庆同期在湖南、长沙设庄，通过锡良揽办了官银汇兑业务。锡良升任河南巡抚，协同庆又在河南开封设立分号，继续揽办了税银等汇兑业务。又如，西北地区分号，与左宗棠、董福祥等均有良好的官商关系。由此不难想象，协同庆在票业经营方面依靠有利的官方关系，为其带来了无比丰厚的利益回报。

三、营销近视症与票号的衰败

老子曰："物壮则老"。万事万物有兴就有衰，有起就有落，这是不可逆转的历史潮流。票号的存在、发展是与商品经济全球化发展程度不够高，交通、通信联系程度不够通畅这一条件联系在一起的，随着交通、通信的进步，商人往来各埠之间非常方便，以货易货，以现银结账没有从前那么困难，并且银元通行，大宗款项也很容易运送结算，在这种情况下，票号核心业务——异地汇兑出现大幅减少的趋势，票号不可避免地要走向衰退。

在很长一段时期，官款的汇兑一直是票号的专利。正是由于有了数额巨大的官款，票号才可以从中赚取不菲的汇费，并拿它向工商业贷款，赚取丰厚的存贷差。不仅如此，它还可以增强票号的实力，帮助它成功地应对挤兑风潮，这就是票号可以信誉卓著，"分庄遍于全国，名誉著于全球"的原因。但交通、通信的发展降低了汇兑市场进入的门槛，使得票号的合作伙伴——银号、钱庄甚至官邮政局纷纷进入汇兑市场同分一杯羹，从而打破了票号在官款汇兑市场一枝独秀的局面。对票号构成最大威胁的是 20 世纪初叶银行的纷纷建立。银行以其雄厚的资金实力、先进的管理方式，利用强大的价格优势，通过降低汇费和贷款利息，提高存款利息等方式，从官款汇兑、存放款等各方面对票号业发起了有力的冲击。其中，户部银行的建立对票号威胁最大，它使清政府由山西票号的最大客户变成最凶狠的竞争对手。为了促进官办银行业务的开展，清政府明确规定："凡各省如有应行解部之款，一律由户部银行兑交京师"。尽管这一政策在实行过程中并未完全贯彻下去，但政府以强制性的命令将解款的方式重新确立，对山西票号无异于釜底抽薪，以致于在清末的最后几年，票号的汇兑业务出现很大的滑坡。"推其原故，固由于市面空虚，亦实以户部及各省银行次第成立，夺我利权。而各国银行复接踵而至，出全力与我竞争。默计同行二十余家，其生意之减少已十之四五，存款之提取更十之六七也。即如户部银行所到之处，官款即全归其汇兑，我行之局做交库生意者，至此已成束手之势。我行存款至多向不过四厘行息，而银行之可行五六厘。放款者以彼利多，遂提我之款移于彼处。且彼挟国、藩库之力，资产雄厚，有余则缩减利息，散布市面，我欲不减不得也；不足则一口吸尽，利息顿长，我欲不增又不得也。彼实司操纵之权，我时时从人之后，其吃亏容有数乎？至于外国银行渐将及于内地，所有商家贸易，官绅存款，必将尽为所夺。外人之素习商战，则非我所能敌。试问我行尚有何事可做乎？"官款汇兑的大幅下滑，使得票号的存款严重不足，一旦遇到变乱，很容易因不能应付提款而发生挤兑风潮，这是票号在辛亥革命中整体性衰败的重要原因。如前所述，票号是在商品经济发展，要求解决远距离贸易中的资金运输快速、安全的情况下兴起、发展的，一旦交通、通信进步，长期困扰远距离贸易的资金安全、快速问题得到解决，票号的使命便告完结。不过，交通、通信进步也推动了大工业的发展，并产生了为大工业聚集资金的问题，这说明金融市场的发展前景是很广阔的，只是要求从异地汇兑向存、放款方向发展，这就是现代银行产生的背景，也是票号向银行转轨的背景。

如果说山西票号的成功是由于票号的创业人独具慧眼，觅得商机抓住了机会，那么山西票号的衰亡则是因为票号的守业人患上"营销近视症"，固步自封，错失了良机。所谓"营销近视症"，是指企业只将注意力集中在眼前的利益上，而忽视了市场需求和市场环境的变化。对山西票号而言，就是没有顺应商品经济进一步发展的要求，及时地将经营重点从异地汇兑转向存放款，变业已落后的票号机制为先进的银行体制，仍然将经营重点放在争夺官款上，终被市场所淘汰。

其实，山西票号是具备改组银行，以挽危局的诸多有利条件的，错失良机的原因有如下几条。首先，由于山西票号信誉称颂天下，深得社会各界的信赖，因此当 1904 年清政府组建户部银行时，便首先请山西票号入股，并且邀请票号中人参加组织工作。在此前后，盛宣怀组建中国通商银行，袁世凯在天津开设天津官银号，也都首先邀山西票号商组办。遗憾的是，这些邀请都被各票号总号的掌柜和财东所回绝。其次，票号作为早期的银行，所经营的存、放、汇等业务和后起之银行业并无太大的差异，只是名称、一些制度和规模略有不同，稍加改动便可运行。况且山西票号拥有丰富的经营经验和一批难得的金融精英，因此具备了改革的得天独厚的有利条件。再次，新兴银行的一个最大的特点就是资金雄厚、规模大，根据当时有资本记载的银行的统计，平均每家银行资本达 200 万两白银，等于票号平均每家资本的十倍。但是，"银行资本，虽不下数百万之多，皆由集股而成；股非一人，东非一姓。票庄乃一姓之本，即使合股亦不过三五家合开"。因此，以当时山西票号商富甲一方的财力来看，若携手集股兴办银行，实力之厚当无敌手。另一方面，山西票号中也不是没有具有远见卓识、倡导改革的有识之士。渠本翘、李宏龄等人就是看到了票号岌岌可危的前景，因此主张因时而变，力劝改组银行，给票号以新生。李宏龄在致平遥总号的信中说："现在市面迥非昔比，各处银行林立，凡我同行皆受影响，甚至显与为敌。若不及早抵制，将来且恐立足无地，以后诸事难为，生意日见消减，别无善策可筹。惟有创立银行，保护自己行业，结成团体，抵制外行，最为善策。"可惜票号商们因循守旧，拒绝变革，使其一次又一次地错失了改革的良机。终于，称雄近一个世纪的山西票号在强劲的竞争对手面前丧失了金融界的主宰地位，黯然地退出了历史舞台。

为何票号商们因循守旧，拒绝变革呢？学术界有很多的研究。一种议论是票号家数太多，合作难度大，因而不为票号领导人采纳。其实，任何合作都是需要成本的，关键不在于合作成本多高，而在于合作的预期收益有多大。辛亥革命后的票号改组银行所以得到票号界上下的一致支持，甚至连过去反对最力的毛鸿瀚都举双手赞成，原因就在于认识到了改组票号的巨大意义。还有一种议论是票号无退休制度，能做到大掌柜往往六十开外。多年的媳妇熬成婆，再加上体力、智力的下降，票号高层不愿意亲临市场一线进行调查研究，这样做出的决策自然严重脱离实际情况。客观地说，和中青年相比，老年人确实具有保守、开创性不强的弱点，这反映了票号建立退休制度，增强企业活力的重要性，不过这并不能说明年老的人一定保守。试举两例：第一，反对改组银行最力的毛鸿瀚（1846—1922 年）在宣统元年（1909 年）时 63 岁，只比主张改革最力的李宏龄（1847—1918 年）大 1 岁，何以一个紧跟时代潮流，另一个却逆历史潮流而动？而且在山西票号商议筹设银行的大会上，毛鸿瀚又举双手赞成改组银行，这又如何解释？第二，中国改革开放的总设计师——邓小平（1904—1997 年）在 1978 年十一届三中全会领导中国拨乱反正，进行划时代的改革开放时，已经是 74 岁的老人，比毛鸿瀚还要大十多岁。都是六七十岁的老人，何以一个坚决推进改革，另一个却坚决反对改革？显然，这是仅仅用年龄无法解释的。笔者认为，票号之所以因循守旧，主要原因是长期与官府打交道，沾染上了浓厚的衙门作风，形成了严重的"路径依赖"。票号是生产单位，必须紧贴市场一线才能感受到顾客需求的细微的变化，因而它要求的工作作风是机动、灵活，而不是端着架子，成天待在办公室，不愿跑市场。票号由于长期汇兑官款的关系，与官场打交道多，自觉不自觉地沾染上了讲排场、端架子的衙门作风，它使得票号本应该很敏感的市场神经变得迟钝起来，自然难以顺应市场的要求做出正确的决策。"自从票号攀结官场后，票商作风派头与初期大不相同。他们媚上傲下，盛气凌人，小商小贩不放在眼里，一张汇票最少五百两银子，少了不汇，渐与商界关系淡漠。"当然，尽管票号上下都沾染上了衙门作风，但票号中基层工作人员由于身在市场一线，亲身感受到了银行对票号的巨大冲击，因而积极呼吁改革。票号高层由于身在总部，远离市场一线，对市场的变化不敏感，更习惯于用老眼光思考问题，这就是为什么身在基层的李宏龄倡导改革，而身在总部的毛鸿瀚却反对改革的原因。后来，毛鸿瀚等票号高层所以幡然觉悟，举双手拥护改革，是因为巨大的挫折让他们看到了银行对票号巨大的竞争优势，票号要想生存下去，只有改组银行一途。

远离市场的衙门作风，加上保守、顽固的老年人政治，使得票号高层看不到改组银行的必然性、紧迫性，在这种只有转轨银行才能转危为安的紧急时刻，票号高层由于没有看到票号改组银行的巨大意义，因而才过多地考虑合作成本的问题，最终导致改组搁浅。

四、结语

"以铜为镜，可以整衣冠；以史为镜，可以知兴替；以人为镜，可以知得失。"近两百年前，山西票号因为能够虚心面向市场，结果开发了适应远距离贸易需要的金融产品而崛起，做到了"汇通天下"；一百年前又因为傲慢自大，不能面向市场，结果没能顺应金融业从异地汇兑向存汇款转变的需要而被淘汰，这正暗合了"坚强者死之徒，柔弱者生之徒"，"谦虚使人进步，骄傲使人落后"的道理，值得中国企业界认真反思。

杜牧在《阿房宫赋》中写道，"秦人不暇自哀而后人哀之，后人哀之而不鉴之，亦使后人而复哀后人也"。中国经过三十多年的发展，现在正处于产业结构、经济增长模式调整的关键时刻，企业界只有吸取票号转轨失败的教训，谦虚向下，永远面向市场，才能在激烈的市场竞争中永远立于不败之地。

参考文献

［1］韩业芳. 调查山西票商记［A］//山西财经大学晋商研究院. 晋商研究早期论文集（一）［C］. 北京：经济管理出版社，2008.

［2］林伯野. 老子解评［M］. 北京：中国文史出版社，2006.

［3］《议改各省解款章程》［N］. 大公报，1907－01－01.

［4］孔祥毅. 票号与官场［J］. 中国金融，2003，(6).

（该文刊登于《河北经贸大学》2009 年第 5 期，与祁超合著）

中国经济发展的前途何在？

——对当前制造业资金严重紧张的一种解释

近年来，中国经济面临着许多"悖论"：一方面国内资本过剩，另一方面企业资金却高度紧张；一方面中国朝野上下多年刺激内需未果，另一方面中国人却在海外"狂购""暴买"，舆论称之为"扫货"。正是在这诸多的"悖论"中，中国经济一改此前 30 多年高速增长局面而于 2010 年后逐年下滑，2015 年第三季度竟然"破七"，达 6.9％。一时间，国内外舆论一片哗然，中国经济到底怎么了？中国制造业的前途何在？围绕这些问题，笔者试图谈一谈自己的看法，以为中国经济的发展出谋划策。

一、改革开放三十年中国经济的高速增长与当前面临的困境

建立在机器劳动基础上的中国现代工业，是从洋务运动开始的。从那时起直到 1978 年中共十一届三中全会决定将今后工作重点转向经济建设道路上，这是以国家资本为主，建立起以国防工业为中心的国民经济体系时期，其最大的成就是提高了中国抵御外侮的能力，不仅赢得了对日战争胜利，废除了所有的不平等条约，成为世界四强，而且在 20 世纪后半叶，成功地与美国、印度、前苏联、越南进行了五场战争，迫使尼克松来中国，为改革开放奠定了安全的国际环境基础。而从 1978 年改革开放至 2010 年，这是以民间资本为主，大力发展民用经济的时期，出现了诸如张瑞敏、柳传志、马云、任正非等一批著名企业家。正是依靠这批企业家的努力，中国的工业化程度大大提高，取得了进出口量总值世界第一，GDP 总量世界第二的伟大成就。

只是这一时期中国的工业化是建立在民众的低收入、生产的低技术基础上，从而形成了以低成本、高能耗、粗加工为特征的工业化模式，而这是符合当时的比较优势的，毕竟民众的低收入是和生产的低技术联系在一起的。由于这个原因，在这 30 年里，中国经济高速增长，平均 GDP 的增长是 9.7％，其中有 10 年左右在 10％以上，最高的年份是在 1994 年，达 14.76％。不过随着中国工业的进步，劳动力、土地、原材料、能源成本也在快速上升，这意味着以低成本、高能耗著称的"中国制造"模式难以为继，中国的工业化必须按照比较优势的原则向高成本、低能耗、精加工为特征的方向转变，而民众的高收入，在某种程度上也意味着生产的高技术，它造成生产效率提高，产品质量提高，使得高成本、低能耗、精加工为特征的生产模式能够继续。

仅以制造业普通员工的平均工资为例。据统计，目前越南大约是每月 1000 元人民币，印度大概是 600 元，而中国东部沿海已经达到 2500 元至 3000 元。在这种情况下，外资企业纷纷从中国撤资，而迁至越南、柬埔寨、印尼、印度等地。例如，中国一度是耐克品牌最大的全球制造基地，生产了 40％的耐克鞋，但目前越南超过中国成为耐克最大生产基地。

随着人工、土地、原料、能源等成本的上升，以低成本、高能耗为特征的"中国制造"在国外无法同印度、印尼、越南等竞争的同时，在国内也无法满足收入提高了的民众对生命质量（健康）、生活质量（美丽）和环境质量的追求，这就是国人纷纷到欧美、日本等地"扫货"的原因。笔者 2015 年 9 月 21 日至 10 月 17 日在日本爱知大学教学，亲眼见证了国人在日本"扫货"的过程，也明白了"扫货"的原因——国外有满足他们新需求的产品。试到国内的电器商店——国美、苏宁转转，主要是彩电、冰箱、洗衣机、空调、微波炉等传统产品，这些产品的重复购买周期长，不下十年，老百姓早就购买了，还会再买吗？而到日本的电器商场看看，琳琅满目，从头到脚，应有尽有，都是现阶段的中国人所需要的，能不狂购嘛！比如，现代人伏案工作，用脑太多，血液流通不畅，日本人发明了电子梳。女士们穿着高跟鞋忙活了一天，脚底产生死皮，日本人发明了快速清除死皮，美足的电子产品。另外，跑了一天，脚肯定疲劳，日本人又发明了解除足底疼痛的电子产品。还有，人们年龄大了，皮肤会松弛，影响美观，日本人发明了可从脸到腿紧拉皮肤的产品，且有防水的功能，洗澡时也可以用，不仅美容，还促进血液循环，延缓衰老。

也有的产品是满足民众对更高的生活质量的追求的。比如，前些年中国人为什么纷纷到日本狂购马桶盖？原因很简单，中国的马桶盖冬天坐上去冷冰冰的，日本的马桶盖因用恒温调节，坐上去热乎乎的。另外，这些年中国人到日本购买电饭煲、高压锅的也很多，原因就在于传统的电饭煲采用恒温煮饭，味道比起柴禾烧的总有些差距。日本人经过研究，发现用柴禾煮米是先紧火，再慢火，最后闷的方式，这样做出来的饭菜更有味道。日本人把柴禾煮饭的步骤运用到电饭锅的煮饭过程中去，这样煮出来的饭自然好吃，遂引起了生活水平提高了的中国民众的"狂购"。

这些年中国民众到日本购买汉方药的也越来越多。原因就在于低技术、高能耗的中国制造模式，把自然环境给破坏了，不仅空气不好，水质不好，大量地使用农药把土地肥力都给降低了，这导致中草药的质量下降，自然影响疗效。而日本高技术、低能耗的制造模式，使得日本工厂的废水、废气不等流出工厂，就被改造成正常水循环使用，如此循环往复，对山川资源的消耗肯定不大，难怪保持了青山绿水。在这种环境下生长出来的药材质量上乘（日本在华采购的中草药材也主要在污染少的地区如西南等），疗效自然好，这就是生活水平提高了的中国民众纷纷来日本大量购买汉方药的原因。不仅如此，这些年到日本购买医疗服务，进行身体检查的也越来越多。个中原因，除了日本医师的服务意识高，对顾客有敬心外，还和日本医疗费用低有关。日本是真正的医药分家。医生只管诊断，药师配药，到药店抓药。医生的诊断费高，体现医生的价值，同时也让其承担责任，药费低，方便病人。中国则正好相反，药费奇高，医生诊断费奇低，难怪为民众深深不满。

刚到日本时，发现日本的化妆品在药店里销售，俗称药庄，感到不伦不类。

后来逐渐想明白了，初步的化妆是在脸上搽涂各种有助于美容的产品，更高级的化妆则是调理五脏六腑，促进血液循环。总之，考察日本的商场，其产品或者满足人们对生命质量——健康的追求，或者满足人们对生活质量——美丽的追求。在这种情况下，收入提高了，产生健康、美丽、美味新需求的中国民众能不暴买，狂购吗？

至于国人到欧美"狂购"，则是因为收入提高了的民众喜欢欧美中高端品牌，但国内流通费用高，产品价格高，因而拖着大箱子到欧美奥斯莱斯折扣店"狂购"。

综上，随着国内民众生活水平的提高，以低成本、高能耗、粗加工为特征的传统制造业既无力满足国内民众需求，也无力同越南、印尼、印度等后发国家竞争，经济增长率自然要下滑。据统计，自 2010 年中国 GDP 规模取代日本成为全球第二之后，中国经济增速持续下滑。大致来说，2010 年平均 GDP 的增长率最高，达 10.3%，2011 年是 9.2%，2012 年是 7.5%，2013 年是 7.7%，2014 年是 7.4%，2015 年上半年经济增长率为 7%，第三季度的最新统计则为 6.9%。

二、中国经济摆脱困境的努力

为了应付制造业成本上升的压力，中国朝野上下做了如下的努力。

1. 用机器人替代人力，降低生产成本

在珠江三角洲、长江三角洲，以及胶东半岛等地，工业厂家纷纷使用机器人，形成"铁甲大军"。例如，国内最大的代工企业富士康公司宣布，将在 3 年内启用 100 万台工业机器人，主要目的是用于控制成本。他们甚至在山西晋城投资了机器人工业园，干脆自己生产工业机器人。因管理过于严苛而被广为诟病的郭台铭，计划用"机器人战略"来彻底改变富士康企业形象。他说，"我们希望人不再被机器控制，而是人来控制机器，把单调重复的工作交给机器人，让员工解放出来。"他还表示，随着机器人的投产使用，人力将被转移到更高的附加值上，那些不喜欢枯燥劳作的 80 后、90 后年轻员工，会去学习操控机器人软件、

应用和维修，并变为机器人的应用工程师和软件工程师。

随着中国机器人使用量的增多，许多工业机器人的国际巨头，如库卡（KU-KA）、ABB、发那科（FANUC）等，如今都把中国市场看作"决胜未来的战场"。ABB机器人业务中国区负责人顾纯元博士称，用不了几年，中国在全球一定会是装机量第一，这已是业内的共识。本土的机器人企业也不甘落后。沈阳、西安等地的机器人研发速度很快，而以珠三角地区的应用市场增长最为迅速。2015年4月，深圳市36家企业、高校、研究及投资机构还共同成立了"机器人产学研资联盟"。

2. 利用互联网技术，大数据，降低流通成本

如，马云的淘宝网、云银行；图书发行领域的当当网、亚马逊网；以及滴滴打车等。应该说，中国的互联网技术更多地应用在流通流域，这与中国正处在新一轮商业革命，互联网在降低流通费用方面发挥着重要作用有密切关系。相比较而言，欧美、日本等发达国家的商业革命已经完成，互联网在流通领域发挥的空间很小，更多地应用在制造领域。

试想一下，当一个人一次只能买一瓶二锅头时，他只能在哪里买？杂货店。而且这个杂货店还得有柜台和服务员。原因是：当他一次只能买一瓶酒时，说明他穷，不能接受良好的教育，需要有专门的服务员提供辅导服务。另外，正因为他穷，还会受不住诱惑犯偷窃的错误，因此需要有一个起防护作用的柜台，这就是20世纪80年代初中国商业的情况。随着生活水平的提高，当这个人可以一次买一箱二锅头回家时，杂货店的地面不敷使用了，于是各种专业商店，诸如销售日用品的超市，销售服装和皮鞋的专业店，以及家乐福、沃尔玛这样的大卖场纷纷出现。而民众生活水平的提高，意味着能够接受更高的教育，对提供辅导服务的工作人员的需求大幅减少。生活水平的提高，还意味着抵制外部诱惑的能力提高，于是起防护作用的柜台取消，这就是20世纪90年代中国爆发商业革命的情况。当民众生活水平进一步提高，这个人可以一次买一箱茅台酒回家时，爆发再一次商业革命的条件成熟了。商家觉得完全可以绕开中间环节直接将产品送到消费者手中，这样既能降低价格刺激需求，还能因需求量扩大而提高利润，何乐而不为！这就是日用品销售领域的淘宝网，图书发行领域的当当网、亚马逊网，以及交通出行领域的滴滴打车等火爆的原因，同时也是"大数据""跨界"等纷纷成为媒体热词的原因。这是因为，当顾客收入提高，购买力增强，可以为企业带来更多的利润时，企业自然愿意搜集、保存、整理顾客的有关数据。另外，顾客购买力的增强，还使企业能够突破以往单一产品的限制，而向顾客提供多种类产品的服务，从而赢得更多的利润，这就是"跨界"。目前，这一商业革命正在中国如火如荼地进行，而在欧美、日本等发达国家，商业革命已告完成，这使得互联网更多地在制造业中应用，旨在降低全球化企业的运营成本。

3. 致力于降低能耗的技术的研发，如节能、节油、节水等，这方面的进步还算明显

不过，在生产新产品，满足收入不断提高的民众新需求方面，中国企业的表现很不突出。尽管朝野上下天天讲刺激内需，但由于没有相应的能够满足民众需求的新产品，这导致国人对国内产品不信任，纷纷到国外购物。显然，中国企业在这一领域大有前途，需要多付出努力才行。

在对待逐渐攀升的成本方面，中国社会存在的最大弱点是：只讲高成本的坏处，不讲高收入的好处，因而在开发民众需求的新产品方面缺乏准备。毕竟高成本的另一面是高收入，作为未来市场的大宗，中国快速上升的消费需求绝对值得企业界重视。

2015 年，瑞士信贷第一波士顿董事、亚洲区首席经济分析师陶冬指出：在过去的八年间，中国的一线城市的房价上涨了 2.4 倍。而在同一个时间里面，中国民营的健康行业市场涨了 4 倍，中国的电影业票房涨了 8 倍，中国网购涨了 54 倍，中国的民营资产管理理财行业涨了 100 倍。2015 年 2 月中国的电影票房历史上首次超过了美国，站到世界的巅峰，这个是中国新的消费的产值。当然，人们的消费结构在变化。洋快餐的消费在往下，洋咖啡的销售正在往上走，这需要企业家的慧眼去发现市场需求的变化。

4. 德国工业 4.0 与"中国制造 2025"

正当中国社会为逐渐攀升的制造成本焦躁不安时，德国联邦教研部与联邦经济技术部在 2013 年汉诺威工业博览会上提出了"工业 4.0"的概念，目的是以产业升级维持"高工资就业"经济。

"工业 4.0"描绘了未来工业发展的前景，指出继蒸汽机的使用、电力的应用和电子信息技术等三次工业革命后，人类将迎来以信息物理融合系统（CPS）为基础，以生产高度数字化、网络化、机器自组织为标志的第四次工业革命。"工业 4.0"概念提出后，在欧洲乃至全球工业业务领域都引起了极大的关注和认同，包括人工在内的制造成本日益提高在中国社会亦受到高度关注。2014 年 10 月 10 日，中国国务院总理李克强访问德国期间，中德双方发表《中德合作行动纲要：共塑创新》，宣布开展"工业 4.0"合作。2015 年 5 月，中国政府发布《中国制造 2025》，提出增强制造业创新能力，促使制造业与信息技术深度融合。

第一步，争取经过 10 年努力，在 2025 年中国迈入世界工业强国行列，形成一批具有较强国际竞争力的跨国公司和产业集群，在全球产业分工和价值链中的地位明显提升。

第二步，到 2035 年，制造业整体达到世界制造强国阵营中等水平，重点领域发展取得重大突破，竞争力明显增强，优势行业形成全球创新引领能力，全面实现工业化。

第三步，到 2050 年，亦即新中国成立 100 年时，制造业大国地位更加巩固，综合实力进入世界制造强国前列。制造业主要领域具有创新引领能力和竞争优势，建成全球领先的技术体系和产业体系。

为此，中国政府采取了一系列举措推动"中国制造 2025"的实施，包括增加研发投入，提高有效专利数量；增强质量竞争力指数，提高制造业增加值率和全员劳动生产率；提高宽带普及率，数字化研发设计普及率以及关键工序数控化率；提高能耗下降度、二氧化碳排放量下降度以及废气、废水排放下降度，等等。

类别	指标	2013 年	2015 年	2020 年	2025 年
创新能力	规模以上制造业研发经费内部支出占主营业务收入比重（％）	0.88	0.95	1.26	1.68
	规模以上制造业每亿元主营业务收入有效发明专利数（件）	0.36	0.44	0.70	1.10
质量效益	制造业质量竞争力指数	83.1	83.5	84.5	85.5
	制造业增加值率提高	—	—	比 2015 年提高 2 个百分点	比 2015 年提高 4 个百分点
	制造业全员劳动生产率增速（％）	—	—	7.5 左右（"十三五"期间年均增速）	6.5 左右（"十四五"期间年均增速）
两化融合	宽带普及率（％）	37	50	70	82
	数字化研发设计工具普及率（％）	52	58	72	84
	关键工序数控化率（％）	27	33	50	64
绿色发展	规模以上单位工业增加值能耗下降幅度	—	—	比 2015 年下降 18％	比 2015 年下降 34％
	单位工业增加值二氧化碳排放量下降幅度	—	—	比 2015 年下降 22％	比 2015 年下降 40％
	单位工业增加值用水量下降幅度	—	—	比 2015 年下降 23％	比 2015 年下降 41％
	工业固体废物综合利用率（％）	62	65	73	79

应该说，政府提出的方向是对头的，既是摆脱制造业和经济困境，提高环保的重要途径，又是使中国和重大的技术革命近乎同步进行，借此成为世界经济领袖的不二途径。客观地说，自蒸汽机革命以来，中国从未像今天这样如此贴近技

术革命的脉搏。比如高铁的技术方面，中国绝对排在世界前列（与日本高铁存在竞争），而在互联网的发展方面，中国排在世界第二。早在 2014 年年末，风投人士吉姆·布雷耶就表示：如果要说今后五年全球最大的七家互联网公司都是谁，那么我想应该是 Facebook、谷歌、苹果、亚马逊、腾讯、阿里巴巴和 Baidu。而 2015 年 10 月初屠呦呦获诺奖，更是中国科技实力取得巨大进步的反映。

《中国制造 2025》中指出，中国在载人航天、载人深潜、大型飞机、北斗卫星导航、超级计算机、高铁装备、百万千瓦级发电装备、万米深海石油钻探设备等一批重大技术装备领域取得突破，属于世界领先水平。而且就我这些年到企业的感受而言，中国企业在许多方面的技术走在世界前列，这是中国制造走向世界强国的利好信息。

不过，在"中国制造 2025"的实施方面，中国也存在着不少的障碍。这当中最关键的是对于技术、产品和民众需求三者之间关系上的认识有偏差。

须知，产品最终是满足民众需求的，而民众的需求无非体现在天人关系，即人和人的关系，人和自然的关系上。在人和人之间的关系上，一方面要平等，这提出了反腐败，建立强大的中产阶级的制度创新的要求；另一方面提出了生命质量（对身体健康的需求）、生活质量（对尊严、美丽）的新要求。在人和自然的关系上，则提出了和谐发展的需求，要求产品创新向降低能耗、环境保护的方向努力。换言之，未来的技术进步得围绕着产品创新的三个方向努力：关注生命质量、关注生活质量、关注环境质量，而在这三大产品创新的背后则是价值观的提升与创新。

依照这个观点，中国制造在产品创新方面存在着两大缺陷。一是注重降低成本的技术，而在满足市场新的需求，制造新的产品方面的技术创新方面重视不够；二是对改进环境的技术的研发重视不够，更多地使用行政的手段改进环境。比如为了保证 2014 年 APEC 会议和今年 9.3 大阅兵的顺利进行，硬是逼着北京附近数省的工业制造企业不能开工，这在短期内当属有效，但非长远之计。

而在这两大缺陷背后的则是价值观的提升与创新。随着经济水平的提高，民众的需求日趋转向精神生活，尤其是高层次、高境界的精神生活，"文以载道""国学热"都反映了这个问题。而恰恰在这方面，"中国制造2025"没有涉及，这反映了全社会，包括精英仍存在急功近利的倾向：重视物质，忽视精神；重视技术，忽视伦理。

按照马克斯·韦伯所论，适应现代经济发展的现代商业伦理具有两个特点：一是努力进取，认真工作；二是节俭，将钱财交给上帝（民众的代表）。这样，既能避免过多的钱财可能导致的企业家的堕落，保持其进取心，还能培养起全社会范围内足够的市场购买力，从而支持工业企业的良性发展。目前，中国企业在这两个方面都存在缺陷。其中，努力进取的不足是对工作的敬心、对顾客的敬心不够，这表现为产品的品质不高，降低国人购买的信心。节俭方面的不足是挥霍，对社会慈善投入不够，培养不起支持工业发展的足够大的市场。

另外，长期的小农经济，家庭规模小的特点造成国人所受教育有限，普遍具有自我决断能力差，易受周围环境影响，做事一窝蜂的弱点。近年来，随着制造业成本的上升，利润的下降，不少工业制造厂家受舆论和社会环境影响纷纷离开制造业本行，而转向金融、房地产等，但本业都做不好，副业能做好吗？最重要的是，失去制造业的支持，那些建立在制造业基础上的诸如金融、保险、房地产等产业只能是无源之水、无本之木的空中楼阁，怎么可能发展得起来？这也是造成当前中国制造业严重困境，经济增长持续下滑的原因。反观日本的制造业厂家，则几十年上百年如一日，始终在制造业本行上耕耘，即使偶尔转向房地产、金融、保险，也是围绕着制造业的顾客提供服务，以便进一步提高竞争优势。比如，丰田公司从19世纪70年代进入纺织业迄今，一直在制造业耕耘。从20世纪20年代开始，丰田根据社会需求的变化，将业务重点转向汽车制造，但即使如此，丰田也始终没有扔掉纺织业，这是因为纺织业提供的诸如防火、防热、防冻等更高品质的材料，有助于汽车业的发展。到目前为止，丰田产业链覆盖汽车产业从上游原料到下游物流的所有环节，产品范围包括汽车、钢铁、机床、农药、电子、纺织机械、纤维织品、家庭日用品、化工、化学、建筑机械及建筑施工等，是世界第一大汽车公司。即使如此，丰田仍然始终不懈地坚持技术创新，它们立足于汽车产业的未来，不断在环保和新能源领域投资，最终成为环保汽车的领军者。

尽管存在上述不足，我还是对中国制造业的发展充满信心。第一，中国目前的成功只是阶段性的成功，离真正的成功还有不短的一段路要走。同样，现在的问题也只是阶段性的问题。只要西方仍然强于中国，中国仍可以师法欧美、日本等，从而节省探索的成本，发挥比较优势。只是三十多年的高速增长大大提高了国人的自信心，以至于到了盲目自大的地步，近些年的经济下滑有助于国人清醒地明白自己的不足，从而虚心向欧美、日本等发达国家学习，为再次创造辉煌创造条件。第二，长期的小农生产模式使国人具有劳动欲望强，起早贪黑，不须扬鞭自奋蹄的优点，这是世界各国难以媲美的。原因在于：小农家庭规模小的特点，使家庭成员沟通方便，有利于降低管理成本。而每一个家庭成员在总资产中所占比例大的特点，使其倾向于关心家庭建设，从而表现出不须扬鞭自奋蹄的特点。光宗耀祖、衣锦还乡的孝文化进一步强化了这一点。自强不息的民族文化，加上不得不谦虚谨慎的人生态度，必然能使中国制造业再创辉煌，中国经济仍可以在较长的时间内保持 6％到 8％的增长速度。

其实，20 世纪 80—90 年代，中国的产品问题比今天突出得多。以家电产品为例，当时假冒伪劣产品盛行，民众喜欢洋品牌，生存的压力迫使本土企业不断创新，结果到 90 年代末便基本追上洋品牌，出现了海尔、长虹等知名企业。不过，当大家电基本满足社会需要，而民众垂青于小家电时，中国本土企业雄风不再，人们再度将眼光转向洋品牌，这就是目前的情况。我相信在这种压力之下，中国企业将掀起又一股学习洋品牌热潮。俗话说，谦虚使人进步，只要中国企业真正明白了与洋品牌的差距，抱有虚心好学的态度，中国企业一定会在短时间内崛起的，毕竟现在的条件比三十年前强很多。当然，当中国在这轮技术进步引发的产品创新方面基本赶上发达国家时，社会的需求又变化了，因此本土企业任重而道远，这也是马克思所讲的，"在改造客观世界的过程中，改造主观世界。"笔者认为，只有到了 2050 年中华人民共和国成立 100 周年时，中国才可以自豪地说，我赶上了世界发达国家，我居于世界经济之巅，成为真正的世界经济领袖。而在这之前，中国经济还有不短的一段路要走，一定要保持谦虚谨慎之心，切莫被暂时的胜利冲昏了头脑。

（应日本经济新闻社邀请而写，刊登于 2015 年 12 月 9 日）

第三部分：民间金融的管理与运营

晋商票号管理思想及其启示

摘 要： 自金融企业建立之时起，它的发展就面临着各种各样的问题，近两百年来银行危机时有发生，最近一次爆发的金融危机甚至对全球实体经济构成了一定程度的影响，金融业的管理秩序亟待重建。晋商票号是中国金融史上的一个里程碑，有着许多自己独创或发扬光大的管理制度，晋商票号的管理思想对现代金融企业无论从正面还是反面都具有很大程度的启示。

关键词： 晋商票号 金融 管理思想

一、引言

2008 年年底，一场由美国 2006 年春出现端倪的"次贷危机"引起的金融海啸席卷全球。华尔街职业经理人置风险管理于不顾的种种金融创新在多重传导机制的作用下让全球经济陷入疲软。在这场由虚拟经济向实体经济扩散的经济危机中，道德风险、逆向选择等金融业管理上的缺陷都暴露在我们的面前。金融业的管理秩序亟待重建，当我们重新审视历史，从中国古代金融业管理制度中会发现许多有建设性的方案，对完善我国乃至世界的金融管理秩序有着重大的意义。

晋商在我国的商业发展史上有着举足轻重的作用，明清时期主导全国商业的"十大商帮"之中，以晋商与徽商的成就最为耀眼。而论及中国金融业的发展，山西票号的地位更是不能忽视。晋商票号自 1823 年创立，在鼎盛时期，曾经实现了"汇通天下"的局面，但由于政治原因和本身发展的一些瓶颈，晋商票号历时一百余年后最终退出了历史舞台。虽然现代金融企业的组织形式比百余年前的晋商票号更为严密，业务范围更为广泛，但晋商票号的兴衰对金融企业的管理还是有着许多可以借鉴的地方，也能给予我们许多的启示。

二、"道德与业务并重"——完善的员工培训制度

人力资本是企业的一项重要的资本，"事在人为，得人则兴，失人则衰"。所有的企业基本上都有自己培养合格职工的体系。晋商早在一百余年前就意识到了这一点，他们把人力资源看作票号的第一资源，十分注重培养职工的业务能力与道德品质，并有一套与之相对应的培训体系。

山西票号中一般职员的选拔与培养遵循严格的"学徒制"，学徒（亦称"练习生"）时间1年，其录用、遴选都是非常严格的，从年龄、品格、相貌上都有具体的要求。已通过遴选的练习生还要经过1年的试用期，在试用期内，掌柜会交办一定的业务，在实际中考察，如站柜、待客、取货、送货、跑外、通知、誊写等。经过1年的训练，掌柜们听取伙计们的评论意见，认为符合当伙计，或者发现有经商头脑、精明干练的，进行谈话，决定留用入号。

之后练习生就进入了为期3年的见习期，在此期间，不仅要给练习生传授业务知识，而且要培养每个练习生的道德品质。"练习生由总号年资者训育，训育的科目，在技术方面为打算盘、习字、背诵平码、抄录信函、练习写信及记账等；在道德方面为重信义、除虚伪、节情欲、敦品行、贵忠诚、鄙利己、奉博爱、薄嫉恨、喜辛苦、戒奢华。"晋商在道德考察方面还总结出一套切实可行的方法，即"远则易欺，远使以观其志；近则易狎，近使以观其敬；烦则难理，烦使以观其能；卒则难办，卒使以观其智；急则易爽，急使以观其信；财则易贪，委财以观其仁；危则易变，告危以观其节；久则易惰，班期二年以观其则；杂处易淫，派往繁华以观其色。"

晋商不仅重视练习生的培养教育，而且也很重视对其他员工的培养教育。如大德通票号总经理高钰十分重视儒学伦理思想。他在担任大掌柜期间，开办号内学校，"命阖号同仁皆读《中庸》《大学》"，并请名师教育青年职工，灌输重信

誉、讲忠诚的立身基础，以商人伦理道德要求员工"正心、修身"，杜绝邪道侵入。晋商对职工的技术培训使职工熟悉了票号的业务，提高了工作效率。而与此同时进行的道德教育则增强了职工对票号文化的认同感，使员工将商号与自己的价值取向合而为一，既避免了一些由于职工本身的差异带来的道德风险，又增进了职工的业务能力。

同样，现代金融企业也视人力资本为最重要的资本。他们通过对职工的轮岗、定期专业知识培训、公费留学等手段，培养、选拔合格的职工。但这样单方面侧重于技能的培训并不能规避金融业中尤为严重的道德风险。在这次次贷危机中，金融工作者们出色的职业技能使他们创造了许多新的金融工具，来自不同地区、不同收入群、不同年龄的债务本着风险分散化的原则被打包成次级债券在债券市场上发行，风险进一步被分散、转嫁，从技术角度来看，这样的金融创新无可挑剔，但是，金融衍生工具数理模型计算而来的定价则忽略了现实中社会因素和人为因素的多样性、突变性，于是就像击鼓传花一样，房地产经济泡沫破灭的那一刻即是鼓声停止的那一刻，总会有人在该时刻为之前的一切付出代价。如果现代金融企业能够在培训员工的时候像明清晋商那样将道德培训放在与业务培训等同的地位上，职工在进行日常业务时就会考虑到道德因素，而不是只考虑业务的增加量、风险的转嫁率。

由此，关于规章制度与业务技能等"硬指标""硬约束"与职工道德文化等"软约束"的关系应该再度被我们提上讨论的平台。众所周知，仅靠道德约束的社会由于个人利益与他人利益的矛盾等问题的存在并不可能成功运转，但仅靠制度约束的社会也并不能进行资源的最优配置，实现效率最大化。晋商的成功告诉我们，只有将"文化因素"渗透到员工的意识中，企业才能在现有的组织结构下获得最大的效益。在产业经济之中，也有不少大型企业都将企业文化建设放在一个非常重要的地位。如松下公司在几十年的经营生涯中形成的七种精神："产业报国、光明正大、和亲一致、奋斗向上、礼节谦虚、顺应同比、感谢报恩"，通过将这些理念不断地传递给新的职员，保持松下谦和、执着、一以贯之的风格，松下产品的质量以及品牌形象也就在对员工的文化道德培训之中薪尽火传。

而现代金融企业由于业务的特殊性以及人才的特异性，在发展中并未像产业部门中的知名企业那样注重企业文化也就是对于职工的道德培训。这些现代金融企业在培训、任用、奖惩员工时，如果将文化道德与技术指标放在同样重要的地位上，员工的道德意识就会在业务指标之后形成第二道"保险杠"，使员工的价值取向与社会价值取向相接近，从而在一定程度上解决金融企业的高道德风险问题。

三、"花红制"——解决金融业委托—代理问题的一种可能方式

金融业是一个高风险行业，它的业务主体是在不确定环境下对资金或货币资源进行跨期配置，而跨期的经营就容易引起经营的脱节甚至失败。大到政治动荡、战争爆发、未预料到的急速的通货膨胀或通货紧缩、经理人的经营方式（冒险或是审慎），小到单个客户的违约风险，都关系着金融企业的经营成败。

但在诸多的影响因素中，经理人的经营方式可以说是对金融企业的存亡影响最大的一个因素。因为经理人是直接面对种种风险，他的决策将与社会经济环境的不确定性带来的不可控因素有一个综合作用。冒险的经营方式将放大固有的金融风险，将金融企业推入一个更加危险的境地，与此相反，审慎的、合理的经营方式将最小化不可控风险，使金融企业得到更好的发展。由于经理人与委托人之间存在着信息不对称、地位不对称，除了经理人本身的道德因素外，正确的激励机制和完善的监管机制就成为解决问题的主要方法。

在百余年前，晋商票号在面对种种不可抗拒的风险时，采用了一个非常人性化也更值得现在的金融机构借鉴的激励机制——花红制，来对经理人的行为进行规制，目的是体现收益与风险的均衡，做到有难同当，有福同享。晋商票号的所有者们一般从红利中预提一定比例的资金，作为弥补未来意外损失的风险基金。此笔款项是总号在每次账期①决算后，依据纯利润的多少按预定比例、对应各分号掌柜记提的一定金额的损失赔偿准备金，此项准备金成为"花红"，或者称为

---

① 通常一账期为3～4年。也有部分票号以5年为一账期的，如协和信与巨兴和。

"倍本"。如"大德通的资本，在光绪十年改组时，原本十万两……光绪十八年，每股倍本一千五百两，共倍本三万两，合计为十三万两"。此款专项存储于票号，并支付一定利息，一旦出现意外风险，以此款作为补偿。如果在分号掌柜任期届满退休时，而未曾出现意外事故，则连本带利一并付给分号掌柜，这相当于一笔数目十分可观的退休奖励金。

建立花红制的作用一方面在于保障票号正常经营，防范意外经营风险；另一方面能够激励总号分号掌柜审慎经营，因为分号的利润越多，在未发生风险的条件下所获的收益也越多。花红制不仅相当于现代银行的计提风险准备金，它还建立了"风险管理奖励基金"，为票号的有序经营起到了重要的作用。而这个"风险管理奖励基金"的意义并不局限于晋商的时代，其对现代金融企业也有着很大的启示。

在当代社会，面对来源于社会经济环境的不确定性给金融业带来的不可控因素，金融监管机构想出了各种各样规避、防范和化解金融风险的对策、措施和方法。特别是在 20 世纪"大萧条"之后，银行监管成为金融业的首要议题，经过数十年的建设，银行监管已经形成了一个包含存款保险制度以及最后贷款人安排制度等官方安全网的体系。从日常经营管理的角度看，其中包括业务活动限制、资产分散化管理、资本充足性限制、风险管理评估以及信息披露要求等。但是，从 20 世纪 90 年代中期巴林银行到近期雷曼兄弟公司等近 50 年时有发生的金融企业倒闭案中，我们发现，纷繁复杂的条款并没有阻止现代金融业的经理人们采取冒险的决策。究其原因，是其激励机制与监管机制实际上的背道而驰。

现代金融企业的监管机制控制了资产负债表上的数字的比例，而激励机制则是激励职业经理人在短期内从有限的报表数字之中获得最大的会计利润。而激励机制的最重要的组成部分就是经理人的薪酬体系。金融业经理人的薪酬通常是由两部分构成，即"底薪＋分红"。以华尔街的金融工作者为例，他们的薪酬以分红为主，占总薪酬的 80%甚至更多，[1] 所有工作者根据等级以及业务量的不同对

---

① 数据来源：《国际金融报》2007 年 11 月 9 日第 8 版。

总的奖励金即总分红进行分成。而总分红的多少则仅与该会计年公司的全部利润正相关，即经理人为公司创造越多的利润，经理人本身可以获得越多的报酬。在这样的情况下，利润成为薪酬考量的近似唯一指标，好的风险管理并不能量化为可参与薪酬体系的因素。而冒险的策略通常在短期内能获得更大的利润，经理人出于对自身利益最大化的追求选择审慎经营的可能性就很小，委托—代理问题也就更为突出了。

当监管机制希望用数量上的规制来避免经理人的冒险行为时，现代金融业的经理人所面临的激励机制却是鼓励经理人找到监管制度的漏洞，获得更大的收益。2007年起源于美国的由"次贷危机"引发的金融海啸，正是由于银行业的冒险经营，通过金融创新和金融业间的风险转嫁，最终影响到整个经济体。在此次金融海啸中倒下的美国第四大投资银行雷曼兄弟公司，就为这种监管机制与激励机制的不平衡付出了代价。与其他的现代金融企业一样，雷曼兄弟也采取了员工持股、期权的薪酬体系。很多员工的报酬以公司股票和期权的方式支付，且锁定期较长。巨大的财富激励调动员工积极性的同时也带来弊端，职业经理人不断冒险推高股价以获得高收益，公司的风险也不断累积。由于雷曼兄弟转变传统投资银行的经营范围，进入多角色的跨界经营，再加上与会计利润紧密结合的经理人激励机制，促使各分、子公司大量操作风险业务，如承销以及在二级市场上买卖以次级房地产贷款为源头的垃圾债券和贷款，这就使得风险头寸大大增加，导致在市场风险加大的时期资产结构的调节难度大大增加。此外，雷曼公司一直增加的杠杆率使其在双高风险下运作，也是导致其风险管理能力低下的重要原因。截至2007年，雷曼兄弟资产中45%是金融头寸，这些头寸中垃圾债券和贷款达327亿美元。当然，这样的运作模式也正是该公司激励机制极好运行的体现。不过，在激励机制完美运转的同时，雷曼兄弟公司的风险管理机制就没有那么幸运了。雷曼兄弟风险管理部门的设计虽然是独立于收益生产部门，但实质上风险管理部门并不可能完全独立于公司的收益激励。与其他金融企业一样，雷曼兄弟对高管的激励措施也与短期证券交易收益挂钩，在诱人的高薪驱动下，雷曼兄弟的"精英"们为了追求巨额短期回报，纷纷试水"有毒证券"，借鉴金融创新从事金融冒险，重奖之下放弃授信标准，离开合理边界的高薪激励使得高管在风险与收益这一对孪生兄弟中特别疼爱收益。在这样的情况下，不仅仅职业经理人的行为以会计利润为准绳，应该加强监督、实行风险管理的风险管理部门也抛弃了自己本身应有的职责而走向监管机制的反面——以会计利润为表现的激励机制。

此时再反观晋商票号，那时并没有存款保险制度，更没有中央银行的日常业务监管。换言之，现代约束金融企业的严密的监管网络，当时并不存在，但其在19世纪的经营活动却从未由于经理人的过于冒险的行为招致损失。经理人在退休时可能得到的"风险管理基金"的约束下，采取了审慎经营的态度，对票号的放款对象、总放款额度有着严格的控制。也正得益于这种审慎的经营态度，晋商票号以信用贷款而非抵押贷款的高风险方式运营却得以屹立中华百余年。可见"花红制"作为风险管理的一种模式，是相当成功的。如果现代金融业能够借鉴晋商票号的"花红制"，也建立一个能够与"利润比例分红制"规模相当甚至规模更大的"风险管理奖励基金"，将风险管理量化为激励体制的一部分，从而从根本上遏制金融企业经理人的过度冒险行为，金融业的委托—代理问题可能会得到一定程度的解决。

四、"有限责任与无限权利"——权责失衡带来的困境

从权利构成上看，晋商票号实行两权分离，即所有权与经营权分离，普遍采用"东家出资，伙友出力"的方式。东家作为所有者只决定两件事：任命大掌柜和主持一个账期的分红，不直接参与票号的经营与管理。这样的所有制结构的分配制度是所谓的"股俸制"，即将人力股与资本所有者的资本股合在一起，按总占股比例分配。李谓清描述了山西票号"股俸制"的操作细则："各票庄身股之分配，大致无多大差异。各伙友入号在3次账期以上，工作勤奋，未有过失，即可由大掌柜向股东推荐，经各股东认可，即将其姓名登录万金账中，俗称为'顶

生意'。最初所顶之身股，最多不能过 2 厘（即 1 股之十分之二），然后每逢账期
1 次，可增加一二厘，增至 1 股为止，谓之'全份'，即不能再增。"管理人员经
营得好，东家、伙友均可获益；若是经营得不好，"赔东家不赔伙计"，管理人员
不承担任何责任。

在票号的经营之初，各票号财东所占的股份占绝对股数，这样的制度可以更
好地激励管理人员从而使票号的业绩更上一层楼。但随着时间的推移，各票号财
东的银股数变动很少，而人力股却处于持续的递增势头，到了 20 世纪初期，各
票号的身股数已经普遍超过了银股数。以大德通 1908 年账期的分红情况看，银
股分红 34 万两，身股分红 40288 万两，人力股东实质上已经是企业利润的主要
获得者。在这样的情况下，管理者的行为就趋向于以获取最大的可能利润为主
导，如果高收益所带来的高风险造成了票号的亏损，管理层并不为此负任何责
任。加之晋商票号的所有者承担无限责任，票号破产之后要变卖地产、房产，甚
至因此入狱，晋商票号委托人、经理人的权责严重失衡使其发展步入了无法摆脱
的困境之中。

不少学者认为晋商票号的出路应该是改革组织形式，建立现代企业制度，即
建立股份制公司，股东承担有限责任。但是，根据现代金融企业的经营状况，股
份有限责任公司并不是最好的组织形式。股份有限责任公司这样的组织形式也不
能解决管理层的权利与责任不对称的问题，管理层尽管面临着董事会与监事会的
权利约束，逆向选择与道德风险依然存在。以本次次贷危机中声名狼藉的投资银
行业为例，在一些投资银行破产或是被收购之时，股东为决策上的失败承担了有
限责任，但具体做出决策的管理层并未被追究责任，与本期对亏损相对应的收益
早已在前几期以经营奖励的形式成为其私有财产。仍以雷曼兄弟公司为例，做出
2004 年大举进军次级贷款市场决定的 CEO 富尔德在雷曼公司破产之后，虽然在
华尔街乃至全世界的名声已经一片狼藉，但其已经获得的经济利益并没有在雷曼
公司破产之后受到损害。而公司的另一名高管 XavierRolet 更是在雷曼兄弟破产
后不到 1 年的时间内，接受了伦敦证交所提供的首席执行官这一职位，继续书写

他的职业生涯。这与该公司许多变得一无所有的股东形成了鲜明的对比。这进一步说明了，在现行的所谓的现代金融企业制度之中，管理层的权利与责任仍然处于不对称的状况。

此时，在风险投资基金中最主要的结构形式——有限合伙制可能成为解决这种权责失衡的方法。在这种形式中，合伙人由有限合伙人和无限合伙人组成。有限合伙人主要包括保险公司、养老基金、大公司和富有的个人，他们的投资占总投资的99%，但不直接参与经营和管理，对投资承担有限责任；而无限合伙人（又称为普通合伙人）为风险投资家，他们出资仅为总投资的1%，负责基金的实际运作，对投资后果承担无限责任。在项目产生收益后，先归还投资人的投资，超过基本收益的部分，无限合伙人可以分得20%～30%。投资者作为有限合伙人不直接参与基金的经营运作，并且仅以其投资额为限对基金的亏损及债务承担责任。而作为普通合伙人的风险投资专家，则直接经营管理风险投资基金，并以自己的所有资产对基金的债务承担责任。

在有限合伙制下，风险投资企业的经营者作为一般合伙人，在企业中占有一定比例的出资额和主导风险投资的决策权，但同时也对企业的借贷和负债承担无限责任，因而个人的财产处于与公司的经营共同的风险之中。对风险投资企业的经营者而言，其采取的实际上就是"控制取向型"的融资方式，但他显然不是一个单纯的外部出资者，而是实际性地参与了企业的具体经营。因此，此时的经营者既是出资者，又是经营者，是个古典意义上的"企业家"，既是企业剩余控制权的拥有者，又是企业剩余索取权的拥有者。也就是说，作为一般合伙人的经营者拥有完整意义上的企业产权，剩余索取权与剩余控制权是高度匹配的，经营者的权利和责任是高度匹配的。因此，有限合伙制的实施大大制约了经营者的机会主义行为和"内部人控制"现象的产生。

从企业组织理论的角度看，晋商票号的失败说明了所有者承担无限责任并不是一种好的组织形式，而现代金融企业在这场金融危机中暴露出来的问题，也说明了有限责任公司制在金融行业的应用并不十分顺利。制度只有在能促进企业发展的情况下才能继续生存，若是其不能适应企业的发展，改革势在必行。而就有限合伙制在风险投资领域的表现而言，其在统一权利和责任这一方面算是成功的。金融行业的高风险要求管理层对企业的经营情况负责，而有限合伙的形式就从激励层面彻底地约束了管理层的行为，如果这样的形式能够真正得到推广，金融企业被经理人权利与责任失衡所放大的金融风险将会得到一定程度的抑制。虽然有限合伙制这样的组织形式现在还是主要应用于风险投资基金，若想将其推广到整个金融行业上还面临着各种各样操作层面的问题，但这样的权责分配也为金融行业的改革提供了一种思路。

五、小结

晋商票号作为在中国历史上举足轻重的金融主体，在其百余年的发展中，为后人留下了许多管理思想上的创见。这些管理思想并未随着历史的演进而褪色，反而愈见其出彩之处。这里选取了晋商票号的三个重要管理思想——道德与业务并重的培训方式、"花红制"的应用、权责构成形式进行分析。

通过与现代金融企业的管理制度的对比，我们提出了道德与业务并重的培训方式，"花红制"即"风险管理奖励基金"对现代金融企业的重要意义。道德与业务并重的培训方式将文化道德作为"软约束"引入企业每个员工的行为准则之中，与规章制度等"硬约束"一起，将企业员工的价值取向引向企业乃至社会的主流取向之上。如果这样的培训方式能够被引入现代金融企业的经营管理之中，金融企业员工只顾及技术操作而忽视道德约束的现状就能得到一定程度的改善。"花红制"即"风险管理奖励基金"，使晋商的经理人能够自觉对自己的经营决策进行风险控制，一定程度上规避了企业发展的风险。"风险管理奖励基金"如果能在现代金融企业中得到应用，现代金融业中的"委托—代理问题"就可以通过将风险管理量化为激励机制的一部分得到一定程度的解决。同时，也分析了晋商票号权责构成形式的不足之处，认为无限责任制与现代金融企业的有限责任制同样都不是最适合金融企业发展的模式，而20世纪80年代后走上历史舞台的有限合伙制在一定程度上优越于上述两种权责构成形式，可为金融行业的改革提供一种思路。

参考文献

［1］卫聚贤. 山西票号史［M］. 北京：经济管理出版社，2008.

［2］黄鉴晖. 山西票号史［M］. 太原：山西经济出版社，2002.

［3］张陆洋，［美］Christopher Lane Davis. 美国风险（创业）投资有限合伙制［M］. 上海：复旦大学出版社，2005.

（该文发表于《云南财经大学学报》，2009 年第 12 期，与叶淏尹合写）

"大信不约"与钱票泛滥

——对山西钱庄发展中二律背反现象的解释

摘　要：山西钱庄以其地域范围广、延续时间长、金融创新强的特点在中国近代金融史上影响深远。本文在总结山西钱庄发展的基础上，指出钱庄之所以敢于在无抵押、无担保情况下贷款，是与宋元明清以来儒释道三教合一的价值观对社会的强有力影响分不开的。所以出现钱庄发行钱票泛滥现象，则说明道德的力量不是无限的，同样边际收益递减，因此还必须强化政府干预的力量，由此形成民间市场创新与政府干预相结合的局面。当然，社会生产力的发展要求政府干预是一码事，而政府有没有干预的知识水平和动员社会的能力又是另外一码事。只有既具备现代化导向又具备一定动员社会能力的政府，才能够担负起正确干预经济，推动社会进步的重任。

关键词：晋商　钱庄　儒释道　政府干预

一、引言

钱庄是中国传统的民间金融组织，大致萌芽于明朝中后期，发展于清代初期，鼎盛于清代后期和民国前期，到新中国成立后融入现代银行业，兴衰历程大约有 400 年。

钱庄的产生源于中国复杂而混乱的货币体系。明代前期，市面上流通的货币主要是铜钱；明代中叶，白银成为流通中的一种主要货币，国家财政收支、工商业经营资本、大宗商品交换都以白银的"两"作为价值尺度。同时，由于铜钱仍是流通中的主要货币，于是白银与铜钱的兑换就成为社会经济生活中的普遍需求，直接导致了钱庄的出现。由于起初主要经营银钱兑换业务，钱庄由此而得名。

山西钱庄特指由山西商人经营的钱庄。明清时期，山西商人以其雄厚的资本在经营钱庄的商人中独树一帜，不仅活动区域广，而且存在时间长，直到民国期间还活跃在中国的金融舞台上。

过去的研究主要集中在研究上海钱庄在中国近代金融行业中的地位，对山西钱庄涉猎较少。然而，山西钱庄以其地域范围广、延续时间长、金融创新强的特点同样在中国近代金融史上影响深远。本文将在对山西钱庄做简单回顾的基础上，力图从经济学的视角对钱庄"大信不约"和钱票发行泛滥这两个相互矛盾的现象做出解释。

笔者认为，钱庄之所以敢于提出"大信不约"的经营信条，以致放款时不需抵押，也无须担保，是与当时儒释道三教合一的价值观对包括晋商在内的民众的深刻影响分不开的。而钱票所以发行泛滥，致使民众蒙受损失，又是与道德自律的力量终归不是无限，呈现边际收益递减分不开的。这说明，在民众道德自律的基础上，还要强化政府法规法律的力量，做到民间诱致性创新与政府强制性创新的结合。而在全球化进程加快，市场竞争空前激烈，国家必须快速推进产业结构调整，力求短时间内建立新的产业竞争优势的时代，尤其要强调政府强制性创新的作用。近代的中国，从李鸿章到孙中山，再到毛泽东，一个比一个更强调国家政权在促进中国经济发展中的作用，就充分证明了这一点。

二、入清以后商品经济的发展与山西钱庄的与时俱进

钱庄因中国复杂的货币制度而产生，又因清代商品经济的繁荣而得到大发展的机会，遂使得其业务范围从最初的兑换，逐步发展到了包括存款、放款、储蓄、发行及汇兑在内的五项业务。

1. 入清以后商品经济的发展与山西钱庄的繁荣

如前所述，晋商经营的钱铺（钱庄的前身）早在明代已经存在，到了清代又

有了进一步的发展。乾隆三十年（1765 年），苏州的山西钱铺有 81 家，并捐资建立了"全晋会馆"。道光、咸丰年间，随着商业贸易的发展，货币流通扩大，钱庄亦随之兴盛。北京、天津、张家口、归化、包头、西宁、兰州、开封、洛阳、汉口等商业重镇的钱业势力以晋商势力为强。据《察哈尔省通志（经济类）》中所说："金融枢纽，操于山西钱商。"《绥远志通稿》记载："清代归化城商贾有十二行，相传由都统丹津从山西北京招致而来……银钱两业遂占全市之重心。"《山西票号之组织与沿革》则说，晋商"在清朝初叶足迹已遍天下，统称两大帮：一为粮船帮，即载运各省货物于沿江河及海口交易者；二为骆驼帮，即懋迁各种货品于内外蒙古用户及俄旧京莫斯科者，艰苦经商，奔波万里，坚韧性亦殊可嘉。又值清康、雍、乾时代，一百余年之太平天下，晋商富力日积月累，乃有余力以经营金融业。"

对于山西钱庄的发展壮大而言，一方面得益于足迹几乎遍布全中国的晋商，另一方面也要仰赖山西票号的辉煌。一般来说，钱庄的资本一般非常有限，往往只有二至三万两白银。根据 1937 年（民国）实业部国际贸易局的统计，当时山西总计 182 家钱庄的资本总数，连分号在内，共为 1970632.14 元，平均每家 10827.65 元。资本最大的安邑兴业钱局总号拥有资本 30 万元，但这是特殊现象。除此之外，资本最多的不过五万元而已。[①] 虽然资本微薄，但是钱庄的业务却往往以几十万两或一二百万两计，两者的差额只能通过信用创造（架空）。这时，山西票号就成为山西钱庄主要的资金来源。山西票号的兴盛使其积累了大量白银，于是票号就通过将在汇兑过程中积攒的大量白银借贷给钱庄赚取更多的利润，而这些白银就组成了钱庄赖以维持金融业务的资金。在山西票号开办汇兑业务时，一般都在当地钱庄建立往来账户。而票号在这里的存款，利息较低，这样钱庄就获得了大量的低成本存款，转手放贷，不断周转，利润颇丰。因此，山西钱庄的命运在长时间内与山西票号联系在一起。

---

① 实业部国际贸易局：《中国实业志·山西省·金融》，经济管理出版社，2008 年版。

　　只是票号和新兴的银行是竞争关系，由于票号无论在动员社会的资金还是制度上都无法与银行竞争，因此被银行打败是迟早的事情。而钱庄与银行长时间内不是竞争关系而是合作关系，作为社会化程度最高的金融组织，正在发展中的银行与票号类似，需要借助钱庄的网络与民众联系，而钱庄也需要借助银行的资本服务于民众，这样钱庄就由以往与票号的结合转向现在与银行的结合。况且，钱庄由于自身力量的增长，以及在跟票号合作的过程中熟悉了汇兑的技术，因而也逐步开展起汇兑业务，这样就使其业务范围更为扩大，为民众服务的能力更强。由于这个原因，钱庄在票号衰落后仍然维持了相当长的一段时间，直到民国期间还活跃在中国金融舞台上。

　　史载，辛亥革命后，山西钱庄大力发展存、放、汇业务，采取多种灵活的方式为工商业服务，如"不索抵押及保人，悉凭信用"，并且所放款项之利息要比银行低得多，因此颇受中国商人的欢迎，从而进入其发展的极盛期。《东方杂志》曾这样描述："特别是最近二三十年间外国银行设立于中国以来，此等钱庄、金融之便，多赖于外国银行，不复恃票号之助。国内汇兑，虽系票号之专业，然钱庄亦能经营，而钱庄之汇费，更较廉于票号，商人多以托钱庄为便。且钱庄存款之利息较高，中国官吏，亦多存款于钱庄矣。"① 据统计，1912 年山西有钱庄 412 家，1913 年增至 526 家，1914 年又增至 561 家，主要分布于太原、榆次、太谷、平遥、平定、曲沃、运城、洪洞、襄汾、霍县、大同、代县、晋城等地。其中，著名的钱庄有复盛公、复盛全、复盛西、公和源、公和泰、源恒长、广顺长、广顺恒、宝昌玉、复聚恒、兴盛号、兴隆永、谦和诚等。至此，钱庄取代了票号，在山西金融业中独具优势。

　　应该说，民国以后的山西钱庄的业务范围已经从明末清初时的兑换发展到了包括存款、放款、储蓄、发行及汇兑的五项业务，俨然成为中国的民间银行。虽然山西钱庄在信用贷款、选人用人方面小心谨慎，然而仍摆脱不了资本薄、投机

---

① 《东方杂志》，第 14 卷，第 6 号，81 页。

性强的积弊，最终随着山西省政府的币制改革和省银行的发展壮大，与民众联系网络的不断健全，而惨遭淘汰。

2. 山西钱庄业务的不断拓展

和当时的很多钱庄一样，山西钱庄业务也随着商品经济的发展经历了从经营纯粹的商业资本到经营生息资本的转变。最初钱庄是货币经营资本，仅从事货币兑换业务。货币每经过一次兑换（即买进卖出），就从一个商品所有者手里转移到另一个商品所有者手里，货币所有权发生换位，并不涉及信贷。自咸丰元年始，一部分大的钱庄、银号的资本性质由商业资本转变为生息资本，主要从事工商业存款、放款和发行，而兑换银钱则成了副业。民国期间，钱庄又接手票号的汇兑业务，基本发展出了现代银行的雏形。

（1）发行

在钱庄经营的五项业务中，最为独特的要数发行，这在当时中国是绝无仅有的。乾隆到咸丰年间，北方钱庄普遍签发具有信用货币性质的钱票，俗称钱帖、凭帖或兑帖。钱票产生的客观基础是钱铺兑付铜钱需要清点、搬运诸多不便。山西巡抚申启贤描述道："货物交易在千文者尚系现钱过付，若数十千、数百千以上，不特转运维艰，并盘查短数，收剔小钱，尤非片刻所能完竣。"① 钱铺为了节省顾客清点、搬运铜钱的劳动，先签发给钱票，需用现钱时再来兑取。由于钱票便于收付，钱铺又讲信用随时可以兑钱，钱票便渐渐被当作货币流通起来。到道光年间，在全国范围形成了"北人行使空票，南人多用洋钱"② 的货币流通局面。

（2）放款

钱庄又一金融业务是放款取息。山西钱庄的放款经历了两个阶段：第一阶段是京城钱铺对旗民放债，至咸丰三年（1853 年）已经是"钱铺盘放重利之债，各为旗账，由来已久，各旗自参佐领，以至养育兵丁，无不借贷"。第二阶段是

---

① 清档，山西巡抚申启贤，道光十八年九月二十五日奏折。
② 吴嘉宾：《拟上银钱并用议》，道光二十五年，见《皇朝经世文续编》，卷五八。

对工商业放贷，属于生息资本的借贷资本。民国三年，工商业已经成为钱庄对外借贷的主要客户群。

（3）存款和储蓄

钱庄还同时经营存款和储蓄两项业务，两者的区别在于储蓄较存款具有款额小、存期长、利率高的特点。存款以其性质的不同分为定期、往来、特别三种。定期存款常在半年以上，必须在期满后方得支取计息。往来存款亦即活期存款，可以随时支取但不计息。除定期、往来两种外，如信托存款、通知存款等，均为特别存款。

（4）汇兑

钱庄的业务还有汇兑。汇兑本为票号之专业，自票号衰落后此项营业即分散于银行、邮局、银号、钱庄之手。清朝中叶随着黄河流域对蒙、对满贸易的兴旺，黄河一带钱庄的汇兑业务曾十分兴旺，而山西钱庄的每年汇出汇进就各在两千七百余万元左右，往来地区涉及河北省、察哈尔省、绥远省、江苏省等。

和票号一样，钱庄的汇兑方式主要有顺汇、票汇、信汇和电汇四种。顺汇较为普遍，即甲地先收款，乙地后付款。票汇就是汇款人将款交给钱庄，由钱庄开汇票一张，交给汇款人，汇款人将汇票寄给收款人，收款人持票向票号取款，不需讨保，谓之认票不认人。为了防止假造，汇票一般都有特别的纸张，由专人书写并且盖有印记，而且书写的格式和内容也都有其特殊的规定。信汇是汇款人交款给钱庄后，写信给收款人，收款人接到汇款人的信，持信向交款地的钱庄领取。而钱庄在收到汇款后即写信通知汇款地的分号或连号，他们如接到交款的通知即行付款。这种方式具有半信用汇款性质，一般不是素有往来之大商号则不用信汇。电汇是清光绪末年发展起来的一种汇兑方式，凡遇有紧急需款，即可交由钱庄电汇。钱庄拍发电报有自编密码，其日期、平包、数目，均能以一二字代替，颇为简捷，然而汇费昂贵。

三、文化因素、竞争态势与钱庄"大信不约"的经营信条

值得一提的是，钱庄放款与当时的当铺和银行放款有很大不同：当铺和银行

主要以质押、抵押放款为主，而钱庄则多为信用放款。信用放款既无物保，又无人保，在交易往来中，凭借当事人的人格作担保，相互信赖。故钱庄业会馆碑记中有"大信不约"之说。换言之，钱庄奉行的传统经营原则主要是依靠道义上的允诺，而非物质上的保证，此可谓钱业经营之最大特色，也是钱庄引为自豪之处。

众所周知，放款的风险是非常大的。笔者认为，钱庄所以敢响亮地打出"大信不约"口号，主要基于如下四个原因：

一是强大的意识形态的影响。自东汉以降，宗教运动兴起，到宋朝以来形成了儒释道三教合一的新意识形态。影响之下，"县县有文庙，村村有关帝庙""家家弥勒佛，户户观世音"，人们通过这种定期不定期的聚会，传承人类文明，遂形成了见利思义光荣，见利忘义可耻，人人奋发向上，彼此相互激励，相互规劝的社会氛围。显然，正是这种讲求信用的社会氛围，使钱业形成了"诚信""信用"之立业原则，以及无须担保、抵押即进行放款的"大信不约"的经营信条。

二是地域观念的影响，使得意识形态的发挥作用更加直接、强大。晋商虽在全国各地乃至在国外经商，但网络体系的建立毕竟是由于为东北、西北、蒙古以及俄罗斯的采购而引致的，因而贸易更多地在晋商内部进行。由于来自同一地域，这就使得他们不仅拥有相同的意识形态，更拥有差不多一致的生活习惯，尤其是"乡音"把这些在外经商的游子更加紧密地联系在了一起。大家依托会馆，在老乡——关公的旗帜下定期聚会，遵循相同的行为规则，包括正式安排的和非正式安排的制度，从而在契约的制订和执行过程中节约了大量的资源。而且由于大家彼此之间的地缘因素，彼此熟悉，相当大程度上消除了机会主义行为，对于整个市场的健康发育与发展有着莫大的积极作用。

三是明清长期的大一统所造成的高度的中央集权，使得政府有能力阻止外国商业实力进入国内贸易，由此使中国长期处于保护贸易的环境下，遂造成国内商人竞争不甚激烈，商人的发展比较稳健的局面，这种相对平稳的发展环境为"父债子还"的无限信用和钱庄无抵押、无担保的放款创造了条件。

　　四是晋商在长期的运营中培养了一支既忠诚又有能力的员工队伍。他们秉承"信义为上，义从利来"的经营理念，大力倡导关公文化，并通过定期祭拜关公和经常听关公戏的形式不断渗透诚信重义的价值观。例如，每逢年节，大盛魁都要在财神庙内，向财神像下的一条扁担、两条麻绳、两筐子叩头；除夕晚上，必须吃小米粥，纪念以货郎担起家的创业祖宗，不忘创业艰辛，以此为号规，200年不改；号内还设有财神股、狗股。通过这种方式大盛魁教导员工饮水不忘挖井人，见到眼前利益的时候要时刻想着前人，甚至是狗，做出的贡献，万万不能见利忘义。曹家商号每年磨豆腐三次，每次磨豆腐，经理必亲自向磨神烧香叩头，以乞神灵保佑。因曹家是在东北朝阳磨豆腐发家的，以此进行传统教育。

　　不仅如此，晋商还将诚信重义的价值观通过"总经理负责制"和顶身股制度，使得从总经理到普通员工的自身利益与商号的利益相一致，不仅有利于减少人员流动，避免贪图短期利益的欺诈、盗窃等行为发生，而且大大调动了员工的劳动积极性，有力地避免了当下社会中存在的内外勾结、危害企业等现象。

　　在这种诚信重义的社会氛围的影响下，晋商员工无不尽心尽力服务企业，这就使得山西钱庄在发放信用贷款时并非盲目所为，而是建立在对客户有充分了解的基础上。一方面，山西钱庄规模小，主要服务于本地区的商户，这使得他们对商户的情况普遍有深入的了解。另一方面，钱庄的跑街，平时就在调查有往来关系的客户的信用，并兜揽顾客。因而，钱庄主动招揽的顾客，绝大多数都是他充分了解并且信用可靠的。钱庄在贷款发放后，也并未一劳永逸，而是时刻关注其资金的动向，一旦出现异常，就会采取手段及时挽回损失。对信用不良的客户则拒绝对其发放贷款。这种对贷款的管理方法与现代金融企业对贷款的把握有着惊人的相似，反映了当时钱庄经营者的远见卓识。

　　由此可见，山西钱庄"大信不约"的经营特点是与特定时代的环境分不开的。具体而言，一是价值观的高度普及，使得全社会形成了崇尚见利思义，贬斥见利忘义，人人尚善乐义的氛围；而晋商对员工诚信重义的价值观教育，以及通过顶身股将员工利益和企业利益紧密联系在一起的制度安排，使钱庄员工竭尽全力搜集并了解客户的信息，从而使借款不还的情况降到最低。二是长期大一统所形成的相对稳定、封闭的发展环境，使得商业竞争不甚激烈，企业倒闭率不高。前者构成了山西钱庄无抵押、无担保放款的主观条件，后者是其客观条件，两者缺一不可。

然而，科学技术的进步总是要不断地打破各地的孤立、封闭发展局面，而将各地区连接成为一个整体，这就是全球化的发展趋势。进入近代后，西方列国依靠工业革命的巨大威力，挟着坚船利炮打开了中国的大门，迫使清政府改变以往的保护主义政策而改行自由贸易政策，中国由此被强行拖入了世界市场体系，国内竞争国际化的结果就是商业竞争高度充分化。而科学技术的落后，使得中国商人在与西方同行的竞争中屡屡失利，加之社会动荡，遂使得企业倒闭率急剧上升。在这种情况下，虽然儒释道三教合一的价值观仍然深深地影响着广大民众，但商业竞争的充分化所造成的企业倒闭率大幅上升的情势，使得"父债子还"的无限信用和钱庄无抵押、无担保的放款模式受到了强烈的挑战，迫使钱庄不得不向担保和抵押放款的方向转变。及至民国十八年（1929 年）钱庄新订营业规则时，终于划分定期质押放款和活期质押放款，规定到期不能收回放款，钱庄有权将抵押品变卖抵偿。

四、钱票的发行泛滥与国家的干预

前面讲过，在钱庄经营的诸业务中，最为独特的要数发行。钱庄的钱票本是兑钱的票据，按说不能流通。但是，由于钱票便于收付，钱铺又讲信用，随时可以兑钱，人们为着方便，也就不来兑现，当作货币流通开来，从而使钱铺签发的钱票愈来愈多。"今贾人出钱票，其始皆恃票取钱无滞，日久人信其殷实不欺，于是竟有辗转行用至数十年不回者，并有竟不回者。"①。

钱票的发行在方便社会的同时，也因其自身的弱点——不足值货币，在社会

①　王鎏：《钱币刍言续刊》。

上引起了一定程度的混乱。黄鉴晖教授在《明清商人研究》中是这样分析钱票发行的弊端的。他说，京城钱铺，每家签发的钱票，多者数十万吊，少者也有数万吊。由于钱铺资本不多，一般有一二千两白银，少者只几百两，发行超过资本几十倍甚至几百倍的钱票，对一些投机商人来说，则成为他们开设钱铺诓骗人们钱财的手段，流弊不断。① "京城钱铺大半资本无多，所存之钱不敌所出之帖，加以奸民造言煽惑，以致此晚尚安然照常生理，次早已歇业关闭，并有请该司坊封条将门封闭，人携资远飏，故作经官情状。近日东城之天义，西城之悦来亨，南城之天顺昌各钱铺，十日间已三铺歇业，遂使钱价低昂无定，物价逐渐加增。"② 因为钱铺借故关闭，诓骗钱财屡有发生，道光年间京城出了一本具有旅行指南性质的书，告诫旅行者："京师钱铺，时常关闭。客商换银，无论钱铺在大街小巷，与门面大小、字号新旧，必须打听钱铺虚实，不然今晚换银，明日闭门逃走，所开钱帖尽成废纸。"③

钱铺签发钱票的弊端，在嘉庆年间已经很严重。嘉庆十五年（1810年），清政府开始对钱庄实行"五家互出保结，遇有关铺潜逃之事，即令保结之家，照票分赔"④，叫作五家钱铺互保制度。开始实施时因遇到的阻力很大，以致主管官员中竟有这样的议论："旧有各铺多至三百五十余家，实难纷纷查办，致滋扰累，著照所请，将从前旧有钱铺免其取保。嗣后陆续新开之铺，仍遵前旨，取具五家互保，而杜奸欺。"⑤ 一项管理制度，先来者大多不实行，只对少数新设钱铺实行，其缺陷是明显的，这就不可避免地使钱铺诓骗钱财的事愈演愈烈。

京师钱铺全部实行五家互保制度，从咸丰年后期才全面推开，从此有了顺天府登记注册"挂幌钱铺"之词，从而查办非法开设钱铺也就有了依据。同治元年（1862年）九月，查获西直门外海淀四王府等处，未挂幌兑换银钱铺户王大等

---

① 黄鉴晖：《明清山西商人研究》。山西经济出版社，2002年版，第174—175页。
② 《请饬查禁钱店舞弊疏》，见《皇朝道咸同光奏议》，卷三八。
③ 杨静亭：《都门纪略》，道光二十六年刻本。
④ 《清仁宗实录》，卷二二五，嘉庆十五年二月壬辰。
⑤ 《清仁宗实录》，卷二二九，嘉庆十五年五月丁巳。

人，"开票换银，并无保结，实属有干例禁"，被交坊审办①。

钱铺五家互保制度实行以后，诓人钱财之事有所减少，但后来发现钱铺资本无多，关闭之后五家并不能担负起赔偿全部钱票的责任，又改为觅殷实铺保三家，其中同行一家，外行二家。从光绪二十九年（1903 年）起，三家铺保之外，又增加资本较多的当铺一家，成为四家铺保。从清末看，实行四家铺保之后，有的钱铺倒闭依然能够钱票兑现，有的也只能兑付二三成。如京师前门外隆源和钱铺倒闭，出钱票 88140 吊、银票 1350 两，最终只有 157 吊钱票和 8 两银票未兑付。而东四牌楼源成钰钱铺倒闭，银票每两只兑付二钱，钱票每千文只兑付300 文。②

钱票的发行泛滥，以及钱铺互保制度的艰难推广说明，道德的约束力不是无限的。面对巨大利益的诱惑，人们往往有动力去冲破道德的束缚，就算有一百个"关公"在约束着他们，也不起作用。而当民间市场无力解决这一矛盾时，只能依靠国家政权的暴力的力量，这就是"治乱世用重典"的原因。马克思在《资本论》中指出，"一有适当的利润，资本就会非常胆壮起来。只要有 10％的利润，它就会到处被人使用；有 20％，就会活泼起来；有 50％，就会引起积极的冒险；有 100％，就会使人不顾一切法律；有 300％，就会使人不怕犯罪，甚至不怕绞首的危险。如果动乱和纷争会带来利润，它就会鼓励它们。走私和奴隶贸易就是证据。"这说明，当企业竞争的内外部环境相对平稳时，民间的诱致性制度变迁占上风；一旦企业内外部竞争环境，尤其是外部竞争环境发生急剧变化时，为了维护社会经济秩序的稳定，尤其是出于提高产业竞争优势的需要，政府必须加强对经济的干预，此时强制性制度变迁占上风。而政府介入后，由于提高了对从业者的要求，影响了他们的利润，又往往会遭到他们的激烈反对。从钱铺互保的难于推广，也可以看到清末政府要筹建银行，要求票号支持，但票号反对，最终全军覆没的影子。

---

① 清上谕档，同治元年九月二十九日。
② 清巡警部档，卷一二二，光绪三十年。

其实，晋商发展的历史上，类似钱票发行泛滥，危害民众的事情为数并不少。例如，归化城（呼和浩特）的宝丰社是一个被赞誉"为百业周转之枢纽者⋯⋯在有清一代始终为商业金融之总汇"的钱业行会组织。然而就是这么一个有巨大社会影响力的金融行会组织，也在当时币值极紊乱的市场环境中，利用决定行市、汇市的优势，在各种通货之间的兑换上大做虎盘（买空卖空），上下其手，从中渔利。史料记载，"行商坐贾者皆与宝丰社密切，而不可须臾离者也，平日行市松紧，各号商毫无把握，遇有银钱涨落，宝丰社具有独霸行市之权。"[①]时人有打油诗《钱铺》云："铺保连环兑换银，作为局面惯坑人，票存累万仍关闭，王法宽容暗有神。"[②]

近代金融业的动荡不安呼唤着更有规模的国家的介入，而国家要成功地干预金融，必须自身有力量，这除了建中央银行外，其他作为中央银行之后盾的官办银行以及民办银行必将渐次出现。这些官办银行有着巨大规模的资本以及更加社会化的运营方式，势单力薄、仍坚持传统经营方式的钱庄岂是其对手！以山西钱庄为例。1919年（民国八年），阎锡山成立山西省银行，着手统一币制，将纸币发行权控制在省银行手中，从此钱庄盈利锐减。之后，阎锡山又成立了铁路、垦业、盐业等官银号，垄断了晋省的金融业，钱庄从此开始走向衰亡。

五、结语

通过对钱庄兴衰过程的考察，可以看出，钱庄是随着商品经济的发展要求信用贷款，要求货币兑换而兴起的，又随商品经济的进一步发展而被别的更有效率的金融组织形式所取代。这说明，商品经济的发展、企业竞争的激烈，要求产生更能适应全球化发展趋势的新的金融组织形式，这推动着货币金融业的发展，亦使金融业的竞争加剧，钱庄就是在这种情况下，随着银行势力的发展，随着政府

---

① 《绥远通志稿》（民国4年抄本），卷48。

② 徐永年增辑，杨静亭编辑：《都门纪略》。沈云龙：《近代中国史料丛刊》72辑，台湾文海出版社，1970年版，第615页。

对货币发行权的上收而逐渐走下坡路的。

须知，竞争对手有三种，一是现实竞争者，即目前正生产某种同类产品的竞争对手；二是潜在竞争者，即目前并不生产某种产品，但看到别人成功后马上跟随、模仿的竞争对手；三是替代竞争者，即生产的产品不同，但满足社会需要的功能完全一样的竞争对手。肥皂和洗衣粉、录像机和 VCD，账局、票号和银行，就是这样的竞争对手。从大的方面讲，钱庄、票号和银行都属于货币金融业的范畴，但钱庄、票号和银行各有不同的性质，可以归类为货币金融业这个大行业下的不同小行业。人类发展的历史告诉我们，真正瓦解一个行业的并不是行业内的激烈竞争，往往是行业外产生了更有效率的竞争者，才将一个行业打倒的。比如，火车业出现了，马车业要淘汰；复印机行业出现了，复写纸行业要淘汰；VCD 行业崛起了，录像机行业要淘汰；蒸汽轮船出现了，风帆船行业要淘汰……这意味着，企业不仅要盯着行业内的竞争对手，更要密切关注着科学技术的发展，盯着行业外新产生的、能够满足同一社会需要的竞争对手，这才是该行业最大的敌人。中国近代传统金融机构钱庄、账局、票号的衰落，充分说明了这一点。而商品经济的发展、科学技术的传播，使行业之间兴替的速度进一步加快，这要求当代的企业家们更加清醒地看到这一点。

而钱庄"大信不约"的经营信条，则说明了诚信重义的道德教育的极端重要性。当前中国社会之所以发生种种难以让人接受的事情，诸如食品极端不安全，环境极其污染，官场极其腐败，显然是与全社会缺乏信仰，无法通过定期不定期的聚会接受人类文明的启迪，接受圣贤的教导，以致既无法形成向上引导的激励力量，更无法形成避免堕落的约束力量分不开的。钱票的泛滥则意味着道德自律的力量终归不是无限，同样呈现边际收益递减，说明在民众道德自律的基础上，还要强化政府法规法律的力量，做到民间诱致性创新与政府强制性创新的结合。

鸦片战争之前，中国是在封闭的环境里发展经济，企业竞争不太激烈，民间可以安然地通过诱致性制度创新顺应社会生产力的发展要求，对政府强制性创新的要求不高。鸦片战争后，中国被强行拉入世界经济体系。面对市场竞争的空前激烈，尤其是民族国家竞争的日趋白热化，政府出于巩固政权，提高在全球共同体中竞争优势的需要，也必须介入经济的发展进程，这就提出了加强国家干预的要求，也是从晚清到北洋政府，到南京国民政府，再到中华人民共和国政府，一个比一个更深度地介入经济发展进程的原因。当然，社会生产力的发展要求政府干预是一码事，而政府有没有干预的知识水平和动员社会的能力又是另外一码事，这也是晚清政府、北洋政府以及南京国民政府一个个像走马灯似的下台的原因。换言之，在市场竞争空前激烈的全球化时代，政府一方面必须做好干预经济的准备，以便推动产业结构快速转换，短时间内树立竞争优势；另一方面也必须具备相应的知识水准，以及动员社会资源的能力，而后者是建立在被民众高度拥戴的基础上的。显然，只有既具备现代化导向又具备相当强的动员社会能力的政府才能够担负起正确干预经济，推动社会进步的重任。

参考文献

［1］实业部国际贸易局. 中国实业志·山西省·金融［M］. 经济管理出版社，2008.

［2］张国辉. 晚清钱庄和票号研究［M］. 社会科学文献出版社，2007.

［3］戴建兵. 白银与近代中国经济（1890～1935）［M］. 复旦大学出版社，2005.

［4］周建波. 成败晋商［M］. 机械工业出版社，2007.

［5］黄鉴晖. 明清山西商人研究［M］. 山西经济出版社，1998.

［6］张鸿翼. 儒家经济伦理及其时代命运［M］. 北京大学出版社，2010.

［7］孔祥毅. 中国特色的股份制：人力股加资本股［M］. 中国金融出版社，2003.

［8］胡海龙，段愿. 传统文化在我国近代银行业发展中的作用分析——以山西票号和钱庄为例. 海南金融，2006（4）.

服务社会：陈光甫经营管理思想的核心

摘　要： 陈光甫以"服务社会"为经营宗旨，以仅有微薄资本的"小小银行"成长为中国近代第一大私人商业银行，创造了中国金融史上多个"第一"。陈光甫的"服务社会"思想，表现为在存款上银元与银两并用，吸收小额储蓄，创办礼金储蓄等；在贷款上，不仅注重工商业的放款，而且还积极创办对农业和个人小额信用的贷款，全方位支持国家各行业、各阶层的金融需要。

关键词： 陈光甫　上海商业储蓄银行　服务社会

陈光甫（1880—1976），江苏省镇江丹徒人，1904 年赴美参加世博会，1906 年进入宾夕法尼亚大学沃顿商学院，1909 年获得商学学士学位后回国服务于银行界，1915 年创办上海商业储蓄银行。该银行后发展成为中国最大的私营银行，成为中国近代金融史上的一个奇迹，陈光甫也因此被誉为"中国最优秀的银行家""中国的摩根"。

作为取之于社会（存款）用之于社会（贷款）的金融组织，上海商业储蓄银行能在短时间内发展起来并取得巨大的成就，与陈光甫"服务社会"的经营理念是分不开的。上海商业储蓄银行自成立伊始，就以"服务社会"作为行训。"本行之设，非专为牟利计也，其主要宗旨在为社会服务，凡关于顾客方面有一分便利可图者，无不尽力求之，一面对于国内工商业，则充量辅助，对于外商银行在华之势力，则谋有以消削之，是亦救国之道也。"[①] 本文将以上海商业储蓄银行

---

① 陈光甫：《1927 年下期发告同人书》，《陈光甫先生言论集》，上海商业储蓄银行编，第 7 页。

的存贷款管理为例，剖析陈光甫以"服务社会"为宗旨的经营理念，希冀对当今我国中小银行的发展有所借鉴。

一、以服务社会为中心的存款管理

存款是商业银行最主要的资金来源，陈光甫以"服务社会"为根本宗旨，在创办上海商业储蓄银行之初就非常注重储蓄和吸收存款的作用，并特意将银行取名为"储蓄"银行，创造了中国金融史上多个第一，使上海商业储蓄银行在短短的 20 年间一跃成为全国最大的私营银行。1935 年，上海商业储蓄银行已经拥有 500 万元资本、40 多家分支行、1 亿 4 千多万元存款[①]，其存款总额约占全国私营银行存款总额的十分之一，遥遥领先于其他民族资本银行，在当时全国银行界具有重要影响。"银行之有储蓄，虽不自本行开始，而努力于储蓄业务，则确由本行首开其端。"[②] 上海商业储蓄银行注重储蓄、大力吸收存款的做法主要有以下几种方式。

1. 推广银元与银两并用

1933 年以前，中国货币不统一，上海市面上银两与银元并用。银元易于鉴别，民众日常使用非常方便，一般情况下以银元进行交易，只有在大宗交易的情况下才使用银两，但传统的金融机构——钱庄，却规定储户只能以银两开户，若以银元开户的话，则需要将银元折算成银两再开户，而且还要收取一定的手续费（每元要收取二毫半的手续费），颇为烦琐。陈光甫在上海商业储蓄银行初期就允许储户以银两和银元并用，既可以银两开户而用银元支付，也可以银元开户而用银两支付，除免收手续费外，还对银元开户予以付息，以此来推广银元与银两并用的储蓄方式。这种做法虽使银行减少了洋厘手续费收益，还须保有银元与银两两种存款准备，但是便利了客户，得到了广大民众的认可，"树金融界之先声"，

---

① 上海市档案馆：《陈光甫日记》，上海书店出版社，2002 年版，第 3 页。
② 《上海商业储蓄银行二十年史初稿（三）》，《档案与史学》，2000 年第 3 期，第 12 页。

不久此项办法，亦成为金融界通常之惯例①。

2. 创办一元开户

一般银行大多注意吸收金额较大的存款，这类存款多数来自官僚、买办、地主、资产阶级以及大城市的房产主。上海商业储蓄银行除了吸收这些存款外，还特别注意吸收小额储蓄存款。陈光甫认为大户存款最不稳定，而众多小存户的存款则是最稳定的，因此在推广储蓄事业中提倡"不厌烦碎，不避劳苦，不图厚利，为人所不屑为，从小处做起"②。特别开办以一元为起存点的小额储蓄，不论存额大小，一律热情接待，很快受到了城市中下层民众的欢迎。上海商业储蓄银行首创"一元开户"的储蓄业务时，曾引起同业的讥笑，"然不数年，同业均依照办理，成为通常之惯例"③。当时国人缺乏储蓄意识，"其虽俭朴多有积蓄，但其所积得之银，不是放在银行生利的，多数是守秘密不为人知"④。为了鼓励民众的储蓄兴趣，上海商业储蓄银行还从美国订购了多种储蓄盒，规定即使未满一元的，亦可领用储蓄盒，将零钱逐日积存起来，积攒到一定数量再拿到银行储蓄。陈光甫在上海商业储蓄银行实行的这种鼓励储蓄的做法，影响了大批的民众，更改变了他们的储蓄习惯，影响至为深远。

3. 创办礼金储蓄

传统中国社会的红白应酬中，多使用礼券，但多打大折扣。"如券面一千文，而市例止值六百文，又如筵席烛酒冥仪，亦莫不用券，而此券只可取货，不能兑钱，且取货时，又有一八折左右之折扣"⑤。陈光甫鉴于各界礼尚往来，馈赠礼物，颇多耗费，为求实惠起见，遂于1924年7月创办礼券储蓄。

上海商业储蓄银行发行的礼券储金面额有一元、二元、四元、十元四种，"此项礼券储金利息，凡凭券兑取现金者，一律照票面填发日起至兑款日止，以

---

① ② ③　上海银行：《本行生长之由来》，载中国人民银行上海市分行金融研究所编：《上海商业储蓄银行史料》，上海人民出版社，1990年版，第11页、第96页、第61页、第16页。

④　《储蓄之利益》，《申报》（申报本埠增刊），1926年12月22日。

⑤　《行务纪要》，载《海光》第2卷，第6期，第3—4页，1930年6月。

周息四厘计息，并以每一券为单位"。如果愿将礼券储金转向银行其他种类定期存款的，"应按照该存券背面填发日期转账，或按照订定之定期存款利率加补利息；但此项定期存款须从转账日期起计算年限"①。上海商业储蓄银行的礼券不仅使用方便，"致各大公司购物，均可收受，此更为破天荒之创举"，而且外观装潢漂亮，加之在发行方式上提供优质服务，且"有给息优待办法……故购者颇为踊跃，且各分行处一律发行与收兑，各界俱称便利也"②。

4. 借鉴欧美银行业先进的工作方法扩展储蓄业务

由于实地接受过欧美教育，陈光甫非常注重借鉴欧美银行的先进经验，并率先运用国际银行业先进的工作方法扩展储蓄业务。一是重视银行信息的公开、透明。陈光甫认为上海商业储蓄银行是为社会服务的，"应令社会明了本行之内容，并无投机及一切危险性质，所投资金，皆甚稳妥，则此后信用可以益臻巩固。"③在这一经营理念的指导下，上海商业储蓄银行规定自 1930 年 9 月起，所有该银行储蓄处的借贷对照表，每三个月在各大报刊宣布；而各种投资的类别，也都明晰登载，制成简表并将之放大，张贴于上海商业储蓄银行各储蓄处，使观者能够清晰了解。1931 年，又规定每三个月延聘国外专业的会计师查账一次，并登报公布以备各储户参考。同年购用登账机器，以免收付款项的时候，顾客有久候之苦，字迹亦较前清楚明白许多。④上海商业储蓄银行是第一家用机器记账的中资银行。二是重视广告宣传，要求通过中西日报、小报、学校年刊、印刷品、电影广告、窗门广告等吸收储户，并规定"凡做广告，均宜因地制宜，随时变化，就观者之趋向地位，及其旨趣，以定广告之词意，如提篮桥分行所在，工人甚多，故对于该行广告，应专向工人做功夫，不宜用意太深，令观者不易了解；静安寺

---

① 《行务纪要》，载《海光》第 2 卷，第 6 期，第 3—4 页，1930 年 6 月。
② 中国人民银行上海市分行金融研究所：《上海商业储蓄银行史料》，上海人民出版社，1990 年版，第 113 页，第 433 页，第 704 页。
③ 《行务纪要》，载《海光》月刊，第 2 卷第 10 期，1930 年 10 月。
④ 《上海商业储蓄银行二十年史初稿（三）》，《档案与史学》，2000 年第 3 期，第 12 页。

则不然，因所在地之居户，均为豪商富人，宣传之方，又宜迎合彼辈之心理，俾能印入脑筋"①。经过上述一系列卓有成效的工作，上海商业储蓄银行的存款业务上升很快，吸收的存款量短时间内跃至国内数一数二的水平。

二、以服务社会为中心的贷款管理

发放贷款是商业银行最主要的经济功能。陈光甫本着"服务社会"的经营理念，一方面认为银行应该将社会的资金集中起来投入到现代社会的微观生产基础——工商实业中，提升国民经济实力；另一方面，又认为银行应该稳健经营，注重风险控制，对广大储户负责。所以在贷款业务的经营管理中，陈光甫的特点十分鲜明，"始终于'稳健'中求进展，而于进展中谋稳健"②，即在为工商业服务和风险控制间寻求均衡。陈光甫在上海商业储蓄银行经营过程中的贷款业务经营管理理念表现在如下四个方面。

1. 对工商业贷款

上海商业储蓄银行成立之时，正逢第一次世界大战，欧美各国无暇东顾，民族工商业如雨后春笋般蓬勃发展，对于资金的需要更甚。陈光甫以"服务社会"为宗旨，积极辅助工商实业，"凡工厂内所存原料与成品，亦设法使之合于受押之范围，谋其营运更为活泼，使民族工业日益发达"③。从下表可以看出，陈光甫对于辅助工商业发展之热诚。

---

①② 中国人民银行上海市分行金融研究所：《上海商业储蓄银行史料》，上海人民出版社，1990 年版，第 113 页，第 433 页，第 704 页。

③ 上海银行：《本行生长之由来》，载中国人民银行上海市分行金融研究所：《上海商业储蓄银行史料》，上海人民出版社，1990 年版，第 11 页、第 96 页、第 61 页、第 16 页。

1926 年年末上海商业储蓄银行放款对象统计表

项目	金额（元）	占比（%）
总计	18127529	100.00
工矿企业放款	3607942	19.90
商业放款	9927614	54.77
政府机关放款	250104	1.38
铁路放款	171168	0.94
个人放款	3771814	20.81
交通运输事业放款	93127	0.51
文化教育事业放款	212244	1.17
医疗卫生事业放款	4503	0.03
公用事业放款	12196	0.07
其他放款	76817	0.42

（数据来源：中国人民银行上海市分行金融研究所：《上海商业储蓄银行史料》，上海人民出版社 1990 年版，第 193 页。注：其他放款系指对商会、寺庙及慈善团体等的放款）

由上表可以看出，1926 年上海商业储蓄银行商业放款占 54.77%，个人放款占 20.81%，工矿企业放款占 19.90%，而对政府机关的放款只占全部放款总数的 1.38%，工商业放款占绝对优势。金城银行 1927 年主要放款对象统计数据显示，工矿企业占 25.55%，商业占 15.76%，个人占 24.33%，铁路占 14.64%，军政机关占 14.36%，其他占 5.36%[1]，其工商业放款比率低于上海商业储蓄银行，铁路和军政机关放款则大大高于上海商业储蓄银行[2]。浙江兴业银行 1926 年对工商业放款的比例也只占放款总额的 36.00%。可见，上海商业储蓄银行的工商放款情况是非常突出的。

在上海商业储蓄银行早期的放款中，商业放款所占比例远超工业放款，一是因为早期银行资金有限，二是因为"工业所需之资金，多属于长期，商业则恒为

---

[1] 中国人民银行上海市分行金融研究所：《金城银行史料》，上海人民出版社，1983 年版，第 155 页。

[2] 中国人民银行上海市分行金融研究所：《浙江兴业银行简史》，1978 年版，第 70 页。

短期"，运转相对灵活。此后随着中国新设厂矿企业规模和资本的明显增长，工业生产出现高利润率，上海商业储蓄银行遂将更多的放款投资到工业上来。20世纪30年代，上海商业储蓄银行对国货工业的放款占到放款总额的30％以上，远远高于同类商业银行。

2. 农业贷款

陈光甫曾将开展国外汇兑、创办中国旅行社、办理农村放款看作其最值得纪念的三件事[1]，"的确，在上海（商业储蓄）银行举办农贷之前，如何活跃农村经济，使他们从带有封建色彩的高利贷中解脱出来，从未提到任何一家大银行的议事日程上"[2]。

20世纪30年代，世界经济恐慌，各国过剩农产品贱价输入中国，再加上东北沦陷，国内政治局势动荡，致使农村经济衰落至极，资金纷纷流入通商口岸，尤以上海为最多。在农业资金日见缺乏、城市资金淤积的情况下，多数银行却认为农村离大都市较远，办理不易，放款收入的利息恐怕不足办理放款的费用，不敢开展农业放款，加上农业贷款利润要比工商业薄，所以许多银行也不愿意办理农业贷款，而将相当一部分资金投入上海租借的房地产和购买民国政府的公债。陈光甫认为向农村放款意义重大，"农村经济……为全国金融界之整个问题"[3]。"金融事业集中都市，将使内地村镇经济日益衰落，结果都市亦受其害"[4]，"故于经营商业银行业务之余，颇思以绵力所及，兼办农业金融之辅助事业"[5]。1931年，上海商业储蓄银行与北平华洋义赈会、南京金陵大学合作，试办合作社放款。经过一段时间的实践，陈光甫认为向合作社贷款是最为适合中国农村金

① 《上海文史资料存稿汇编》（第五册），上海古籍出版社，2000年版，第173页。
② 蔡墨屏，潘泰封：《陈光甫的思想和企业简析》，《陈光甫与上海银行》，中国文史出版社，1991年版，第154页。
③ 陈光甫：《上海银行提倡农村合作》，《银行周报》，第17卷，第7号，1933年2月28日，国内要闻，第2—3页。
④ 姚崧龄：《陈光甫的一生》，台北传记文学出版社，1984年版，第53页、第45页。
⑤ 陈光甫：《上海银行提倡农村合作》，《银行周报》，第17卷，第7号，1933年2月28日，国内要闻，第2—3页。

融的形式，"盖合作社为农民自助互助之组织，不仅直接可以救济农村，抑且可以改良农产，提高品质，甚且可以提倡平民教育，增加农民智识"。[①] 考虑到农民文化程度较低，对于新生事物接受慢的特点，上海商业储蓄银行通过通俗易懂的宣传，帮助农民接受储押放款、运销放款[②]等形式。"1935 年上海商业储蓄银行办理农村贷款的区域分布于 10 个省的 73 个县，有 906 个办事机构，有借贷关系的农民近 20 万人，农业贷款达 608 万元，年终余额 332 万元。"[③] 而 1935 年中国农业贷款的总额并不大，"总计投资农村资金，连同普通银行及其他机关之办理农村放款者在内，不过 2000 万元"[④]。上海商业储蓄银行的农业放款占到中国新式银行农村放款的三分之一左右。尽管相比工商业贷款来说，上海商业储蓄银行的农业贷款数目并不大，但是为中国农村金融制度的形成所做的努力是非常重要的。"为国内提倡合作努力农村金融者之标准，不图近功，不谋利润，不存奢念，汲汲焉以整个农村金融之制度是务。"[⑤]

3. 个人小额信用贷款

一般商业银行的贷款业务均偏向于富户与大工商业，对于小工商业则无暇顾及，至于平民金融更无从谈起，致使都市平民融通资金的渠道，不外乎求之于典当质押及向亲友借贷。典当利息高而且当期短，亲友借贷范围狭窄而又未必可得，一旦遇到经济一时周转不灵，则有告贷无门之苦。陈光甫有鉴于此，于1930 年在上海静安寺路分行举办信用小额借款，凡借款人能指定保证人两位，不需提供任何押品，即可向银行商借 50～500 元的小额借款，分月归还，期限

---

① 陈光甫：《上海银行提倡农村合作》，《银行周报》，第 17 卷，第 7 号，1933 年 2 月 28 日，国内要闻，第 2—3 页。

② 储押贷款指以农民储存在合作社粮仓的米、谷、麦、杂粮、丝绸、棉花等而进行的抵押放款，其目的是使农户避免贱卖贵买之苦。运销放款系合作社社员以收获之农产，用合作运销方法运到它地出售，在未出售之前，可将运销中之农产进行抵押借款，其目的是促进农产品的销售。

③ 袁熙鉴：《陈光甫的一生与上海银行》，《陈光甫与上海银行》，中国文史出版社，1991 年版，第108 页。

④ 王厚渭：《银行救济农村商榷》，《银行周报》，第 19 卷，第 35 号，第 6 页。

⑤ 《本行最近农业放款概况》，《海光》，第 8 卷，第 4 期，第 22 页。

一年。

陈光甫对经营信用小额借款非常重视，指出"本行创办信用小借款，在欲便利社会，使其不至于急遽需要之时，受高利剥削，本行并无牟利之心。诚恐此意，除具有高等知识者外，未必人尽能知"①。根据上海商业储蓄银行的统计，小额信用的借款人中以工薪阶层为最多，约占 40%，借款用途以还债、婚丧、生产三项为主，借款金额以 100 至 200 元为最多。到"1936 年年底，信用小额借款总额为二十七万八千余元，借款人数为 4766 人。自创办之日起至 1936 年年底，此项小额信用借款累计金额为 320 余万元，累计人数为 17000 人，呆账成分仅合万分之五"②。

4. 贷款管理

人和人之间不仅有利益的统一性，还有对立性，而信息的不对称更强化了这种对立性。为降低贷款风险，保护储户和银行的利益，陈光甫在 1933 年发表的《以往放款事实的分析》中专门谈到了这一问题。他说，"信用放款为对人的信用，而借款人信用的好坏，多半视其营业的绩效好坏而定。如果营业失败，虽欲顾全信用，清偿债务，银行也难免遭受损失。"为此，陈光甫要求在信用放款之前，必须对借款人的情况调查清楚，严格限定借款额度，贷款发放之后，更要随时注意借款人的经营情况。当时一般银行的信用放款是建立在对借款人熟悉的基础上，只注意"东家资产多寡，开立年限长短，同业有无放款"，不注重对借款人实际情况的调查。陈光甫认为熟悉程度根本不足以为据，因为"东家资产虽多，并不足恃，盖有 10 万元资产者，彼可以其资产为号召，负债或已达 20 万元"③。所以，他要求银行职员在进行信用放款时务必密切关注借款人的经营状况以及贷款的使用范围。

至于抵押放款，陈光甫认为这是对物的信用，当借款人不能还款时，银行可

---

① 上海商业储蓄银行：《陈光甫先生言论集》，第 71 页。
② 姚崧龄：《陈光甫的一生》，台北传记文学出版社，1984 年版，第 53 页、第 45 页。
③ 上海银行档案：陈光甫《以往放款事实的分析》，1933 年 7 月 22 日。

将抵押品变卖作为抵偿，这有利于弥补银行的损失，正因为此，抵押放款成为当时各银行的主要放款业务。不过，陈光甫认为抵押放款也有风险，毕竟抵押品的流动性、市场行情的变化和商品折扣等因素都会对其价格产生影响，由此可能对银行造成损失。为了预防这些风险，陈光甫认为抵押放款的抵押品，应以流动易售为主，至于折扣率也必须审慎订定，此外对于抵押品的市价，应当随时注意，每天都要对抵押品的市价进行审核，以免物价下跌对银行造成损失。此外，陈光甫还制定了一系列制度加以防范：第一，成立放款委员会，提倡集体决策。银行对于放款委员会的工作制定了统一的会章，规定非常严密。每一笔放款都必须经过放款委员会的会议研究，决定数额和责任人，并对会议进行记录。第二，创设调查部，建立企业资讯档案。1919 年，上海商业储蓄银行成立了中国银行界最早的调查部。调查部的主要工作是进行信用调查和经济调查。"信用调查注重三个 C 字，一为 Capital、一为 Capability、一为 Character，换言之即资产、能力、人格三者不可缺一，有资产能力而无人格，债权债务之收支决不爽直；有人格能力而无资产，亦致心有余而力不足；有人格资产而无能力，事业亦终归失败。"[①]调查部在银行内部处于非常重要的地位，对于贷款的发放具有举足轻重的作用。至于票据放款，陈光甫认为，中国商人受传统习惯的影响，不愿以押汇的形式，即以货物作抵押向银行融通资金，多数只出一张外埠归收票据，银行凭此票据将款项借出，其实已属于信用放款，风险较大。为此，他要求"嗣后对于此项放款，宜向顾客商做押汇，以减少风险，慎勿避一时之烦忙，而贻未来之患"[②]。

三、对当前我国中小银行发展的借鉴意义

经过十几年的改革，我国金融业以前所未有的速度和规模在成长，但对于商业银行而言，由于其利润仍主要来源于存贷款之间的利差收入，而在存、贷款利率缺乏弹性的情况下，在经营方面自然偏重于贷款风险管理，只要能够顺利收回

---

① 上海银行档案：总经理处九科会议录，第 16—18 页，1929 年 3 月 29 日。

② 上海银行档案：陈光甫《以往放款事实的分析》，1933 年 7 月 22 日。

贷款，就必然能够赢利。而在美国金融危机爆发之后，商业银行此种偏重贷款风险管理的趋势越发明显，由此带来商业银行服务意识的普遍缺乏。相对内部风险管理而言，银行对外的服务意识较为淡薄。但是，银行业本质上属于服务行业，提供良好的服务是社会对银行的基本要求。尤其是在中国市场化程度逐步提高、市场竞争日益激烈的未来，我国银行特别是中小银行应把"服务社会"放在经营管理的首位。陈光甫以"服务社会"为宗旨创办上海商业储蓄银行的经历以及一系列以服务社会为根本的经营管理方法，包括稳健经营等，对当前银行业尤其是中小银行的发展无疑具有很大的借鉴意义。

1. 注重创新，努力提高服务质量

加强服务，便利顾客，是银行在激烈的市场竞争中取胜的主要手段。对于中小银行来说，资金规模狭小，对有实力的大客户的吸引力有限，更要树立为基层大众服务的意识。在当前中小企业贷款难、广大工商个体户贷款难、农民贷款难的情况下，上海商业储蓄银行基于"服务社会"的经营理念所推出的一系列创新无疑会给中小银行以很多的启发。

上海商业储蓄银行成立之初，规模很小，但是陈光甫却敏锐地发现：当时外商银行在中国金融界具有巨大的优势，一般只服务于中国政府和外国商人，而中资银行当时也只注重官僚大户的存款，因此，广大的小商平民得不到良好的服务，使得他们不愿意将资金存入银行。陈光甫认为能够吸引人数众多的小商平民，就能为银行带来足够的放贷资金。于是，陈光甫创办银行之时，即以服务社会为第一行训，并在服务社会的经营理念下推出了多项创新举措，创造了中国金融史上的多个"第一"。在存款方面，首创"一元开户"，开办零存整取等定期储蓄，创办礼金储蓄，创办各种教育储蓄；在贷款方面，创办个人小额信用贷款，创办面向农民的合作社放款，创办调查部，借鉴欧美银行先进经验，采用机器记账，每半年聘请国外专业的会计师为银行查账，并定期公布，等等。

"服务社会"的经营理念，使上海商业储蓄银行以善于创新而闻名于民国金融界，并最终赢得了广大小商平民的青睐，以致在短短的 20 年间便发展成为当时全国最大的私营银行，而其"服务社会"的宗旨也被其他银行争相效仿。

2. 稳健经营，确保资金安全

中小银行在服务社会的过程中还应注重风险控制，稳健经营，这样才能实现银行和社会的双赢，提高银行持续为社会服务的能力。在传统社会向现代社会的转型时期，对于主要面向基层大众的中小银行而言，如何破除面子、人情对贷款工作的影响，确实是一个大问题。在这方面，上海储蓄商业银行稳健的经营作风无疑会给中小银行的经营很多的启发。

陈光甫一生谨慎，在贷款方面始终崇尚稳健的经营作风。首先，陈光甫认为银行是社会性的机构，"对于社会人士之资金付托者，具有相当责任，故谨慎将事，力求其服务之有用于社会"[1]，这是银行稳健经营的外部要求。其次，陈光甫认为"欲求服务社会，吾人必须力求资金之安全。资金之来源，小部分为股本，大部分为存款，存款增加，资金充实，而后服务社会之功能，可以扩大。将如何增加存款，必须采取最稳健之经营方法，使存款人士对本行之经营有不可动摇之信仰。谚谓'桃李不言，下自成蹊'，但求本行信誉与年俱增，服务范围自能逐渐扩大。故一切经营之方法，以资金安全为第一要义"[2]，这是银行稳健经营的内部约束。相应地，陈光甫在上海商业储蓄银行采取了一系列的经营管理措施，如首倡对物信用即货物抵押放款；首设调查部；厚积存款准备金等。"1931年后将存款准备金提高到25％，有时超过30％。"[3] "正是因为陈光甫的谨慎和固执，上海商业储蓄银行仅仅十年就与浙江兴业银行和浙江实业银行被并称为'南三行'。"[4]

3. 既要重视"服务社会"，还要注重风险控制

其中前者是第一位的，后者是第二位的，这就是陈光甫和上海商业储蓄银行给后人留下的宝贵财富。尽管上海商业储蓄银行存贷款管理的种种经验在今天看

---

① 上海银行档案：总经理第21号通函，1935年5月21日。
② 1945年9月5日陈光甫在纽约所定本行战后经营方针，《陈光甫先生言论集》，第200页。
③ 上海商业储蓄银行：《本行历年存放款情形》，全行押款统计表，1931年11月。
④ 萧国亮：《追忆陈光甫的谨慎与固执》，《21世纪经济报道》，2006年1月9日，第35版。

来都已司空见惯，"服务社会""一元起存""审慎原则"等都成为当今银行发展的普遍经营理念、经营方式，但对当前的金融界来说，如何将陈光甫的"服务社会"的经营理念真正贯彻下去，仍然是一个有待解决的大问题。从这一点来说，陈光甫作为民国金融界的奇才，他的"服务社会"的经营理念，他为中国金融界所做的贡献和上海商业储蓄银行在银行史上的发展神话将被永远载入史册，为后人所学习和揣摩。

（该文刊载于《河北经贸大学学报》2012 年第 6 期，与曾京、周建涛合写）

银行家周作民的经营管理思想

摘　要：周作民常被誉为民国金融界的奇才，在其创办的金城银行的存款管理上，周作民一方面重视小储户，更把重心放到大储户身上，利用自己的政治资源多方拉拢大储户。放款业务上，以能够掌握的企业为主要投资对象，同时投资政府公债。此外，以银行资本控制产业资本可谓周作民最具特色的经济思想，这与其留学日本，受三井、三菱等产业金融发展的深刻影响有很大关系。作为一个杰出银行家，周作民的经济思想值得后人研究和借鉴。

关键词：周作民　存款管理　放款业务　公债业务　集团化经营

一、引言

周作民（1884—1955），江苏淮安人，出身于书香门第。15 岁时师从著名学者罗振玉，打下了深厚的国学基础，后得罗振玉之力，以广州官费名额留学日本京都第三高等学校（京都帝国大学前身），直到两年半后，广州官费停发，才辍学回国。周作民留学日本的 1906—1908 年正处于日本银行业的转折点：私营银行发展极快，三井、三菱、第一、住友、安田五大银行迅速成长，占据了日本银行业的核心地位，并展开了以产业金融为主的经营。三井、三菱等财团在发展工商经济方面的巨大成就给周作民留下了深刻的印象，激发了他创办银行、投身金融业的决心，而他在后来经营金城银行的过程中自然也效仿三井等建立财团的做法。

短短两年半的留学日本经历，对周作民一生事业的发展影响巨大。他不仅由此接触到了先进的银行管理经验，开阔了眼界，而且结交了众多留日学生，如任久大精盐公司和永利制碱公司总经理的著名实业家范旭东、盐业银行总经理吴鼎昌、中南银行总经理胡笔江，后来在抗日战争时期任沪行经理的吴蕴斋，汉口分行经理的王毅灵等，这对他后来创办金城银行帮助极大。

金城银行创办于 1917 年。其时，各西方国家因忙于第一次世界大战，暂时放松了对中国的控制，于是国内兴起了一股兴办实业和银行业的浪潮，金城银行就是在这种背景下创办的。"名曰金城，盖取金城汤池永久坚固之意"，其主要股东多为军阀、官僚，是中国重要的私人银行之一。金城银行最早将总行设于天津，先后在京、沪、汉等地开设分行。由于经营得法，业务发展迅速，到 1920年，金城银行开业仅三年，存款即达 1198 万元，在华北获得与中国银行、交通银行、盐业银行并列的地位。这以后，1936 年金城银行的存款达 1.29 亿元，一度超过上海商业储蓄银行，居私营银行首位。

金城银行的迅速扩张崛起，离不开周作民灵活的经营管理之道。虽然金城银行成立时股本的主要来源开始是军阀、官僚的投资，周作民的股份不大，但他自金城银行成立起就一直担任总经理，共 32 年，并兼任董事长十多年，始终掌揽金城银行经营管理大权。可以说，金城银行的业务风格，受到周作民本人思想言行的直接影响，周作民的一生与金城银行事业是不可分离的。近些年来，对周作民的研究逐渐增多，但是在对周作民经济思想的研究方面还不够深入，不够系统，本文将通过对周作民在金城银行经营管理思想的研究，推动对周作民这位近代杰出银行家经济思想的研究。

现实意义上，金城银行作为近代私营银行的杰出代表，所取得的业绩以及各种业务创新在同时期都是非常突出的，这可以为我国中小银行、私营银行的发展提供有利的借鉴。

二、金城银行的存款管理思想

银行是货币信用的经营者，有效地揽储、运用社会闲置资金是银行的基本职能，是衡量其经营状况最重要的标志。在银行的运用资金中，自有资金只占很少的一部分，大部分还是来自存款。金城银行的资本、公积与存款总额的比例，1927 年时为 1∶4，1937 年时上升为 1∶14.9。鉴于银行存款是放款、投资的基础，银行存款的增加是银行运用资金获取利润的前提和保证，因此任何一个银行无论何种时期、何种条件都必须将存款业务看作是银行业务中的重中之重。

而一家银行的存款状况，受银行大股东的资本雄厚状况影响较大。大股东的资本越雄厚、社会地位越高，对于银行吸收存款的能力无疑大有裨益，金城银行从建立那时起，就一直依靠大股东作为政治靠山发展业务。金城银行在最初十年中的存款，很多来自军阀、官僚等大户，周作民为了拉拢这些大户把钱存到金城来，常常以宴饮、陪赌等方式投其所好，不惜花钱应酬。

金城银行刚刚建立时，很多大户，特别是前清贵族和买办，都把钱存到信誉比较可靠的外资银行，宁可不要利息甚至缴纳保管费也不把钱存到国有银行，如交行、中行，以免受时局影响不能提取款项。金城银行注重银行外部形象、讲究排场，金城银行在各地都是自建分行大楼，大楼是诸多私营商业银行中最气派的，这一方面可显示其实力，一方面可作为银行投资。而金城银行的分行经理等高级行员为拉拢客户应酬均实报实销，这样既鼓励经理们重视与大户联系，同时也易赢得存户的重视与信任。

金城银行这一经营风格的形成是与其股东均来自皖系军阀和交通系分不开的。金城银行凭借背后雄厚的实力与高额利息以及良好的服务，更重要的是周作民等经理人灵活的工作方式，逐渐地将这些存款拉到金城银行账户上来，使得金城银行实力迅速大大增强。周作民在行时，还常常亲自接待大户以示尊重，又开设大户室，使得这些大户不必上柜台交易。有时头寸很紧，放款不畅，但周作民指示，无论何时都不能拒收存户存款，要取得存户好感与信任。除此之外，金城银行还想尽各种办法揽收存款，比如提高存款利息率，有时定期存款年息能高达一分；付给存款经手人回息以拉拢一些大户存款。

同时，金城银行也注重来自小储户的存款，不单纯以高利息揽收存款，而是提高服务质量，使得存户办理业务便利。其时大量吸收中小户存款的有利条件是：一般北方人手中有现款者多不肯将现款存在银号中，之所以如此，是因为银号所付利息甚少，又时常倒闭。金城银行一开业就有相当大的规模，自然吸收了大量存款。

金城银行始终把广泛揽取存款放在经营活动的首位。1922 年 2 月，总经理周作民在致各分行通函中指出："现在同业日多，竞争日剧，凡经营放款，固应研其取稳之法，而吸收存款，尤当视为扼要之图。良以谋利益而求诸有限之资本，不如借存款而得其孳生之利益。"行务会议曾就此做出决议，认为："欲求业务之发展，须求存款之渐增；欲求存款之渐增，须有相当之延揽。"吸收存款的方法有①多做殷实可靠之往来户；②联络各级社会之感情；③采用足以引起存款兴趣之广告；④设施种种，使于有形无形之间发扬本行之信誉。

金城银行于 1917 年 5 月成立，在短短半年时间里，1917 年吸收存款达到 404 万元。以后逐年增加，1918 年就达到 920 万元，翻了一番；1923 年达到 1689 万元。1927 年达到 3498 万元，比建立时的 1917 年，多了 7 倍多。1935 年为 11798 万元，超过了当时的中国第一大私营商业银行，跃居私营银行存款额首位。1937 年达到 1590 万元。从金城银行存款绝对数额来看是逐年增加的，仅有 3 年例外，有小幅下滑。原因在于：1921 年由于其背后的政治靠山安福系垮台，引起其信用度下降，储户纷纷提款，后由于周作民推出梁士诒做临时总董，稳住了局面。1935 年由于官僚资本银行急剧扩张，挤占了众多私营银行存款，金城虽存款总额下降，但上海商业储蓄银行受影响更大，反而使金城银行存款额跃居第一位。

年份	存款总额（元）	定期存款（元）	比例（%）	活期存款（元）	比例（%）
1917	4047054	891251	22.02	3155803	77.98
1918	9202612	2387239	25.94	6815373	74.06
1919	9807460	1353474	13.80	8453986	86.20
1920	11984831	2258640	18.85	9726191	81.15

年份	存款总额（元）	定期存款（元）	比例（%）	活期存款（元）	比例（%）
1921	9999136	4565262	45.66	5433874	54.34
1922	13700066	5603699	40.90	8096367	59.10
1923	16893749	8928981	52.85	7964768	47.15
1924	19909539	10968852	55.09	8940687	44.91
1925	27030530	15281530	56.53	11749000	43.47
1926	33803838	21968751	64.99	11835087	35.01
1927	34986920	23881878	68.26	11105042	31.74
1928	48626768	29756038	61.19	18870730	38.81
1929	45612542	31109322	68.20	14503220	31.80
1930	55959795	38053103	68.00	17906692	32.00
1931	64347064	44251401	68.77	20095663	31.23
1932	76501797	52520603	68.65	23981194	31.35
1933	100859484	65803091	65.24	35056393	34.76
1934	122885743	85285883	69.40	37599860	30.60
1935	117986957	81274585	68.88	36712372	31.12
1936	129149747	88334091	68.40	40815656	31.60
1937	159000630	104280321	65.58	54720309	34.42

（资料来源：中国人民银行上海市分行金融研究室著：《金城银行史料》，上海人民出版社1983年2月出版，第139、352页）

在这些年份里，金城银行不仅存款的绝对额在持续上升，其存款数量占全国重要银行存款总数量的比重也是逐年上升的。金城银行的存款中，定期存款和活期存款的绝对额都在增加，但由最初的活期存款比重大逐渐地发展到定期存款比重超过了活期存款比重。1917年，定期存款占22.02%，活期存款占77.98%。1923年定期存款占52.85%，超过了活期存款，活期存款占47.15%。1937年定期存款占65.58%，活期存款占34.42%。定期存款比例大，银行支付的利息也较多，但相比活期存款来说银行可以放手利用这部分资金，而不用担心客户随时提现。其他主要大银行在同期都是活期存款比重大于定期存款比重，主要原因是周作民一方面重视小储户，更把重心放到大储户身上，利用自己的政治资源多方拉拢大储户。因此，存户范围广、定期存款比重大、定存利息高，乃是金城银行存款业务的一大特点。

三、金城银行的放款管理思想

金城银行的放款在最初十年里，基本上都是商业性放款比重居于第一位；财政性放款居于第二位；工矿企业放款居于第三位；铁路放款居于第四位。

在金城银行的商业放款中，以其附属经营企业与大股东所经营的商号为主要放款对象，这是商业性放款比重居于第一位的主要原因。如金城自营的丰大号的借款就是丰大买卖政府公债的用款。

金城银行的财政性放款，主要是以关余、盐余或其他项目作担保，利润较大，在政局稳定时较有保证地能按时收回本息。但随着北洋军阀的连年混战，这部分放款风险越来越大，于是金城银行在不得不敷衍当局政府的情况下，尽量少做这类放款。

金城银行的工矿企业放款尽管仅占第三位，但放款金额却是逐年上升的，联系面也在扩大，这是金城银行支持民族工业的一个重要表现。放款对象主要是一战期间发展起来的企业，特别是与该行的大股东及经理人有密切关系的企业，包括倪嗣冲、王郅隆两家投资的裕元纱厂、丹华火柴公司以及寿星面粉公司，与金城银行沪行经理吴蕴斋有关的大生纱厂等。最典型的是金城放款给由范旭东任总经理的久大精盐公司和永利制碱公司。范旭东于 1921 年创办永利制碱公司，1924 年开始出碱，1925 年投入市场试销，随即遭到竞争对手英国卜内门公司的打击。在这之前，卜内门一直垄断中国市场，它大幅降价，妄图通过价格战打垮永利。而实际上范旭东从创办久大精盐公司和筹划建立永利时就向金城银行借款，一直到永利的产品在市场上面临卜内门的打压，金城一直给予大力支持，帮助永利渡过难关。同时，中国消费者中兴起一股抵制洋货的浪潮，使得永利站稳了脚跟，逐渐将卜内门挤出中国市场，这是金城支持民族工商业的典范。在放款永利一事上，金城内部是大力反对的。周作民认为永利制碱是极有前途的民族工业，加上他与范旭东交情颇深，深知范旭东为人忠厚可靠，再而永利一旦成功会给金城带来相当大的信誉，于是周作民力排众议，无论永利面临多大的难题也不离不弃。在永利刚刚创立时就放款十万元，后来逐渐增加贷款达百万元。

　　鉴于财政性放款的风险性，金城银行在降低财政性放款比重的同时，增加了铁路放款的比重。金城银行方面认为这种放款比较可靠，利息又高，又可以拉拢铁路局的存款，所以一直持续地增加这种放款比重，逐渐成为放款于铁路的几个大银行之一。但由于北洋政府财政吃紧时常常将这种放款挪做他用，也常常不能及时归还，到1927年拖欠得更加严重，金城也就将铁路放款的比重降下来了。所有这些机关放款、铁路放款和公债库券，利息都是很高的。根据金城账面不完全的统计，北洋军阀统治时期的政府机关的放款的利率，按月息计算，北京地区是 1.0％～1.18％，天津是 1.6％，上海是 1.0％～1.4％，汉口是 1.5％～1.8％，1923 年湖北督军省长公署一笔借款曾高到 2.1％。铁路放款以京汉铁路为例，经常为 1.2％～1.7％。至于公债，利息更高，以金城账上的"七年短期公债"（1918—1919）和"整理金融公债"为例，按照他们的利息、折扣和还本付息年限次数，照当时记账价格平均计算，前者年息为 19％，后者年息为 23.5％。银行资本家自己也说："银行买卖承押政府公债，利息既高，折扣又大，所沾利益，实较任何放款为优。"而且公债是投机的对象，金城就曾专设丰大号从事公债投机，获利颇丰。

　　金城以能够掌握的企业为主要投资对象，一是为了资金安全，也为了能有机会直接经营企业。金城就是这样通过投资逐渐将银行资本渗透到产业资本中去。金城对投资事业的掌握，大致有：直接管理（如组织诚孚公司管理纱厂）、重点管理（负责人兼任企业董事或总经理）、参与管理（负责人只担任董事、监察）。金城自营企业基本都由周作民直接管理，重要的投资企业也多由周作民担任董事管理。周作民先后担任过董事长的企业有十一个，任常务董事的企业五个，任董事或监察的八个。从以上可以看出，周作民在把银行资本渗透到产业资本的过程中，积极参与企业的管理，想以银行资本为核心，控制一些大工矿、交通企业，建立自己的"三井、三菱帝国"。

四、金城银行的公债管理思想

中国最早的公债正式发行为 1898 年发行的"昭信股票"，目的是筹款偿还马关条约所欠日本的债务，名为股票实为债券，这是因为政府曾发行外债及非正式、小范围发行内债，偿还困难，导致债券信用不佳，因此清政府为减少其不利影响，命名为"昭信股票"。"昭信股票"也发行不畅，但毕竟开始了中国公债的推行。

北京政府时期连年战乱，政府军费支出巨大，给政府财政带来了巨大压力，再加上继承了清政府签订一系列不平等条约所带来的巨额外债，政府不得不想尽办法筹措政府资金，但当时中国新式银行尚未出现，国民资本难以集中，北京政府不得不借外债，即向各西方国家借款。这些借款条件皆非常苛刻，最著名的为 1913 年的"善后大借款"，借款额为 2500 英镑，偿还期为 47 年，到期偿还 4285 万英镑，交款时扣除折扣、手续费、汇费、各省军队遣散费等，政府所得仅 457 万英镑。就是如此苛刻的外债在"一战"爆发后也借不到了，北京政府的财政压力更大了，情急之下将目光转向内债。而当时中国银行业已有较快发展，再加上北京政府发行公债需要新式金融机构，遂大力支持银行的设立，以致在 1915 年到 1921 年的七年中，全国新设银行达 124 家，这其中有很多专为公债投机而开设的银行。

北京政府发行内债，名义上由中国、交通两家银行承销，实际上是由两行包卖；两行向政府垫款，即以公债为抵押品。中、交两行为资金所限，在承销内债时也常向民营银行拆款，缓解头寸不足。有时政府也直接向民营银行借款，以公债作为抵押品。北京政府因财政紧张，发行公债时为了尽可能多地筹款，常常支付高额利息，对于资信状况常常忽视，政府债信逐渐降低，导致内债发行日渐不利。对于银行而言，经营公债而向政府放款有厚利可图，但风险也较大。因为这一时期，政府更替频繁，后任政府常常不承认前任政府所欠债务，因此承做公债业务一方面利润丰厚，一方面风险极大，那些专为投机而开设的小银行因担负不了风险，纷纷倒闭了。

金城银行在刚刚成立时即从事证券买卖，并且因大股东关系信息较为灵通，在承做政府债券时，经营得法，获取大量利润。在1921年成立"丰大号"，专门从事此项业务，由金城董事、时任山东省财政厅厅长的曲荔斋担兼任经理，这无疑是利用了曲荔斋的官场职位为金城银行的公债业务大开方便之门。1923年3月，因上海业务较多，又成立上海丰大号，周作民致电各分行经理，要求各分行在做公债业务时，均需委托京沪两号办理。到了国民南京政府时期，由于南京政府承认北京政府所欠外债，使得公债信用得以保障，但这也使得南京政府财政更趋紧张，和北京政府一样不得不大量发行公债以筹措政府财政收入。南京政府承认前政府所欠外债虽然使自己承担了较大财政压力，但也在相当大程度上提高了公债债信。在抗日战争时期发行公债筹资兴建铁路、公路，固然是因为全国人民的抗日救国浪潮迅猛高涨，可也与南京国民政府的国债债信提高有很大关系。

金城银行对公债的投资比重始终呈上升趋势，一方面金城银行背后大股东有深厚的政治背景，信息灵通，投资公债能获得巨额利润；另一方面金城银行对债券投资十分看重，认为这项业务在带来巨额利润的同时，也对国家建设有利。金城银行的这种既看重银行利润又关注为国家建设出力的思想与金城银行投资民族工商业的目的是一致的。金城银行不仅从政府手中得到巨额利润，也利用政局变化、市场行情变化买进卖出，从中谋取暴利。金城银行很清楚政局影响。政府法规以及市场行情是影响价格升降的几个关键因素，因此金城银行很注意对上述几个方面的关注，即利用大股东的政治背景了解政府法规变化情况，甚至能较早地知道国债发行前的内部消息。总分行之间时常互通信息，特别是债券买卖发达的京沪地区，两分行之间更是交换信息频繁，以便抓住获利时机。金城银行在投资公债方面获利颇丰，丰大号1923年赢利5.9万元，其中上海丰大号盈利3.18万元，第一年利润即超过了北京丰大号。1924年，政府公债信用大幅降低，市场买卖稀少，但丰大号仍净赢利 7 万多元。

在民营银行中，金城银行的投资公债数额是较大的，这还是和获利较大与金城志在支持国家建设有关。

金城银行有价证券占 25 家主要银行比重

年份	金城银行（元）	25 家银行（元）	金城占百分比（%）
1927	6215095	62746633	9.91
1928	10528817	75069710	14.03
1929	11153828	91579376	12.18
1930	17445808	142343144	12.26
1931	13273915	145854344	9.10
1932	14778234	147283763	10.03
1933	22221138	201812411	11.01
1934	27124752	247363962	10.79
1935	27613920	213311403	12.95
1936	33894359	236504790	14.33

（资料来源：刘永祥著：《金城银行——中国近代民营银行的个案研究》，中国社会科学出版社，2006 年 7 月出版，第 133、134 页）

和同时期的包括盐业、中南、大陆、浙江兴业、浙江实业以及上海储蓄银行等有实力的 25 家大银行相比，金城银行投资公债总额占这 25 家银行投资公债总额的比重基本保持在 10%，可见金城银行在政府公债业务方面的分量。但金城银行的公债投资比重在它的各项投资中比重却不大，如下表：

1917—1927 年金城银行资产中各项放款与有价证券

占资产类比例

年份	各项放款（%）	有价证券（%）
1917	72.46	0.53
1918	53.22	1.91

年份	各项放款（%）	有价证券（%）
1919	44.62	3.18
1920	47.99	6.10
1921	47.53	12.10
1922	49.20	7.66
1923	50.03	9.14
1924	48.36	11.58
1925	52.78	9.58
1926	51.77	11.28
1927	48.30	12.53

（资料来源：中国人民银行上海市分行金融研究室著：《金城银行史料》，上海人民出版社1983年2月出版，第116、117页整理而成）

虽然金城银行在同业中投资公债比例较大，但从上表可以看出，它的债券投资比例通常都在10%以下，远低于其他各项放款。在1927年以后，尽管金城银行的投资公债比例有所上升，但也基本在20%以下，还是远低于其他各项放款。这与周作民稳健的经营风格有关，尽管金城银行在投资政府公债上获利较大，业务受损较少，但周作民还是意识到在政局不稳或者说在连年战争中投资证券的风险性，更加追求其他方面较稳健的投资能给银行带来的利润。

五、周作民的三井、三菱帝国梦想：集团化经营

周作民作为新式银行家，在金城银行发展壮大之后，便逐渐将银行资本渗透到工商业中，开始用银行资本控制产业资本，进行集团化经营。这主要体现在经营投资业务中，逐渐增大在该企业股份额，控制企业董事会。更主要的是在金城银行与它投资的某些重点企业之间以及这些企业之间，往往存在着相互依附、业务之间相互连贯衔接。如前文已提到金城与久大、永利就互相持有大额股份，周作民与范旭东互为对方企业董事会董事。金城自创企业之间的业务联系更是衔接

紧密，如通成公司、丰大号与太平保险公司之间的业务衔接。

1. 设立通成货栈公司，办理储运及代办押款业务

周作民曾留学日本，在掌握金城以后，他便有意模仿日本三井、三菱财阀，将银行资本逐渐渗透到产业资本中。金城建立的第一个附属企业是通成公司。之所以取名通成，是原本想与交通银行合办，即由交通银行派人员担任通成公司的会计，负责稽核工作，其他方面的工作人员由金城银行方面派人员担任。但后来交行方面对建立通成一事较为冷淡，所允资本也未交付，最后改为金城独办。通成公司于1920年11月成立，当时金城银行已成立三年，存款放款额大幅提高，已发展为我国重要的私人商业银行之一。周作民认为银行事业与货栈间的间接或直接联系甚多，即商业之发达全依赖于货物之流通，而流通货物又全赖于货栈及押款押汇等事业。此时金城银行在天津、汉口、上海三处均已开设货栈，但规模不大。其时正值交通部办理铁路运输，正是金城银行涉足货栈业务的大好时机。开办之初，营业种类分为六项：一堆存货物；二包装货物；三运输货物；四发行栈单及提单；五代办押款与押汇；六代客买卖货物。通成公司设立后的几年因连年战乱，业务开展极不顺利，各路交通多被阻断，各地商业停滞，因而连年亏损。通成公司历年收益开支如下：

年度	全年收益（元）	全年开支（元）	纯损（元）
1922	1909.83	4688.94	2779.11
1923	15231.78	23874.01	8642.23
1924	27735.38	36062.96	8327.58
1925	18604.64	32288.23	13683.59
1926	22667.14	38714.69	16047.55
1927	17524.37	20851.62	3327.25

（资料来源：中国人民银行上海市分行金融研究室著：《金城银行史料》，上海人民出版社1983年2月出版，第69页）

2. 设立丰大号，进行公债投机买卖

前已言明，在金城银行成立时，中国兴起了一股开办银行的高潮，一方面是政府财政的需要，即发放公债的需要；另一方面承办公债有巨大的利润，也诱发着一些银行的开设，甚至有一些专门经营公债业务投机的银行开设。金城银行因与交通银行的特殊关系，对政府公债发行及买卖数量巨大。周作民认为金城银行买卖有价证券颇多不便，使得银行银根松紧都在公众窥视之下。因此打算自行设立机关，专营此项业务。1921 年丰大号在北京正式开设，由曲荔斋任经理，有些官僚嫌银行存款利息低，周作民为了敷衍这些官僚，即请他们将钱存入丰大号，由丰大号代为买卖有价证券。

这段时期内，金城银行加强了附属经营事业的扩大和加强了各附属机构之间的业务联系。为了更好地监督管理各个附属企业，周作民授权各地分行经理监督当地附属企业。同时制定了金城银行、通成公司、太平保险公司的相互联系的章程。

3. 太平保险公司的开办是周作民将金融资本渗透到实业中的又一杰作

保险事业与国民经济、社会文化息息相关。我国保险业一向操诸外商之手，利权外溢，亟宜补救。当时的华商保险公司大多是香港商人所设立，而且各自为政，缺乏必需的联合，又得不到政府的支持和社会各界的关注，无法和洋商保险公司相抗衡，周作民考虑到保险业是一项民族事业，保险业被外商控制对中国国家经济、社会安全造成威胁，而开设保险公司不仅有利可图，给金城又开办了一项实体，同时也会给金城带来巨大的社会信用。金城、通成、太平联合承做业务，保证利益不外溢。遂于 1929 年成立太平保险公司，资本初为一百万元，全部由金城银行拨付。总部设在上海，由出身金融世家的丁雪农任经理。

太平保险公司开业三年，业务数字虽不惊人，但也算站稳了脚跟。于是1933 年金城银行欲将太平保险公司扩大经营，这时没有自己的保险业务的其他银行纷纷欲投资太平，于是金城将太平扩大业务放开，交通银行、大陆银行、中南银行、国华银行和东莱银行加入资金，改组太平保险公司，资金扩展到五百万元，一时声势极大，引起金融界极大关注。扩展后的太平保险公司的董监全部由股东银行的高级职员担任。所有六家股东银行与四行储蓄会的各地分支机构，均由太平总公司与之订立契约，委托为公司的业务代理人。这样，把所有六行一会放款与押汇中的保险业务，全部包揽下来，不使外溢。改组后的太平保险公司，业绩突飞猛进，在全国的业务代理网点达到惊人的 900 多处。

太平保险公司改组之后发展壮大，但周作民一直控制太平保险公司大权，在抗战以前太平保险公司每天的营业收入，除开支外，全部存入金城银行。太平保险公司虽然发展规模扩张极快，但总部始终设在金城大楼里，周作民这样做的目的自然是便于控制太平保险公司。抗日战争开始后太平保险公司业务清淡，后又因通货膨胀亏损很多，最终解体。

六、总结

作为民国著名的银行家，周作民一生最大的成就就是创建并发展壮大金城银行。周作民将金城银行的事业视为生命般珍惜，无论在抗日战争中上海沦陷还是在解放战争中被国民党政府军统特务两次扣押，他都不舍得离开金城。从周作民创办金城银行的经营管理过程，可以发现：

第一，周作民最大的特点就是善于交际，善于利用各种各样的人际关系，这对金城银行的发展影响极大。在政治关系上，金城银行的董事会里始终保持着与当权政府有密切关系的大股东，最开始时大股东是皖系军阀，即以安福系为主，后来是皖、直兼收，到了国民政府时期，又通过老友张群与蒋介石政府拉上关系，这就保证了在数次政局更迭中金城的业务不受大的影响，有时还能利用这些政治靠山发展业务。

第二，周作民善于用人，尤其善于在不同的时期使用不同风格的人，这对金城银行业务的拓展影响甚大。在金城银行创办初期，为了和银号竞争，拉拢客户关系，聘用一些银号、钱庄出身的人担任各重点分行的副经理。随着时代和业务的发展，后来又陆续聘用一些日本留学归来的学生和出身于其他银行，有较多经验的人员。20 世纪 20 年代中期以后，又聘用欧美留学生担任一些分行的负责人和高级职员。30 年代以后，为了应付华北沦陷区的特殊环境的需要，特调用原大连分行经理、日本留学生杨济成担任北平分行经理。另外，为了加强北平分行所属办事处的经营管理力量，曾先后聘请全绍文、陈图南、王光琦等留日学生或大学毕业生担任各办事处主任。周作民用人要求随机应变，善于应酬拉关系。这和当时社会环境有很大关系，特别和金城银行成立初期营业重心在官僚气息较重的华北有很大关系。

第三，周作民秉持稳健的经营风格，以"审慎之中力求急进"为业务方针，无论存款放款，首先强调安全，认为"银行之运用资金，固应尽量发挥其利殖机能，而稳实性尤为必要"，要求各分支行"放做款项，自须先求用户或押品之妥实，次求利息之优厚。遇有用户及押品妥实时，利虽不厚尚可酌量通融，反此，则利虽厚而用户或押品不甚妥实者，则绝对不宜放做。"凡此种种，使得金城银行虽在乱世，无论存款放款，仍维持了比较高的发展速度。

第四，以银行资本控制产业资本可谓周作民最具特色的经济思想，这与其留学日本，受三井、三菱等产业金融发展的深刻影响有关。纵观金城银行的存、放款业务与金城所控制的产业资本之间的业务联系，可以发现是非常紧密的：如金城银行放款业务、通成押运保管抵押品和太平保险公司承做保险业务，这样利益不会外溢。金城在金融资本渗透到产业资本方面的做法，已经具有"托拉斯"或"康采恩"色彩。

金城银行的很多经营管理，诸如提高服务质量、吸收储户，设大户室使得大客户不必去柜台交易等，在业务创新层出不穷的今天看来已司空见惯，但在当时中国私营银行刚刚出现、国有银行封建管理方式的背景下，是大大超前了。特别是周作民利用金融资本控制产业资本，创建自己的"三井、三菱帝国"，更是作为一个杰出的银行家的大手笔。周作民常被誉为民国金融界的奇才，他作为一个杰出银行家的经济思想是值得后人研究和借鉴的。

（该文刊载于《云南财经大学学报》2015年第4期，与韩玉光合写）

中国农村派的合作金融思想

摘　要："中国农村派"是上世纪 20 年代到 40 年代中期一支在中国经济学界有着广泛影响力的农村经济学研究群体。这一时期，中国农村经济发展遇到严重的资金困难，"中国农村派"的经济学家对中国的农村金融发展问题进行了深入的探究，提出了许多具有远见的措施。本文对中国农村派的合作金融思想进行了比较系统的梳理，并联系当时中国的实际对其主要思想内涵进行了评价。

关键词：中国农村派　农村金融信用　合作运动

"中国农村派"是民国中后期一支有着广泛影响力的农村经济学研究群体。它以研究中国农村问题、改造中国农村社会为主要任务，以关注中国农村问题的期刊《中国农村》为主要阵地，聚集了陈翰笙、薛暮桥、孙冶方、钱俊瑞、千家驹、冯和法、骆耕漠、姜君辰、孙晓村、狄超白等一大批优秀的经济学家。这些经济学家运用政治经济学的理论方法，结合深入中国农村进行调查研究的结果，论证了当时中国农村社会的经济现状与经济性质，批评了各种改良主义思潮，在当时产生了较大的社会影响，为新民主主义经济理论的形成提供了重要的思想元素。

二十世纪三四十年代，农村金融问题成为社会关注的焦点之一。商品经济全球化的发展，导致大量资金涌入都市，出现了都市资金臃肿和农村资金枯竭的矛盾局面。广大农村资金缺乏的结果是，一方面农民无法扩大再生产，阻碍了农村生产力的进一步发展；另一方面又助长了农村高利贷的猖獗，加剧了地主和商人对贫苦农民的剥削。为了挽救农村经济，在南京国民政府和上海银行界的主导下，全国兴起了轰轰烈烈的信用合作运动。这一运动旨在通过在全国农村地区推广信用合作社，将壅滞在都市中的资金顺利疏导至农村，缓解农村资金缺乏的局面。

信用合作运动能否挽救农村经济危机？能否起到促进农村经济发展的作用？围绕这些问题，作为在民国学术界有着广泛影响力的经济学研究群体，"中国农村派"对信用合作运动产生的原因、作用、前途、本质等问题进行了深入分析，并提出了若干改进建议，这些精辟的分析与建议构成了该学派的主要合作金融思想。

一、抗战前的合作金融思想

1. 对信用合作社整体绩效的评析

1927—1937 年，由于南京国民政府的努力倡导，社会各界的积极响应，信用合作运动发展非常迅速。据统计，仅 1928—1935 年 7 年间，全国的合作社数就由 933 个增加到 26224 个，社员由 27000 人增加到 1004402 人。分别增加了 27 倍和 36 倍。从数字上看，合作金融事业的确取得了长足发展。然而，它对于农村经济发展和农民生活改善所起的作用实际如何呢？针对这一问题，"中国农村派"从多个方面进行了分析和评价。

第一，信用合作社在农民借贷来源中的地位十分有限。骆耕漠根据 1933 年 12 月实业部中央农业实验所在江浙陕甘等省举行全国农民借款来源的调查结果（见下表）中发现，信用合作社在农村现金贷款中所占的比重仅是 1.3%，可谓微乎其微。而农民向地主、富农、商人、钱局等所借高利贷，则占 80% 以上。显然，农民深陷在地主、富农和商人的高利贷盘剥之中的局面未因信用合作社的建立而有太大改变。

全国农民借款来源分析表

种类	合作社	亲友	地主	富农	商家	钱局	其他	共计
现金贷款	1.3%	8.3%	9.0%	45.1%	17.3%	8.9%	10.1%	100%
粮食贷款	—	10.9%	13.6%	46.6%	11.3%	—	17.6%	100%

资料来源：骆耕漠：《信用合作事业与中国农村金融》，《中国农村》第1卷第2期。

另外，与内地农村流入都市的现金相比，银行界对农民的贷款可以说是杯水车薪，无济于事。骆耕漠在《信用合作事业与中国农村金融》一文中引用银行家林康侯的话指出，"年来银行界对内地农村的贷款，一共不过四五百万元，而内地流向上海来的现银，每月的入超额差不多总有五六百万甚至一千多万"。由此"中国农村派"得出结论：尽管南京国民政府积极倡导信用合作运动，但农村资金的流出量仍远远大于流入量，信用合作社引导资金流动的作用并不明显。

第二，信用合作社的人均普及率仍然非常低，这可以从合作社数量与人口数量的比较中看出来。李紫翔在《中国合作运动之批判》一文中做过详细统计，"就社员与人口的比较上看，陕西的比例最高，亦不过6‰，广西最少，不及万分之一，有合作社之省区的总平均亦不过4‰，如以全国总人口计算，更只有2‰"。上述各省尚且是信用合作事业比较发达的省份，合作社普及率竟是如此之低，对于较边远的省份，信用合作社在农村金融体系中的作用可以想象会是多么微不足道。

第三，信用合作社的地域分布很不均衡。李紫翔对1931—1935年的合作社分布情况做了考察，发现少数的交通便利和较富庶的省区，如江、浙、冀、鲁、皖、赣、豫七省，占全国合作社的76%以上。在不同的省市之间，拥有的合作社数量有很大差异：上海共有123社，江苏平均各县有67社，而广西每10县才有1社。不仅是各省之间，即便是省内的各县市之间，合作社的分布也不均衡：如河北省的合作社主要集中于产棉花的西河一带，河南则主要集中于产棉和烟草的区域。可见，不同县之间的合作金融事业的发展是十分不平衡的。

第四，信用合作社的借贷条款普遍无法适应农民的实际需求。这首先表现在信用合作社放款需要抵押品上。贫苦农民往往因为没有抵押品而借不到相应款项，而不事生产、专事高利贷的地主和富农，因有较多的抵押品而获得信用贷款，他们贷来的款项一般仍用作放高利贷。其次，农贷放款的额度少、期限短，不利于农业的扩大再生产。因为通过信用合作社向农民放款的主力是商业银行，他们均以利润最大化为根本目的，为了规避风险，他们向农民的贷款一般数额少、期限短。

如何看待"中国农村派"的上述观点呢？笔者认可"中国农村派"所提到的诸多数字事实，也认可其对合作金融弊端的分析，但不完全认同其结论。第一，面对全球化、城市化过程中农村的颓势，信用合作社在一定程度上起到了阻止其加速下滑的作用。倘若没有信用合作社，农村的金融状况肯定更糟糕。显然，"中国农村派"更多地看到了信用合作社在复兴农村经济中的不足，而没有谈到其对阻止农村金融状况下滑的积极作用。第二，城市化的动力在于大规模机器生产的效率高于小家庭手工生产的效率。如果农村的效率高于或等于城市，那么城市化又如何实现呢？因此，信用合作社的效率再高，也扭转不了城市化完成之前，资金更多地从农村流向城市这一基本事实。

2. 对信用合作社局限性的原因分析

有些经济学家认为，信用合作贷款在农村金融中的地位和作用极为微弱，是因为信用合作事业刚刚起步，待若干年后，信用合作事业得到充分发展，必然能够在农村金融体系中占据主导地位，从而消灭高利贷。对于这个问题，陈晖指出，"在抽象的理论上推演出来，这是当然的结论。但在具体的社会经济体系的运转上，这是不可能的"。"因为在现代社会制度中，资金都是向安全的与利率高的地方流去的。在农村中，利率虽高但因农村经济的日趋崩溃，内地不安的加剧，资金大量地流到农村中去，是不可能的。"

除了殖利的目的外，孙晓村还从更深层次分析了合作社放款的高利贷性质：第一，中国整个国家在负债，即是说处在被帝国主义高利贷剥削的地位。中国国内的任何资本，自身都负有高利，银行资本，尤不能例外。第二，中国农业的企业利润很低，普通农作物，达不到五厘、六厘；因此，即使平均一分的利息，在全部关系上说来，仍然是高利贷。第三，近年来各银行努力扩大农村放款，原因是都市资金过分膨胀、利息低落、公债地产等投机事业又大不如前，银行资本为营业前途计，乃移转眼光于农村。第四，近年来所有农村放款，常有一现象，合作社之负责人甚至社员常利用其地位借得款项后，再以高利转借给一般贫农。第五，目前这种合作社和农村放款的发展，并不以贫农为救济对象，加入合作社有财产上的限制，青苗及运销放款，五亩以下的小农，因太零碎之故，也常被摈列。

应该说，"中国农村派"的分析非常深刻，确实点到了信用合作运动的痛肋，但如何看待农村金融的高利率呢？中国是被西方资本主义列强强行拉入全球化进程的，小生产之效率肯定不如大生产，这在导致乡村资金流向城市的同时，也导致中国的资金更多地流向了西方国家。此外，农村利率高也反映了农业生产的效率低，在这种情况下，资金不愿进入农村，更抬高了农村金融的利率，这就是农村市场何以高利贷横行的原因，是从事任何事业都必须承认的基本出发点。

3. 对信用合作运动本质和前途的分析

如前所述，有些人认为，信用合作事业之所以对于农村经济的发展和农民生活的改善，未能发挥积极作用，主要是因为信用合作社推行的时间太短。如果脚踏实地地坚持下去，假以时日，以上弊端终能克服，在信用合作社的资助下，农村经济也必然能够繁荣。对于这一观点，"中国农村派"不以为然。他们普遍认为，信用合作运动之所以不能挽救中国农村经济，是由其本质决定的，非时日问题。

李紫翔在《中国合作运动之批判》一文中，考察了合作运动发展的历史过程。他认为，欧洲的合作运动是资本主义发展到一定阶段的产物。它的常态的发达，是由大资和小商品生产者间的斗争尖锐化，和大规模的集体的生产技术优良于小规模的个人生产所引起的；合作社以追求利润为目的，它在商品生产、交换以及信用上依赖和从属于大资本家。在本质上合作社不仅不会消灭资本主义，反而加强了其自身的资本主义性质。然而，中国的合作运动完全生长于畸形的经济和政治条件下。具体主要表现为：第一，在中国农村经济中，小商品生产者占优势，他们一方面要忍受本国地主阶级的榨取，另一方面还要直接或间接地受到国内外资本主义的剥削，以至于一般农民在耗费了体力劳动之后，还担负了资产上的债务，挣扎在非人的死亡线上。第二，国内外资本主义和都市小工商业者对经济恐慌的负担，必然最后要转嫁到农村和农业上来。他们要求恢复或提高农民对于手工业品的购买力，同时要求某种农产原料之大量的廉价的供给和运输。第三，中国之半殖民地与恐慌的深化，不但使民族工业的投资到了山穷水尽的地步，买办商业的融通资金，也已到了范围和信用一天天缩小的时候，即使地产和公债等的投机，亦渐到了无利可图的末路，所以银行资本企图在救济农村之美名下，开辟一新的投资道路。这一切固然供给了合作运动的可能条件，而其主要的、决定的因素，还是在于政府以及"中外人士"之共同的政治要求。在这种畸形政治经济条件下发展起来的合作运动，很难承担起融通农村金融和复兴农村的责任。

"中国农村派"主张通过坚决革命的方式建立工农劳动大众大权，然后凭借政权的力量人为地降低农村市场的利率，从而根本性地解决农业经济凋敝问题。然而政权的力量也是建立在市场的人性基础——人往高处走的基础上。由于投向农村市场的资金效率低——农业生产靠天吃饭的特点决定，而经营成本高——农村市场的过度分散决定；若再人为地降低农村的利率，那么没有任何金融组织愿意向农村投资。如果硬性地逼着他们向农村投资，则不但会严重挫伤金融组织，也会挫伤城市工人、工商业从业者的积极性，以致出现严重的消极怠工的倾向，而对农村的从业者来说，以过去根本不可能得到的低利率贷到款后，他们精打细算的积极性就会降低，从而出现严重的粗放经营现象，上述就是国家干预经济的副作用，计划经济时代的所有弊端都来自于此。基于此，古往今来国家管理经济的普遍方法就是以民间市场为基础，国家干预是建立在市场失灵的基础上，是对民间市场的补充，而不是取代市场，充当经济发展的主力军。

二、抗战时期的合作金融思想

1937 年抗日战争爆发后，日本帝国主义迅速占领了我国华北和华东的大部分地区。正开展得轰轰烈烈的信用合作运动遭到了沉重的打击。随着战事的扩大，农民银行和商业银行在农村中的各种放款大大紧缩，平时在农村金融中占主导地位的高利贷、典当等，也因为战争的破坏，几乎处于停顿状态。农村金融枯竭的局面顿时变得更加严峻，国内局势的变化对信用合作运动的发展也提出了新的要求与挑战。为了团结一切可能团结的力量共赴抗战大业，更为了发展农业生产，支持持久抗战，"中国农村派"对国民政府推行的合作金融政策由批评转向了修正，在对信用合作运动产生更深刻认识的同时，也对促进信用合作运动在战时的进展提出了许多富有建设性的建议。

1. 对抗战时期信用合作运动现状的认识

从 1927 年信用合作运动发轫至抗战爆发，信用合作运动已历时十年。这十年间，信用合作运动的发展面临资金短缺、官僚掣肘、高利贷破坏等重重挑战，抗战后蔓延的战火又使本已就蹒跚前行的合作运动进展得更加艰难。1940 年 6 月 1 日，罗青山在《中国农村》发表了《中国合作金融之现状》一文，对信用合作运动的发展现状进行了总结，认为战后合作金融所遭遇的危机着重表现在以下三个方面。

首先，尽管信用合作运动自兴起以来就不断蓬勃发展，其数量在短短数年内迅速增加，但贷款总额仍然无法满足农业生产需要。到抗战爆发以后，若"以江西一省的合作组织进展作基准，来与全国合作组织数字的进展作一比一的估计，抗战已近历时三载，全国合作组织数量至少在 100 万以上，平均每社社员以十五人计算，全国社员户数至少在 1500 万户以上"。然而，相对全国不断增加的信用合作社的数量而言，信用组织所借出的贷款数额却极其有限。"截至二十七年底止，中国农民银行计放出合作贷款数额为 28771204.89 元，农本局总计贷出 4076019.79 元，两共合为 32847224.68 元。以共贷与全国假定的 1500 万社员来分配，其贷款数额之小，每个社员尚分不到法币 3 元。"由于农贷总额有限，每个社员所能贷到的款项实际上少得可怜，资金相对不足的问题直接制约着合作组织对农业生产力的促进作用。

其次，全国性的统制信用合作组织的机构还没有建立。在建制上，信用合作组织的资金融通主要由财政部下属的中国农民银行与经济部管辖的农本局共同协调；在制度上，中央政府也没有对信用合作运动资金融通的相关细节进行统一的规定。罗青山认为，信用合作运动管理涣散的问题直接导致信用社的收款、放款在时间和地域上的配置都不能做到合理一致，"合作金融趋向一种无政府状态的发展，这已成为当前很严重的情形"。

最后，信用合作社的自主经营能力还不够强，其资金来源过度依赖政府及银行金融家等外来资金的支持。罗青山认为对于正处于成长期的中国信用合作事业而言，出现这种倾向有其必然性，但它不应该成为日后发展的方向。"中国的合作事业，必须是开展国民经济建设的正统政策，于是合作金融的发展，无疑是一个自有自享自营的前提。……假如政府和银行退出提倡股本，或者对合作社放款紧缩甚至停放，合作金融就有停顿的可能，合作事业亦随之有无法继续进行的可能。如果合作金融的自有资金不积极充实，长此下去，这又是一个严重问题。"

2. 对促进信用合作运动良性发展的建议

为了有效发展战时合作金融，"中国农村派"提出以下三点建议。

（1）解决信用社资金有效利用问题

罗青山认为，信用社要力求增加自身的资金来源，"所有资金的筹措，一方面运用合作组织，吸收游资，以收集腋成裘之效。一方面扩大合作业务，减轻中间者的剥削，以增厚合作资金创造之来源。"

罗俊则对如何在现有资金约束下满足农业的资金需求提出了具体的措施。

第一，要继续扩大农村贷款，以在危急的时局之下促进农业生产，各贷款机关不仅要继续举办农贷，而且要扩大贷款范围。在后方，在战区，在敌人后方，均应与政治动员相配合，维护生产事业，保障抗日军队与人民必需品的必要供给，并和敌人的经济封锁和破坏做斗争。

第二，要普遍建立农业仓库网，发展农产产销，调剂农产供需，以充实军需民食，并办理农产储押，使农产证券化，以调节农业金融。罗俊认为，农仓网成立后，从其本身业务观察，各种农产品经过保管及加工后，可以提高其等级标准及经济效能，同时在运销方面尤可获得优良产品，调节市场盈虚及价格涨落。而从农产政策上观察，尤须担负保证"稻麦自主"的食粮自足政策。

第三，以金融力量促进农业与工业的结合，协助工业移植农村，增加工业的原料生产，特别对于原有农村手工业生产尤应积极提倡，以期日用品之自给。并于农业生产过程中尽量应用工业化的方式，以促成"农村工业化"的实施，而奠定中国今后工业化的基础。

第四，举办不动产抵押放款，以促进"耕者有其田"的农业政策。他认为中国土地问题之严重，在于土地分配不均，要集合大量的资金配合政治法令，以长期低利资金帮助农民获得适当的耕地，同时维持一般自耕农不再没落，不致失去现有的耕地。

（2）如何增强信用合作社的管理统一

罗俊认为，首先在制度上要拟定战时"农贷纲领"，集合一切金融力量有计划、有组织地参加农贷工作，规定农贷机关必须与当地政府共进退，不得任意紧缩或停止放款，对于出征军人家属之贷款，尤应明订法令，保本减息，以资保护。其次要调整现有各种农业机关，并建立完整的农业金融系统和最高管理机关，以期在统一计划下，进行普及而深入的农业金融活动。在这里，政府主导的计划经济色彩很浓厚，市场的色彩很少看到。

关于信用合作社在业务上的具体协调问题，罗俊也有详细论述。

第一，普及与均衡发展问题。

关于信用合作社的普及率低以及地域间的发展不均衡等问题，罗俊根据战时生产的实际需要，提出了如下改进建议：第一，针对信用合作社发展不平衡的问题，"各贷款机关立即发动普及深入的农贷业务，对于没有农业金融组织的省份和县份，尤应积极去开发。"第二，为了使农村放款惠及更多的农民，"反对以财产的多寡为加入合作社的条件"，主张"信用放款要完全根据农民的信用生产能力和正当需求"，同时还要"限制一般高利贷者的地主富农加入合作社"。第三，在放款数额方面，农民借款数额差别不要太大，"而是求得每社中社员借款额的平均数，不得超过一合理的数字，以期普及贷放"。

罗俊对合作金融的发展提出了一系列要求，这些要求从宏观上讲很有指导意义，但从微观上讲除非采用计划经济的办法，否则很难有成效，因为罗俊的方法很少考虑合作金融发展的限制因素——价格条件，而这在市场经济的条件下根本无法实行，除非成立政策性农贷机构以实行国家意志，或者实行计划经济的办法。

第二，联系与系统问题。

金融机关由于在战时城市中的地产、公债、债券等领域的投资无利可图，因此纷纷转入农业贷款的路上来，这不免形成了各农贷机关相互竞争与倾轧的局面。同业间的竞争与倾轧，不仅对金融界自身是有害的，而且由于各金融机关的贷款常是孤立、片面、无计划的，相互之间缺乏协调，对他们的投资对象——农业生产也造成了不利的影响。因此，罗俊认为，"农业贷款机关彼此间的合作与联系是很必要的。"

罗俊建议，"共同订立'农贷纲领'，分别列明任务及方式，以收统一之效。如在一省范围内，各贷款银行应共同商定贷款任务，进行计划及方式等，以期增加生产，而共赴事功。另一方面，在各地农村工作上，务求金融、技术、组织等相辅而行，就是农村教育、自卫等工作也应互相联络进行"。在组织上，可以成立一综合的农业会议机关，如农业经济促进会或讨论会，"凡是农业行政、教育、农场、合作指导，贷款机关及其他农业改进机关团体等均应参加，以免农村工作上之隔膜及重复，而期贷款机关所放出一分一厘，均为真正农民所得，均用于正当生产。"

罗俊希望各农贷机构加强合作，成立一综合的农业会议机构以协调各农贷机构的合作，从宏观的角度讲确实应该如此，这样才能发挥规模经济的效益，但在市场机制运作的条件下，各农贷机构出于不同发展目标、成本限制条件等约束，及时成立一综合的农业会议机构，也很难降低各农贷机构之间的协调成本，罗俊的建议从根本上讲指向计划经济。

第三，业务及组织问题。

罗俊建议政府应建立专门经营农产储押运销等业务的农业仓库，"农民可以把农产品委托农仓保管，执有农仓发行之农仓证券即可用以押借或变售。不需有移转农产品之劳，即可获得流通金融之便。经营抵押放款的贷款机关也可以此证券或借据向较大的金融机关举行再贴现，以通融资金"。农业动产和不动产抵押放款对农民资金的融通非常重要，农民可以此获得资金援助，用来购得田地。但是，由于动产和不动产抵押放款的时期较长，资金不易活动，设备及技术均较信用放款复杂等原因，办理农贷的商业银行为营利计，不愿经营长期抵押贷款。对于这一问题，罗俊认为可以采取分业经营的方式，"这三种放款应各有专门经营的机关，以收分工合作之效"。采取分业经营的方式，既能够保证从事动产和不动产抵押放款的农贷机构的基本利润，又能够为农业生产融通大量资金，同时还有利于维持农贷市场的正常秩序。

第四，分区与分业问题。

金融机关尤其是商业银行办理信用合作社常以利润最大化为根本目的。为了降低风险，提高利润，它们一般都愿意将资金投到社会稳定、经济发达的地方，以至于较发达的沿海省县贷款机关之间常发生矛盾，较偏僻的内陆省县却常借不到款。为了扭转局面，罗俊建议采取分区放款的办法，即各金融机关划分放款区域，保持自己营业的范围。划分区域时，"要顾到普及的原则，凡是农民需要资金的地方，我们都希望农业金融机关去放款，区域划分后，各区负责贷款机关应互相尊重，严格限制在其他区域内活动，同时更须设立合作金库以为该区域内之永久放款机关，并应随时联络，以谋业务方式之相当整齐一致"。

为了更好地支持农业生产，罗俊还主张根据不同的农作物生产情况而进行分业放款。"各银行各定集中贷款对象的农作物，如小麦、桐油、棉花、甘蔗、蚕丝、茶等类的分业贷款。"分业放款能发挥放款机关的比较优势，在技术和管理上有着明显的优点。但是，罗俊并不主张分业放款代替一般的生产贷款，因为分业放款大都限于商品化的农产物，利息虽较厚，但由于种植特种产物的农家大都是地主和富农，因此，分业放款只是对他们有利，而对一般中小农民却没有什么明显利益。为了维持中小农民的生产和生活，一般的生产放款也应该照旧举办。

（3）关于信用合作社的自主性问题

罗俊认为要普遍设立合作金库，推进合作事业，建设农民自有自营自享的永久金融机构，要确定合作组织是农村战时经济动员和经济建设的主要机构，就必须以金融血液积极培植它。而且他认为农业金融只有经过健全的合作组织才能发挥它的应有效用，农业金融机关必须由农民自主办理，并以农业生产累积下来的资金还诸农业生产，才是最理想的制度。单从救济的立场来说，农民亦应力求自救，但在创办时，却诚挚地希望各级政府、各金融机关及各法团等，积极集资提倡，再由合作组织筹集资金逐年购回股本，完全由农民自己来经营。

应该说，"中国农村派"抗战期间的合作金融思想很有建设性。它从增加合作金融的资金来源，如何运用这些好不容易获得的资金为农业生产服务，从事合作金融的各机构之间的合作关系的建立等多方面阐述了合作金融运动的发展问题，对促进合作金融的良性发展很有意义。

三、结语

"中国农村派"对国民政府提倡的合作金融事业的态度，充分反映了该学派的基本经济思想——增强国家干预经济的计划性，解决由竞争的无序性带来的市场失灵问题，促进资源有效分配。至于这一学派思想的具体表现形式，则依形势的变化而有所不同。大致说来，抗战前，共产党代表的无产阶级和贫苦农民与国民党所代表的官僚资本之间的阶级矛盾，是中国社会的主要矛盾，国共两党竞争的核心是建立一个什么样的国家，即建立在劳动大众基础上的人民政权，还是建立在地主、管理资产阶级基础上的剥削阶级政权。在这种历史背景下，"中国农村派"对南京国民政府领导的合作金融事业的基本态度只能是质疑与批评。他们认为，国民政府力推合作金融主要是为了增加政府收入和解救上海银行界的资金臃肿之苦，于贫苦农民却无益，因而根本无法达到既定目标，这种分析无疑属于"破"的方面，为建立政府导向的计划经济体制制造舆论。抗战爆发后，中日之间的民族矛盾上升为主要矛盾，共产党和国民党遂结成抗日统一战线。为了巩固统一战线，支持持久抗战，"中国农村派"只能是在不破坏统一战线基础的前提下，对现有经济制度提出改良主张，罗俊对合作金融制度提出的若干补充和修正，充分体现了这一点，这属于"立"的方面，旨在调动全民族各社会阶层的积极性，利用一切可以利用的资源，为最后将日本帝国主义驱逐出中国创造条件。然而即使在这种特殊的历史条件下，仍能感受到"中国农村派"强烈的政府导向的计划经济色彩——强调政府宏观调控的作用，压缩微观市场运作的空间。

总之，作为近代最有影响的中国马克思主义经济学派，"中国农村派"对中国的农村金融发展问题进行深入的探究，提出了许多具有远见的措施。尽管形势的变化促使其观点前后有所不同，但不变的是对劳动大众生活命运的关心，对价格导向的市场失灵的揭露，对代表劳动大众利益的政府主导的计划经济的期待。在被西方列强强行拉入世界市场的近代，作为弱势民族的中国本土市场很难自动达到西方经济学所提到的均衡，市场失灵的现象非常普遍，社会矛盾非常尖锐，这既体现在中国和西方列强的尖锐矛盾上，也体现在中国内部城乡之间的尖锐矛盾、穷人和富人的尖锐矛盾上。在这种情况下，"中国农村派"代表被压迫的工农大众的利益，主张以革命的方法建立工农民主专政政权，然后凭借政权的力量，以强制力的方式有计划、按比例地进行资源的有效配置，以便从根本上消除市场失灵现象。无疑，这是很具针对性的解决问题的方案，后来中国社会的发展演变在相当大程度上也印证了该学派理论的可行性。不过，该学派好比是西方的凯恩斯主义，其产生的目的就是救世，带领世界走出危机，减少民众痛苦，以弥补亚当·斯密经济自由主义的不足，解决市场失灵问题，最终走出危机，减少民众痛苦，然而一旦社会趋于正常，该学派的弱点就充分暴露出来，新中国成立前三十年计划经济的严重弊端即充分说明了这一点。

（该文刊载于《河北经贸大学学报》2015 年第 3 期，与颜敏合写）

服务实业：天津近代金融家的经营
管理思想

摘　要： 近代天津金融家积极吸收西方近代金融规范的经验与优点，发展适合本土的金融体制与金融产品，在服务实业的过程中健康发展。他们通过多元的金融产品（工具）运用方式与资本运作策略进行金融活动，发展出独特的商业管理思想与运作模式。他们表现出的民族意识、地域认同感与创新求实、团结协作的意识，在近代中国，尤其是近代北方的金融界独树一帜，为天津成为近代北方最重要的经济港口做出了贡献。

关键词： 近代　天津金融家　经营管理思想　守旧与创新

天津作为近代中国的北方经济中心，背靠京师，地理位置优越，运输网络发达。近代以来，天津港随着西方经济体系的进入与资本活动的发展，传统经济结构发生了巨大变化。开埠前，天津本已发展出历史悠久、经验丰富的金融企业（多为钱庄与票号）；开埠后，随着西学东渐与外商冲击，天津近代银行业也迅速成长起来。

天津金融业人士在经营管理活动中，充分发挥他们的聪明才智，通过多元的金融产品（工具）运用方式与资本运作策略进行金融活动，发展出独特的商业管理思想与运作模式。从决策主体角度出发，可以将他们的管理思想与运作模式分为行业发展之战略、企业经营之谋略两个方面。本文试从这两个方面对天津近代金融家之经营管理思想进行简要的分析与总结。

一、行业发展之策略

天津金融业发展之战略可概括为：注重创新，自行改革；主动与实业接轨，以金融之力振兴工商业；发展社会慈善，谋求业内合作。

金融业作为国民经济的重要组成部分，需要与实业互为支持。天津金融业以振兴天津工商业为己任，积极为本土工商业融资，发展民族经济，体现着近代天津金融业显著的、为本土经济竭诚服务的特点。

（一） 扶持本土进出口业发展

作为港口城市，天津金融业尤其是银行业发展之初，其对外贸易主要是由洋行控制的。洋行雇用大量买办，利用资本优势，控制天津金融市场，赚取巨额利润。许多金融家从筹建银行之日起，就力求尽快摆脱外商洋行对我国国际贸易的垄断局面，故在业务实践中积极为本土进出口业提供便利与优惠。当时的华商贸易行中，影响最大的是"协和贸易公司"。曾有一段时期，该公司资本运转出现问题，资金来源不足，但就是在这种情况下，它依然可以扩大规模，并设立瑞通货栈，其原因就在于银钱两业多年以来的周转照顾。尽管该公司最后依然宣告破产，但民族银钱业对民族商业的支持是不容置疑的。

（二） 支持实业发展

实业一旦做大，就需要金融的支持，而金融的流转，也需要实业作为落脚点。金融家们要想完成资金流的完美衔接，或者想在动荡时期有效地分散风险，加强资金运作的稳定性，就必然要关注实业，这不仅有益于金融业的发展，对于天津本土实业的发展也具有巨大的作用。

周作民领导下的金城银行，就非常注重为民族工商业融资，并在促进民族工商业快速发展的同时，自身也获得了快速发展。例如永利碱厂在 1921 年创立时资金仅 40 万元，为打破我国长期依赖进口英商"卜内门"洋碱的局面，金城银行为永利提供大量的信贷资金，不仅使永利顶住了英商的倾销压力，而且打破了"卜内门"公司在中国的垄断地位。到 1927 年，永利日出碱 36 吨，国产"红三角"畅销大江南北乃至国际市场。

著名商人周学熙曾说："金融机关之与实业发展，实大有密切之关系，盖必先有健全之金融，而后有奋兴之实业；此全在主持营运者善于利用及维护之而已。"周学熙在主持华新银行期间，非常注重金融与实业的结合发展，如担保发行债券，提供实业保险业务等。凡此种种，不仅支持了实业，也为金融业的发展开拓了新局面。天津金融业的主要举措可以概括为以下几条。

1. 金融与工业的集团化经营

天津商人在企业的资产类型配置上力求多元经营。例如，周学熙企业集团在发展的后期，名下拥有京师自来水公司、普育机器厂、滦州地矿公司、华兴棉业公司、华新银行等企业，囊括了大量金融保险、工商实业的企业资本集团，多元化的经营为其发展提供了广阔的空间。据估算，周学熙集团主要企业的资本总额至少达 4 千万元之多。

2. 创办新实业基金

开平、滦州两矿联营之后，周学熙做出了"多积累，少分配"的规定，以筹备资金建立事业基金。周学熙倡议每年发给股东股息，其逾额之数仍为股东所有，按积累提存，作为创办新企业的基金。如启新洋灰公司、华新唐山厂及卫辉厂、华新银行等均依靠了这部分资金的支持。

3. 设立实业银行

在天津商业银行开始兴起的时候，实业银行却发展滞后。1919 年 4 月，经财政部批准，中国实业银行开业，总行设于天津，分行设于上海、北京、济南等处，并附设永宁保险公司。股东会推周学熙任总经理，启新、滦矿、华新、耀华等大公司均是该银行存款大户，得以相互调剂金融。为华新、卫辉纱厂担保发行公司债券是中国实业银行首次对企业的支持。

（三） 重视内部改组创新

近代是天津金融业体系新旧交替的时期，注重总结经验教训，推进内部改革，成为转型时期天津金融业商人自强发展的重要管理思想。

20 世纪初，天津金融市场的几大势力中，资力较大的票号、外商银行往往在金融冲击中以退出市场求自保。相比之下，钱庄资力较弱，但由于与商业关系过于密切，无法退避，往往损失惨重。在多次金融风潮中，天津钱庄吸取了教训，自"庚子事变，大倒闭风潮"以后，组织和管理大有改进，一般独资的小型钱庄陆续消失和改组，新创立的钱庄都扩大资本，改为合伙经营。例如 1907 年创立的恰源银号资本银元 10 万元，1914 年创立的晋丰银号资本银元 10 万两，从此以后大型钱庄的资本就以 10 万元为标准。钱庄的内部分工也更加明确，形成了监理、经理、副经理和襄理等层级职务，内部设营业、会计、出纳、文书和总务等职务，分别派专人负责。正是靠着总结经验与果断重组，钱庄在巨大的经济冲击中才存续下来，作为天津一支重要的金融力量继续发挥着作用。

（四） 注重业内协作

天津金融业不仅注重内部的改革，也同样注重集体的协作，对制度重组与资源重组十分重视，著名的"北四行"集团就是这样形成的。

金融企业家谈丹崖在大陆银行任董事长期间，策划了大陆银行与金城银行、盐业银行、中南银行四行的共同准备库的创立，共同发行中南银行钞票，这实质是货币业的联盟式合作。1933 年"北四行"资本达 1800 万元左右，占天津银行总资本的 76％，存款吸收额 36044 万元，占全市存款吸收额的 95％。在华北、东北、华东等地共创设大陆银行分支行 16 处，办事处 32 处，赚取了巨大的金融利润。

（五） 以金融投资手段运营慈善业

慈善业的经营，是天津金融界的一个重要组成部分。近代的天津，会馆、同乡会、慈善机构等民间社会组织层出不穷。天津慈善组织依靠金融家的主持，脱离了旧式慈善机构依靠捐助与政府扶持运营的模式，进而通过投资房地产、购买股票公债或依靠传统金融业，获取组织自身的运营资金，为自身的公益活动和长远发展奠定了坚实的基础。

近代天津最有实力的慈善机构为广仁堂和育婴堂两家。育婴堂的经办人盐商财力雄厚，每年有定额拨款。不过，育婴堂经费虽然比较充足，但并不注重稳定投资。与之相反，广仁堂的经营工作由经验丰富的天津金融界人士主持，其负责人充分利用市场机会，抓住城市发展时期地价增长的机会，果断投资地产业，获得了大量利润，在解决了堂内节妇恤女的资金问题的同时，还为广仁堂的进一步发展积累了资金。显然，城市快速发展时期，投资地产比投资商业更为稳妥，回报也更高，有利于慈善机构的自我发展。早期的广仁堂还利用官署的岁捐、月捐，以及粮商的斗行捐等，在天津市城厢内外购置了大量房产地产，经营管理得游刃有余。

二、企业经营之谋略

就近代天津金融企业而言，经营之谋略可概括为：对内，注重扩大规模，多元投资，引入以金融理论为基础的管理办法；对外，积极开拓市场，研发新的金融产品，注重金融创新。

（一）延长产业链，积极进行市场开拓

近代天津金融企业家在业务领域及市场的开发中，以"创意"为先，积极把握市场脉络，明确企业定位，不在饱和市场中盲目争夺，而是利用敏锐的商业嗅觉寻找边际效益较高的新领域。金融业向仓储物流行业投资的巨大成功就是最好的佐证。

金融业向仓储物流行业投资中做得最好的当属天津大陆银行。天津银行业与仓储业的关系向来十分密切，因为向银行贷款需要以实物抵押，即需要仓储一方

出具凭证为担保，但当时商家与仓库串通骗取贷款之事又屡禁不止。基于这种情况，天津大陆银行决定自行投资仓储业，建立行属仓库体系，既可自行定价，吸引仓储，也可以对以己方仓库存储货物为担保进行贷款的商家，在利息上与抵押款上给予一定的优惠。这种二位一体的互补式经营很快取得了突飞猛进的发展，最多时天津大陆银行拥有八处仓储点，不仅拓展了业务，增加了收益，还降低了风险，可谓一箭双雕，这都得益于银行管理层充满创意的商业眼光。

货栈的典型职能是代客买卖，一方面代出口商品的采购商找买主，保证其货款无误；另一方面又代出口商找卖主，保证到期交货，保质保量。金城银行组建的附属企业——通成货栈公司，为了更好地配合该行融资活动的开展，除了代客买卖之外，还将其营业范围扩大到堆存货物、运输货物、包装货物、发行栈单及提单、代办押款及押汇等，给进出口商提供了很多便利条件。

（二） 关注市场动向，适时创新

创新是取得商业上突破性进步的唯一途径。发现商机，为顾客开辟新的金融产品与服务为许多天津金融业商人带来了成功。

在这方面，天津金融界的著名产品"竖番纸"可谓天津金融商人创意经营的一个典型。早期的天津商界主要采用"番纸"进行洋行与银钱业间的流通凭证。银钱业将所收华商售货的番纸存于外商行的华账房，商家需要款项时，则向银号索要外商行华账房的番纸。实际上番纸就起到了类似支票的作用。然而随着金融与商业交易的逐渐频繁，原有的"番纸"模式由于支取过于烦琐而逐渐难以适应市场的需求。此时，正金洋行买办魏信臣敏锐地观察到了这一市场需求，在与银钱业与外商银行进行多次沟通之后，推出了"竖番纸"。竖番纸由其为自上而下书写得名。这种代理式的新产品由于提高了资金的流通速度，受到了众多商家的欢迎，许多模仿品也相继诞生，多家银号模仿此模式，以竖为冲账的筹码。其中最为著名的还是魏信臣的"信记"。信记之竖番纸在当时的天津金融界可谓纵横一时，信誉极高。很多商家为了使用它的竖番纸冲算换账，都把钱存到了正金洋行的华账房，正金洋行的存款很快激增，洋行可谓无本吸财，又以此资金进行放款，大赚特赚。这种迎合市场需要，发掘市场卖点的创新性思路为魏信臣赢得了巨大的财富和成功。

把握市场空间，创意造就契机，无疑是天津商人的优秀特质之一。类似者如1919 年，谈丹崖在天津成立大陆银行后，创造性地开发了特种存款业务，只要一次存入 171.51 元，15 年到期以后获得本息 1000 元。在动荡不安的环境中，这种储蓄对于养老、丧葬、子女教育、婚嫁等都很适用，因而大受客户欢迎。不到一年的时间，仅天津本地的储户就超过了一千。无独有偶，周学熙组建"中国实业银行"时，为了扩大融资，决定由实业银行拨资本 10 万元在天津总行设立有奖储蓄部。这是中国银行史上的第一次有奖储蓄，收效显著，大获成功，各银行纷纷效仿。

（三） 注重资本运用的有效性

近代天津金融企业家们在操作中十分关注资本流向，并确立了资金掌控原则：放款点面结合，资本注入收放有度，加强对资金流的管理。

据统计，金城银行对工矿企业的放款从 1919 年的 83 万元增至 1923 年的近 700 万元，增加了近 8 倍，在财政、工矿企业、商业企业、铁路、公债这五类放款对象中占据首位。金城放款的工矿企业有 100 多家，其中放款在 1 万元以上的有纺织业 22 家、化学工业 6 家、面粉业 10 家、煤矿 11 家、食品 4 家、烟酒 2 家、印刷 2 家、建筑业 2 家、机电 2 家、皮革 2 家。人称金城放款的重点是"三白一黑"即纺织、化工、面粉、煤矿四大工业。金城对华北资源的开发和产业的发展做出了贡献，受到社会各界的赞誉。

稳妥性、收益性、公益性是金城银行放款的三大原则。以稳妥性为前提，谋求资本的最大收益，同时兼顾社会公益，是金城银行资金运用的一个特点。金城银行历来对信用放款十分慎重，只有经过调查，信用情况良好的企业，才予以透支。透支户过期者，必须催收，不能还款之户，应增加利率，提供相当价值的抵押品，才能允许再续转一期，但必须将前期利息结清，不得随本滚转。如果不能补交押品或利息也不能结清者，应该"严为追索，早日收清"。

在周作民的领导下，金城银行还注重资金运营的安全性、流动性和效益性的统一，即把抵押贷款作为资金营运安全流动的主要贷款形式，这是金城银行作为现代商业银行区别于山西票号等传统金融机构的重要方面之一。与之相适应，金城银行建立了自己的存放抵押物品的仓库，从而保证了该行资金营运的安全、流动以及效益的稳步提高。除此之外，金城还组织四行联营，以此强化规模竞争优势。1922年，金城银行资本公积金仅占全国重要商业银行资本公积金总额的4.42%，而与盐业、大陆和中南银行组成了当时我国的"北四行"联营集团后，资本公积金占到全国的17.7%，仅次于国家银行而居商业银行之首，从而也使该行在联营中进一步增强了自己的抗风险能力。

三、天津金融企业家经营管理思想之评价

近代天津金融界作为中国北方金融界的龙头，在长久以来的金融贸易中一直居于重要地位，这种经济上的要冲地位使得近代西方经济的浪潮来袭之时，天津金融界必然首当其冲。因此，在天津金融界的企业家身上体现出一种复杂的商业思想特质：一方面，天津金融家们继承了天津商界的一贯作风，具有开放与创新的明显特质，在金融领域的策略发展中起到了巨大的作用；另一方面，由于长期处于封建经济的桎梏之中，在西方经济入侵的巨大变革中又首当其冲，面对洋行的巨大压力，也表现出一定程度的落后性，这使得近代天津金融家的经营管理思想呈现出新旧混杂的特点。

（一）天津金融企业家管理思想的进取创新

1. 买办与商会的出现

买办的出现与商会的建立在推动天津金融业的发展方面起了重大作用。近代，各国洋行势力进入天津市场。为了维持大量洋货贸易的顺利运作，一群华籍

的中间人，即买办应运而生。买办为中国商人交货提供信用保证，既为洋行效力，也在原来行栈的基础上逐步建起自己的购销渠道，为以后中国民族工商业的发展完成了资本的原始积累，并积蓄了近代企业的管理经验。如著名的大买办杜克臣，出身于钱铺学徒，后来在为外商从事买办的事业中逐渐做大，步入现代金融业，任英商平和洋行华账房经理。与此同时，他还自营平和栈房，专做皮毛、棉花出口生意，极受洋商信任。1914 年，他联合英商怡和、太古、新泰兴、仁记、平和、经茂，德商禅臣、礼和，法商永兴，美商美丰等十大洋行买办组成行公所。总之，天津买办阶级是天津商界金融体系中新的组成部分，是天津金融体系与外向型贸易在近代结合发展的一个标志。

商会的建立对于天津金融业的发展更具有根本性的促进作用。为了维护天津商人的利益，维持商业经营的正常进行，天津商人们逐步发展起了属于自己的"商帮体制"，这就是商会制。商会在金融界之作用，一是在金融危机到来之时，动员天津金融界形成集群力量以渡过难关，二是成立专门的金融自治机构，为天津金融市场的规范化运动做出贡献。

1910 年，在由上海发端而震动全国的"钱庄倒闭风潮"中，面对"因申地风潮日形动摇，人心恐慌"的津埠市面，天津商会召集各行董讨论对策，并与直隶、大清、交通、志成等四银行，成立"裕津公记银号"，具体组织向钱业的放款工作，以渡过难关。

1916 年 5 月 12 日，北洋政府不顾金融信用向中国、交通两大银行下达"停兑止付"命令。为了推缓这次停兑风潮的到来，5 月 12 日，天津商会召集各行业商董筹划维持办法。天津商会集合钱业绅商，首先发起成立直隶绅商金融维持会，拟具《简章十四条》及《办事规则十条》。直隶绅商金融维持会决定先由直隶省银行筹集款 50 万、长芦绅商和各行商凑集 100 万元、中交两银行 50 万元，共 200 万元现款备作基金，以兑换中、交两行发行盖有直隶和天津字样的钞票504 万元的纸币。直隶金融维持会成立后，向社会公布了兑换纸币办法。他们还劝说众商购买由直隶省银行发行 300 万元的公债票，换回中交两行钞票以及该行外债抵欠，借公债票的流通，救活市面。中、交两行停兑风潮终于得以缓解。

2. 因势利导，注重"双城"模式

天津与上海金融市场的一个很大的不同，就在于其"双城"模式。上海金融市场规模较天津为大，消费市场与金融市场的结合更强，而天津背靠京师，两者经济关系与物流网络结合密切。注重北京的城市金融体系与市场的利用，是天津金融管理的重要思路。

以票号为例。鸦片战争后，北京银号的申汇数量逐渐减少，汇款开始流向天津地区，而北京向天津以外的地区汇款，也往往委托天津的票号或银行代汇。1907年，张敬之、李少溪等人在天津组织了"公记跑合铺"，主要经营津申汇票，充分利用其北京的资金流。

由于北京人口众多，且达官贵人等高消费人群集中，因此存款吸收量大。北洋政府时期，天津银行家充分利用天津工商业快速发展的经济环境，将北京金融市场的工商业放款引向天津，组成了"北京存款、天津放款"的金融流。1927年，华北金融力量向上海转移后，北京对天津的金融市场依赖更大，天津的工商业发展由此获得了充分的初始资金支持。天津金融家面对"近通京师"的地理环境，眼光广阔，打造"双城系统"的金融流动，为本地金融及工商业的发展提供了巨大助推力。

3. 新旧式金融机构的合作

近代天津金融界由于其特殊的时代环境，不可避免地出现新式金融部门即近代银行与众多老式金融部门在短时间内并存的状况。虽然两类金融部门在业务和经营范围上均有冲突，但并没有陷入恶性对立，而是以一种较为平稳的合作方式开始了金融过渡。这虽然是客观情况的要求所致，但也与天津金融家共存共荣的思想与适时调度的管理策略不无关系。

自19世纪末以来，外商银行开设分号于天津，至民国以后，新式银行和钱庄才开始往来，并建立了密切的金融关系。民国以后天津钱庄一直维持繁荣，这

与外商银行的"华账房"为钱庄的资金融资，有莫大的关系。钱庄与华商银行之间，虽有业务上的竞争，但要扩大资金融通，双方非维持互相密切的金融协力关系不可。主要表现为，其一，人员的互助，大量老式金融企业的人员进入新式金融体制服务，银行界的人士也投资兴建许多银号，因而银号与银行人士资金往来十分频繁。就钱庄人士的交流而言，在银行的经理或副经理中来自钱庄的人不少，如盐业银行经理张松泉、金城银行经理阮寿岩、大陆银行副经理齐少芹等。其二，银行为钱庄提供资金周转，钱庄则为银行提供金融服务。民初银元在中国货币市场广泛流通，但银两仍然以记账单位通用于中国商业界，这使银两为记账单位的钱庄势力大为加强，故银行不可忽略申汇收交、同业清算、买卖银洋的交易等业务，这些业务均属于钱庄的业务范围。天津各银行经常委托银号代为收取票据，收交申汇与买卖银洋等。天津钱庄与外商银行的此种关系，有助于外商银行资金流通于天津市面。如果钱庄偶遇资金周转困难，可向关系较为密切的华账房拆借，故天津钱庄使外商银行华账房加强了资金实力。

总之，民国前期钱庄与华商银行及外商银行的相互依赖与利用关系，对钱庄资本的扩大起了相当大的作用，而且借资金实力的增进，钱庄规模与其业务范围不断扩大。

（二） 天津金融家管理思想的历史局限性

1. 传统信用制度的危机

信用制度是商品经济发展的基础。在近代逐渐扩大的贸易规模面前，早期近代经济体制下的"重义轻约"（指重然诺，轻契约）的思想已经不再适合于金融与商业的发展了。然而，在近代，信用制度变迁迟缓，金融家们并不注重于培养一种适合于现代的严格的信用制度。长期以来，在商业交易中，赊欠是一种商业惯例，"交易可以长久拖欠，毋庸现银"。在天津，"外客来津办货，赊欠最占多数，商家意在销货，不得不通例办理，及至收银，外客率多勒掯"，往往形成大量难以收回的债务。尤其是近代银行开始进行抵押贷款之后，更多的商人开始走向老式金融部门，严重影响了近代金融部门的发展。中国天津金融界并未产生出自己的信用体系，而洋行以及洋商银行在与华商的交易中，并没有以他们自身已有的信用制度为准则来建立华洋之间的信用关系，而是遵从中国已有的商业信用惯例，或者借助于官府来确认华商的信用。此后发生的多次金融风潮很大程度上就是来自于债务的普遍化。

2. 一定程度的地区排他性

商会是天津商界先进性的象征。近代商会虽然是统一联结工商各业的新式社会团体，但在近代的金融活动中，也始终暴露出一些旧有行会和公所残留的组织特征。天津金融活动以本土经济为己任，但同时也带有了一定的以天津为中心的地方主义，有时会过于强调集团或地区的利益，这不仅阻碍了现代化社会实现整合的进程，而且离动员全民众完成现代化重任，相距甚远。

例如，天津商会成立于 1903 年，完全是由天津人主持。苏、浙、闽、粤的客商于 1909 年建立了一个独立的北洋商学公会，天津商会屡次想对其进行控制，但未能实现。具体反映到金融业上，表现为天津金融业对于外省金融人士进入天津金融体系的排斥。比如，作为天津最重要的同业公会团体之一，钱业公会的会员仅限于从事银钱业的天津商人，山西与北京的同业者不得加入，直至 1928 年以后才有所改变。

3. 旧式金融部门的保守化倾向

天津作为北方最重要的港口，在长时间的经济发展中形成了一套老式的金融体系，钱庄就是这一行业中的典型代表。但在近代经济活动中，钱庄常常由于本身资力不够雄厚，无法长期以低利贷款方式大量投资新式工业，在金融业中逐渐落后。此外，钱庄过分注重人际关系，未形成制度化的经营方式，以致放款范围受到局限，而且信用制度较为混乱。

更重要的是，虽然钱庄在一定程度上积极进行革新，但始终没有在根本上向新式金融部门转变。关于这一问题，除钱庄本身的因素外，社会环境的保守倾向也不可忽视。在组织方面，传统的合伙制，有碍钱庄扩大股份，形成股份公司的形态。在经营方面，钱庄的无限责任经营方式，亦阻碍其吸收大批投资人，扩大其资金规模，形成大规模的公司。此外，社会经济形态的传统性、社会态度的保守倾向、家族中心主义在组织上的限制以及企业家精神的缺乏等，都阻碍钱庄向银行转变。钱庄业在此后虽然一直都在模仿新式银行，却无法实现根本性改革。事实上，天津的旧式金融部门大多存在着这个问题，即拘泥根本，转型困难。

由以上分析可以看出，近代天津金融家由于身处的时代特性，不可避免地带有转型时期的某些旧式"习惯"，这成为近代天津金融发展的掣肘。不过就主流来看，天津金融家还是积极吸收西方近代金融规范的经验与优点，发展适合本土的金融体制与金融产品的。他们表现出的民族意识、地域认同感与创新求实、团结协作的意识，在近代中国，尤其是近代北方的金融界中可谓独树一帜。他们为天津成为近代北方最重要的经济港口做出了贡献，也在整个北方地区的经济发展中发挥了促进作用。

参考文献

[1] 盛斌. 周学熙资本集团的垄断倾向 [J]. 历史研究，1986（4）：23.

[2] 张丽梅. 中国传统文化对民族资本企业管理思想的影响 [J]. 前沿，2001（5）.

[3] 郭凤岐. 天津通志·金融志 [M]. 天津：天津社会科学院图书出版社，1995：137.

[4] 任兰云. 天津近代同乡慈善组织的投资理财 [J]. 理论界，2008（10）.

[5] 天津文史资料选辑（13）[M]. 天津：天津人民出版社，12.

[6] 宋美云，宋鹏. 话说津商 [M]. 北京：中华工商联合出版社，2006：139.

（该文刊载于《贵州财经学院学报》2011 年第 4 期，与高杨合写）

产业与金融：福建周宁钢贸商人
遭遇严重挫折的启示

在改革开放 30 年的历史上，福建省宁德市周宁县可谓一个响当当的品牌，以致媒体有低调的"周宁商帮"之说。该县 20 万人中，有一半的人在外做贸易，其中主要在以上海为中心的长三角，大约 8 万人，而且做的普遍是钢材贸易，几乎垄断了该领域的全国市场，在相当长一段时间内，他们的价格成为行业的风向标。截至 2012 年，周宁籍商人在上海创办的大型钢材市场已有 30 多个，经销钢材的企业遍及上海各个区域。若把上海周边的昆山、苏州、无锡、江阴等地都算上，周宁籍商人创办的大小钢铁流通企业有 5000 多家，年销售总额达 800 亿元，年创利税达 30 多亿元，成为上海闽商圈内一支重要的引擎力量。

一、周宁商人何以走上了钢贸的道路

为什么宁德人，尤其是周宁人普遍走上了与钢材贸易相关的道路？这就与历史传统有关了。俗话说，靠山吃山，靠海吃海，靠传统吃传统。还是以周宁为例，从县志和有关老人的介绍中可以看出，从明朝起，这个县就有发挥山区特长、炼铁、外出补锅以及销售山珍、药材的传统，这成为农业的有力补充，以致越来越多的人走上外出经商的道路。即使新中国成立后阶级斗争抓得最厉害的六七十年代，这一外出经商的传统仍在偷偷摸摸中进行，始终没有中断过。周宁人一直延续着外出经商的传统，而改革开放则为这一传统带来了新的契机。改革开放后，随着农业联产承包责任制的成功，一方面富裕后的农民要走出乡村，将过剩的产品贩向城市，另一方面收入不断提高的城市市民也有能力购买农民的产品，于是城乡之间形成良性交换系统。而经济发展自身会不断产生新的需求，这就为进城兜售农副产品的农民不断提供新的发展机会，并最终成为城市市民。

城市化带来了更多的贸易机会，同时增长的还有投资。对周宁人来说，城市建设，尤其是交通、通信基础设施以及房地产业的快速发展，将它们炼铁、补锅的优势充分发挥，以致短时间内发展起一个在全国产生重要影响的钢贸产业，并将全县一半的人口吸引到了外地，成为县财政的重要支柱。换言之，正是得益于城市化的快速进行，才有了以周宁为代表的宁德商帮的大发展。就时间线索而言，最初城市经济的发展、市民生活水平的提高，推动城市建设出现改造浪潮，这对从事炼铁、补锅的周宁人来说，无疑提供了大发展的机会。此后，城市经济的进一步发展，人民生活的不断提高，推动各地纷纷大兴土木，由此迎来了包括交通（机场、铁路、公路等）、通信以及房地产在内的城市化的快速发展，这对周宁人来说不仅意味着市场的进一步扩大，还进一步强化了他们在钢铁贸易方面的竞争优势，以致产业越做越大。以空间视角而论，地理位置的便利使得周宁人在上世纪 80 年代主要往西南走，到改革开放的前沿，最先富裕起来的珠三角地区发展；及至 90 年代，随着浦东的开放，苏南乡镇企业、浙江私人企业的发展，以上海为中心的长三角迅速发展起来，周宁人在巩固珠三角市场的基础上，利用地理位置之便掉头北上，在以上海为中心的江苏、浙江等地迅速发展起来，出现了许多有影响的企业家，如周华瑞、魏明生、郑长地、肖家守等。例如，邓小平南方谈话刚发表时，无锡龙之杰控股集团有限公司董事长郑长地还在家乡开着 5 吨的东风车搞长途运输呢！因为经常有机会运货到上海，上海的广阔市场、浦东大开发的历史机遇，令他产生了到上海创业的雄心壮志，这才有了全国知名的带钢集散中心和带钢价格指数单位的无锡龙之杰钢材市场的诞生。

长三角、珠三角是中国经济最发达的地区，周宁人在这里站稳了脚跟，也就意味着取得了钢贸领域的全国市场的发言权，这就是在 2012 年之前周宁商人在全国声名鹊起的原因。

二、周宁商帮繁荣背后的阴影：对空间市场转移重视不够

俗话说，隔行如隔山。要从事一个行业，必须了解该行业的特点。据笔者的

考察，第一，钢贸行业与交通（公路、铁路、机场）、通信等基础设施以及房地产息息相关，重复购买周期长，不像油盐酱醋等日用品行业，重复购买周期短，这意味着目前卖得越好，未来卖得便越差，因此该行业的从业者必须做好游走四方，在空间上不断开拓新市场的打算，这是该行业的性质决定的。第二，钢贸行业与基础设施领域的投资息息相关的特点，意味着该行业的从业者，必须时刻关注着政府相关政策的变化，随时准备着向新市场扩张。同时，还要关注着世界经济风云变化所造成的经济周期的变化。毕竟经济高潮期，市场需求强烈，对基础设施的投资大；反之，经济低潮期，市场需求减少，对基础设施的投资随之减少，这对行业的影响是很大的。第三，该行业属于钢铁行业的下游产业，主要做的是贸易而非生产及研发，对技术的要求不高，进入的门槛低，适合力量弱小的民间资本进入。第四，正由于该行业属于钢铁行业的下游产业，产品同质化程度高，是对资金要求甚大的资金密集型行业，这预示着该行业的从业者必须联合起来才能提高竞争优势，相互担保随之产生。而民间资本因为自身力量的弱小，一方面发财欲望强烈，敢闯敢拼，以至于到了无法无天的程度，这无疑大大扩大了风险；另一方面这些民间资本承担市场风险的能力又弱，一旦世界经济危机的时间长一些，或者城市化速度放慢，导致对钢贸的需求下降，这些力量弱小的民间资本很容易因抗不住市场风险而"跑路"，进而连累那些替他们担保的健康企业，这就是造成周宁商帮 2012 年后集体性崩塌的原因。并非这些人有意为之，实在是迫不得已。

钢贸行业的上述特点意味着这是一个利润高，风险也很大的行业。作为该行业的从业者，第一，必须重视空间上的市场扩张。第二，必须关注世界经济周期、国内政策变化对钢贸市场需求变化的影响。第三，必须高度重视风险防范，尤其因相互担保产生的风险防范。笔者认为，对钢贸市场的空间转移重视不够，是导致周宁商帮目前集体性崩塌的根本原因，而这一阴影恰恰孕育在周宁商帮最繁荣的新世纪初。这正应验了《老子》的话，"祸兮福之所倚，福兮祸之所伏"。

中国地理环境的特殊性使得东部地区农业、轻工业发达，西部地区重化工业发达，而东西部地理位置的遥远使得初期东部地区的发展所需要的能源、原材料是建立在与海外交换，即"三来一补""大出大进"的基础上，这意味着初期东部经济的发展必然拉大与西部的差距。而东部经济发展所引致的对原材料、能源需求的越来越大，也使得从海外进口的价格必然越来越高，这意味着开发西部、振兴东北时机的成熟。2000年，国家提出实施西部大开发战略；2003年，国家提出实施振兴东北老工业基地战略；2004年，国家提出实施中部崛起战略，并在政策、资金上予以大力支持。为此，也有不少周宁人跑到西安、沈阳、郑州等地创业，但是地理位置的遥远使得周宁商人不像在珠三角、长三角那样，以规模的力量迅速进入，以致短时间内建立竞争优势，这意味着进入新世纪后的开发中西部、振兴东北以及中原崛起所引发的快速城市化的发展机会，周宁商人并没有把握住。例如，按照媒体所讲的周宁人全县20万人口中一半在外地经商，其中8万在长三角，这意味着在其他地方的不足2万。而从另一面来说，经过长期的发展，东部地区的交通、通信等基础设施相当地完善，即使偶有投入，数量也不大。而基础设施的投资更换周期较长，这意味着主要扎堆于东部地区的周宁商帮必须果断地向中西部地区的新兴市场转移，否则市场的崩塌是迟早的事。

2008年经济危机爆发后，为了实现"保八"的目标，避免4千万农民工失业带来的社会震荡，国家投入了4万个亿，主要集中在中西部地区的交通、通信等基础设施层面。在这种情况下，周宁商帮产业空间布局的缺陷暴露无遗。一方面，对于朝气蓬勃的中西部地区的钢材市场，周宁商人没有着力投入；另一方面，东部交通、通信基础设施的基本完成，更重要的是城市化速度的放慢所带来的房地产的萎缩，意味着对钢材需求的大幅下降。在这种新市场未开发出来，旧市场又严重萎缩的情况下，周宁商人焉能不败！

三、相互担保：压垮周宁商帮的最后一根稻草

压垮周宁商帮的最后一根稻草正是他们引以为傲的相互担保。不同于北方企业的超大规模，南方企业的发展用经济学家钟朋荣的话讲，是"小狗经济"，亦

即中小企业居多，其优点是创新精神强，弱点是规模小，抵御外部环境打击的能力差，这就需要相互帮助。而南方居民普遍系北方大族南下，聚族而居的特点导致祠堂、祖坟、庙宇众多，能够通过定期不定期的群体聚会建立共同的价值观，便于相互激励和约束，这就为周宁商帮为获得银行巨款而相互担保提供了文化、制度方面的大力支持，他们以"一家出事、其他帮补"方式博得了银行等金融机构的信任，由此大大提高了周宁商帮的竞争优势，使得他们在与同行的竞争中摧城拔寨，凯歌高奏。有统计显示，大约 8 万周宁人进入上海钢材贸易市场，他们占据了当地建筑钢材批发市场 70% 的份额。

然而，2008 年全球经济危机将周宁商帮市场空间布局的缺陷暴露无遗，昔日有助于增强周宁商帮竞争优势的相互担保，现在则以"一损俱损"的方式成为压垮周宁商帮的最后一根稻草。作为上海钢贸圈带头大哥的周华瑞由此痛苦地认识到，抱团，并非只有好的一面。面对上海钢贸业全线崩盘、钢贸商人人自危的困局，周宁人此前屡试不爽的内部"灭火"，已然无法再完成自我救赎。

钢材销售不畅以及销售价格的直线下降，促使嗅到了危险味道的银行紧急收贷。周宁商帮起初是打脱牙硬撑着，依靠民间高利贷来还银行的贷款，以维护信誉，而将翻身的希望寄于未来的市场变好上。如果在过去，这种可能还真的存在，因为城市化的快速发展使得钢材的需求很高涨，倘若只是因为政策或其他市场的原因，不长的时间还真的会过去。不过，这一次，周宁商帮失算了。他们遭遇的是市场空间结构的变化，就是再忍耐，再等待，也换不来市场高潮的再一次暴发。在这种情况下，周宁商帮的集体性塌陷就不是偶然的了！

从历史上看，明清十大商帮之首的晋商也是因为相互担保而瓦解的，但根本上讲和周宁商帮一样，是因为市场空间结构的变化而遭到致命性打击的。俗话说得好，要想富，先修路。地理空间结构对市场的形成和转化有着非常重要的影响，随着亚欧贸易由以前的路上运输转向海上运输，晋商地理位置的优势顿失，这和目前周宁商帮的遭遇如出一辙。虽说市场总是不以人们意志的转移而变化的，但也是有规律可循的，即总是先从容易开发的地方开始，逐次走向不容易开发的地方。具体到当代中国，钢贸市场的开发顺序是从东南沿海地区开始，走向中西部地区；从大城市开始，走向中小城市和农村；从本国开始，沿着一带一路，走向全世界。只要顺应这一规律，即能长时间地适应市场的需求，就能做大做强。

四、文化素质不高：周宁商帮集体性崩塌的深层次原因

其实，无论晋商还是周宁商帮，遭遇巨大挫折的深层次原因是对文化学习重视不够，以致认识能力欠缺，只能随波逐流，而无力引领时代浪潮。笔者在《成败晋商》一书以及2012年"世界首届晋商大会"的主题发言中谈道，就晚清各商帮的基本素质而言，晋商无疑是最高的，他们的员工忙时上班，闲时打算盘学外语，但这些都属于商业基本功的范畴。真正对商业发展影响最大的，还是社会政治、经济、文化演变对于市场需求变化的影响，而就需要在商业基本功之外，更多地研究人文、社会和自然科学，这样才能更好地把握未来，这就是现在北大、清华的各类企业家、总裁研修班越来越开设人文、社会科学课程的原因。以周宁商帮而言，他们的奋斗精神特别强烈，这与他们家庭作坊式的发展模式有关，对有关商业发展的各种信息都愿意倾听、搜集，但这些还都局限于具体工作的范畴，还未上升到预测市场变化、引领时代浪潮的层面。周宁商帮中也出现过一些大企业家，如周华瑞、魏明生、郑长地、肖家守等，但他们和那些小企业家一样，仍然更多地关注微观具体工作层面，而没有上升为关注全球经济发展，关注中国经济发展以及政治、文化、科技、人口环境变化对于钢材市场的宏观影响层面，这无疑限制了他们的思维。而人无远虑，必有近忧，事实上，我们在2011年暑假带领北大经济学院考察团赴上海、无锡、苏州、西安，以及宁德等地考察的时候，也流露出对未来的恐慌，也在思谋变化。并且做这个课题本身也是他们思谋变化的一部分。只是他们的担心来得太早了些。2011年的暑假调查刚结束，还未进入到写作状态时，到11月份即传来了周宁商帮遭遇严重挫折，有可能全军覆没的信息，这导致原来课题规划的好些内容不得不调整，也使得出

书的计划一拖再拖，直到目前。

也有一些周宁商人抱怨，正是 2008 年经济危机后国家 4 万个亿的投资计划最后害了他们。周宁商人肖传新回忆说，"四万亿后，银行握着巨额的信贷业务，都为钱找出路而发愁。当时中央要求银行业加大对中小企业的扶持力度，钢贸公司因从业人数少，属于中小企业范畴之内，但钢贸行业又是一个资金密集型行业，一旦贷款就是上千万。这种行业的特质受到银行的青睐，就在这间办公室内，各银行行长纷纷来拜访，希望我们能贷款，帮助他们做大业务。"叶子青回忆那段疯狂的时光时也说，当时银行行长都跑到福建商会的会长办公室，准备好文件让会长签字。他概括出"六个只要"。"只要会长签字，担保后授信规模就能达到 8 亿元；只要有钢材市场，有担保，国内银行都给商户贷款；只要钢材市场的老板签字担保，银行就能放款 1 亿元到 2 亿元；只要有福建人进入外地钢贸市场中，用担保贷款，都能融资成功；只要有交易平台和仓单，都能变相融资；只要是闽东人，就能申请信用卡，都是 100 万元起步。"

这种模式放大的结果就是钢材市场在长三角遍地开花，钢贸企业成为一些地方政府招商引资的座上宾。"占地少，资金量大，利率高，能带动银行业和 GDP 的发展，甚至出现专门为钢贸企业服务的支行，双方进入紧密合作期。"不过，正是这建立在大量优惠条件基础上的高数额贷款，最后害了周宁商人。正如前面所分析的，东部地区城市化速度的放慢意味着对钢材需求的大幅萎缩，而金融市场对钢材信贷的急剧扩张则意味着市场供应的大幅增加，"在 2010 年左右，钢贸市场在江浙一带遍地开花，在江苏连云港甚至出现 13 个钢贸市场"，由此必然造成市场的不振，销售价格的一路下滑，而银行的紧急收贷只能让周宁商人欲哭无泪，欲喊无声，忙了半辈子，最后反欠了一屁股债。

对于上述议论，笔者很能理解，并予以充分的同情，但决不认同。早在1937 年，毛泽东在《实践论》中就谈到过对待外部信息的正确态度是"去粗取精，去伪存真"。一者，别人的劝说终究是外部因素，最终做决策的还是自己；二者，别人提供的无论乐观还是悲观，好还是坏的信息，终究还要经过自己脑袋的加工后才能得出结论。如果做出的是正确的结论，则结局美好；反之，则结局悲惨。俗话说，"听话要听音，敲锣要听声"。说话的人除非是诽谤，否则是不承担责任的，承担最终责任的是听话的人，这用民间的话，就是"不会听话"。说到底还是自身认识能力有限，不能够做到知己知彼，不然古人为什么老说"知己知彼，百战不殆；知己不知彼，一胜一负；不知己不知彼，每战必殆"呢！

另外，人这一生在前进的过程中要经受各种考验，其中最重要的是孟老夫子所说的"贫贱不移，富贵不淫，威武不屈"，而"贫贱不移""富贵不淫"也可用生活中常说的"骂杀"和"捧杀"来反映。当一个人不成功时，很难得到社会的信任，各种资源自然也不会向他倾斜；而当他一旦成功，成为社会拥戴的英雄时，各种资源遂源源不断地向其倾斜，套用经济学的话，这就叫"资源向有效率的方向配置"！对周宁商人来说，固然要过贫穷关，更要过成功关、荣誉观。当周宁商帮成为响当当的品牌，以前连想都不敢想的各种资源源源不断地涌来时，如何保持清醒的头脑，在各种各样的诱惑中不迷失道路，就成为周宁商帮必须要面对的问题。

《易经》云："法久则弊，变则通，通则久。"《老子》说："柔能克刚，弱能胜强"。笔者相信经过这番考验，在市场的摸爬滚打中积累了许多经验，有强烈的吃苦精神，不甘服输的周宁商帮一定会觉悟起来，一定能够走出逆境，这姑且也算是市场对他们的考验吧！毕竟大势没有变。中国蒸蒸日上这个基本格局没有变，中西部地区，尤其是中国走向世界的"一带一路"战略对基础设施的投资需求强烈，这就对钢材市场的发展提出了高要求。只是钢材贸易发展的市场空间格局在变，正从东部地区走向西部地区，正从本国走向国外，这对周宁商帮提出了高文化素质的要求，不能再像过去那样仅仅局限于商业基本功的要求，而是要继承人类文明，既要做好同不同文化地区民众进行交易的准备，又要做好迎接全球市场变化，预测未来市场走向，引领时代浪潮的准备，这才是周宁商帮二次创业，再次崛起的保证。

尽管目前周宁商帮遭遇严重的挫折，但正如前面所说，中国蒸蒸日上的大局没有变，开发中西部、东北振兴以及一带一路战略均需要大量的基础设施的投资的格局没有变，变化的只是市场空间格局的调整，因此周宁商帮仍有着远大前途。司马迁说，"天将降大任于斯人也，必先苦其心志，劳其筋骨，饿其体肤，空乏其身，行拂乱其所为，所以动心忍性，曾益其所不能。"我相信周宁商帮经过这一番沉痛的教训，一定会觉悟过来，一定会在重视商业基本功的同时，更重视对人类文化传统的继承和学习，这样他们才能再度辉煌地崛起。让我们拭目以待吧！

福元运通的商业模式和可持续发展分析

——北京大学经济学院 2014 年社会实践报告

2013 年是互联网金融元年。这一年，云计算、大数据、移动支付、网络社交等新一代信息通信技术风起云涌，威力初显。2014 年，余额宝、P2P 等基于互联网平台的新型机构已然甚嚣尘上。然而，福元运通公司作为一家在 2013 年撮合贷款额达 1700 亿的民间金融中介巨擘，却在互联网金融的变局中坚守 C2C 的运营模式，并取得业绩的长足增长，公司董事长孙立文先生更在许多场合强调 P2P 的巨大风险和崩盘的可能。

民间金融市场能够有效弥补国有银行对中小型实体企业的输血不足，对中国实体经济的生存和发展意义重大。在互联网金融的变局中，民间金融市场在未来将何去何从，又应如何坚守自身特色，实现长足发展，值得每一个关注中国经济的学者深入思考。在假期进行社会实践是北大经院人坚持理论联系实际，感悟真实经济的传统。2014 年暑假，北京大学经济学院经济系 17 名同学在周建波教授和张亚光副教授的带领下，分赴北京、太原、青岛等地，深入福元运通公司总部、分公司、各大中心及加盟商，对企业运营的各个环节进行了较全面的考察，对福元运通的企业文化有了较深刻的理解和感悟。

一、福元运通主要特点和发展模式分析

1. 福元运通发展阶段

（1）2005—2006 年　初创阶段

2005 年 8 月，福元运通在民间借贷繁荣的山东青岛创牌成立；11 月福元运通首家加盟店开门纳客。

2006 年 7 月，福元运通引入美国黑水资本、红杉资本；12 月福元运通以市场前瞻眼光获得五色土、润邦等商标使用权，发挥行业榜样作用。

（2）2007—2009 年　扩张阶段

2007 年 5 月，福元运通安徽合肥分公司成立；8 月福元运通进驻中国的金融中心上海，上海分公司成立；10 月福元运通首个区域加盟商签约，引爆新一轮加盟热潮；12 月福元运通与深圳平安银行、渣打银行就中小企业融资领域签订合作协议；12 月福元运通各加盟分支机构达到 200 家。

2008 年 3 月，福元运通成为中国准金融服务行业在中华人民共和国商务部跨省经营（特许经营）备案成功的唯一企业；5 月福元运通主办的中国准金融服务行业高峰研讨会隆重召开；6 月福元运通成为中国连锁经营协会首家民间理财企业会员。

2009 年 12 月，福元运通成功进驻全国十二个省市自治区，同时遍布全国各地的各级加盟分支机构突破 300 家。

（3）2010—2014 年　成熟阶段

2010 年 1 月，福元运通中国民间金融服务机构认证体系正式实施认证评定；3 月福元运通 2010 年高峰论坛在青岛隆重召开；11 月福元运通品牌形象在中央电视台财经频道（CCTV－2）《商道·对手》栏目中完美绽放，成为中央电视台自成立以来首家投播的民间金融服务机构，也是当时中国民间金融服务行业唯一在中国最高端媒体进行品牌推广的企业；12 月福元运通品牌形象在中央电视台财经频道（CCTV－2）《理财在线》即《生财有道》栏目继续推出，充分加强品牌形象推广效果，扩大福元运通品牌传播度与知名度，从而进一步推动福元运通的快速发展。

2011 年 3 月，福元运通 2011 年高峰论坛在青岛胜利召开，此次盛会共云集福元运通 10 个省市 25 家加盟机构的高层，共展中国民间金融服务行业的蔚为大观，齐享福元运通铸造的盛世辉煌。3 月福元运通辽宁抚顺市加盟店正式签约，这是福元运通在辽宁省设立的首家加盟店，并是福元运通全面进驻的第 18 个省份，为福元运通全国性布局再立里程碑。4月福元运通第二届"民间金融业务操作与风险控制暨经验交流专题研讨班"隆重开课，来自全国各地的二十多位加盟机构精英欢聚一堂，共同探讨新市场环境下如何增强加盟机构综合实力、规范业务操作流程、加强风险识别与控制及打造高效团队等实际问题。4月伴随着福元运通的高速发展的步伐，福元运通高端媒体战略再次升级。4月20日，福元运通品牌形象同时亮相中央电视台和中国教育电视台，再一次向世人展示福元运通的企业实力与品牌魅力。4月福元运通荣获由中国连锁经营协会评选的"2010中国特许经营连锁百强"企业荣誉称号，成为中国民间金融服务行业内唯一获此殊荣的企业。5月作为2011中国特许展上中国民间金融服务行业内唯一的参展企业，福元运通亮剑出鞘、锋芒毕露，开展几小时内即引发了大批量客户的追捧，现场出现了咨询洽谈的人海盛况。5月福元运通以完美姿态正式亮相第13届全国特许连锁加盟创业展览会。7月智赢财富融铸辉煌——福元运通"理财中国行"首站包头揭幕。8月福元运通"理财中国行"天津站盛大召开。12月福元运通在CCTV－2《生财有道》栏目开始了新一轮的品牌形象展播，为福元运通2012年的发展再次夯实品牌祭奠，增强品牌张力。

2012年1月，福元运通"理财中国行"石家庄站盛大举行；3月福元运通"理财中国行"闪耀太原；5月福元运通荣膺"2011中国特许120强"企业称号；6月福元运通长春、长沙、南京、成都、温州五大直营分公司盛大开业；8月福元运通喜迎成立7周年，众志成城，势必再续辉煌；10月福元运通中国金融中介服务行业"温州论剑"在温州"出鞘见锋芒"；12月福元运通正式冠名旅游卫视2013年度重磅栏目——《公司好声音》栏目，进一步树立金融中介服务行业的健康形象，并让福元运通品牌全面走进千家万户，抢夺大众视野。

2013年1月，福元运通理财中国行——无锡站盛大开幕，是福元运通举办的第八期理财中国行活动；3月福元运通理财中国行——保定站胜利举行；3月福元运通福建省泉州区域加盟机构成功签约，福元运通正式覆盖23个省、市、自治区；4月福元运通入选的北大《博光雅华EMBA案例》书籍正式出版；4月福元运通强势进驻宁夏回族自治区银川，网络布局覆盖 25 个省、市、自治区；4 月福元运通荣膺"2012 中国特许经营连锁 120 强"企业称号；5 月福元运通东营、深圳两大直营分公司盛大开业；6 月福元运通与北京大学光华管理学院合作的福元运通商学院正式成立；6 月福元运通理财中国行——赤峰站盛大召开；8 月福元运通理财中国行——延边站盛大召开；11 月福元运通理财中国行——深圳站启动；12 月孙立文董事长受邀参加第十五届北大光华新年论坛发表：坚守做 C2C 中介。

2014 年 1 月，北大光华管理学院资深教授黄铁鹰先生正式开始撰写福元运通案例，这是黄铁鹰从教 14 年所研究的第五个案例；3 月福元运通理财中国行——孝感站盛大召开；4 月福元运通理财中国行——运城站盛大召开。

2. 福元运通企业特点

福元运通针对自身实际情况，提出了一套较为完整的企业文化体系。其中包括：①四大基本原则：不做高利贷；不做利滚利；不向客户承诺保底收益；不吸储、不行使银行职能。②六大意识：增强品牌意识，扩大品牌效应；增强风险意识，将客户的资金安全放于首位；增强法律意识，合法合规操作；增强责任意识，建立主人翁精神；增强服务意识，始终以客户需求为先；增强市场意识，灵活应对市场变化。③经营思想：在注重社会效益的前提下，创最佳经济效益。④管理理念：不惜一切为客户服务，使我们的服务享誉全中国。⑤品牌文化：以诚信立天下，以博弈求发展，以联纵寻突破，以双赢树品牌。⑥品牌理念：诚信为本，追求卓越，精益求精，缔造永恒。⑦品牌价值公式：福元运通，融通未来。⑧品牌目标：投资运营的品牌旗舰，抵押贷款的服务航母。⑨品牌定位：致力于中国金融中介服务行业，全面树立民间理财服务的领袖品牌。⑩品牌追求：有情有义有利，同心同德同赢。⑪敬畏之心：一分敬畏就有一分利益，十分敬畏就有十分利益，福元运通首要培养敬畏的美德。⑫志同道合合作伙伴行为准则：置身正道最吉祥。

福元运通将四大基本原则和品牌文化印成标语在企业办公场所张贴，非常醒目，而且员工对此的认同度非常高，可见企业在宣传企业文化方面非常成功，员工不仅知道标语，还能贯彻落实到具体业务中，从而能够限制住企业的风险，发展得更大更好。

3. 福元运通发展模式

中国金融法规的政策限制，对国内民间借贷机构"只贷不存"的硬性规定，限制了民间金融企业资金来源。福元运通在业内率先创建了"福元运通品牌加盟连锁体系"，为所有加盟商提供电子商务平台，使各大加盟商形成完善的民间借贷信息互动网络，从而实现客户资源与服务信息共享。这不仅为客户提供了快捷、全面的信息，也使各加盟店的规模化进程快速化、低成本化。同时为配合公司快速发展，福元运通中国总部决策委员会经讨论后决定将福元运通运营模式修改为：中国金融中介服务资源专业整合平台，福元运通的拓展策略定位于直营、特许经营。

作为国内第一个以民营资本形式从事金融中介服务的企业和首家申请获得金融技术专利的金融中介服务机构，福元运通一直是国内 P2P 理财投资行业的领军巨头。有资金并有理财投资想法的个人，通过中介机构牵线搭桥，用信用贷款的方式将资金贷给有借款需求的人。

成立之初，福元运通就积极激发全体员工的创新意识，注重自省，努力创新，走一条全新的规范化、市场化、典型化的品牌加盟连锁运营的民间金融之路，意欲整合岛城不规范的民间金融服务业，使投资借贷双方都能获得优质高效的服务，为青岛民营经济的发展提供紧密的金融服务支持。福元运通人脚踏实地地走着这条创新之路，从最初的两种加盟模式到今天成熟的"福元运通品牌四级加盟连锁体系"，采取民间借贷服务与自有资金投资运营结合的模式运作，以专利技术作为核心竞争力，并申请两个专利和 30 多个商标，来规避行业内潜在风险。福元运通冲破传统模式的束缚，在国内民间融资的基础上，争取国际力量的合作，以实现境外 IPO 上市为目标，提升自身的竞争力。

下面我们对比分析一下目前小微贷领域最突出的三家企业。

福元运通、宜信、平安易贷对比表

	福元运通	宜信	平安易贷
操作流程	放贷人和借款人在福元运通进行登记备案，福元运通作为金融中介匹配双方信息，引荐借贷双方见面，分别签订合同后确定双方的借贷关系	P2P理财模式是宜信财富率先在国内市场推出的一种类固定收益类理财解决方案。投资者作为出借人可将手中的富余资金出借给宜信平台推荐的、信用良好但缺少资金的大学生、工薪阶层、微小企业主、农民，帮助他们实现教育培训、电脑或家电购买、装修、兼职创业、脱贫致富等理想，通过利息收益获得较高、稳定的投资回报。P2P理财是信守系列的明星理财模式	由贷款人向平安产险提出"平安易贷险"投保申请，核保部门通过调查客户的信用、工作、收入等综合条件，确定是否接受客户的投保，如果接受，则平安产险会出具一定额度的"信用保证保险单"，假如保单上面的保额为60000元，则投保人可以凭保单向银行贷款60000元，同时平安产险会根据客户的类型以及贷款的期限扣取一定比例的保险费
区域	发展速度迅猛，网络铺往全国，福元运通的网络现已覆盖全国26个省、市、自治区，各级加盟机构680余家	目前已经在100多个城市和20多个农村地区建立起强大的全国协同服务网络，为客户提供全方位、个性化的普惠金融与财富管理服务	保监会已经批准"平安易贷险"在全国27个省份开展此项业务，据平安产险内部人士透露，到2017年平安产险计划在全国各地开设2000家"平安易贷险"的营业网点
银行	不需接触银行	不需接触银行	投保人可以凭保单向银行贷款

续表

	福元运通	宜信	平安易贷
抵押	福元运通专业从事投资管理、民间借贷咨询服务以及大型的项目运作，是国内首家通过法律程序将不动产抵押引入民间借贷的连锁中介机构，一般贷款需要有比贷款额更高价值的抵押物	无须抵押、担保等烦琐的常规借款程序，即可提供包括信用咨询、评估、（信用）借款方案制定、协议管理等多方面、专业的全程信用管理服务，便捷、安全地解决他们的资金瓶颈，改善自己的生产和生活	是针对广大普通居民开展无抵押贷款业务的信用保证保险产品。只要投保成功，投保人即可申请由合作银行发放的小额贷款（2万～15万），不需要抵押，不需要担保，手续简单，期限灵活、审批快捷
目标客户	为中小企业、私营业主解决资金周转的困难	宜信致力于为农民、学生、小微企业主、工薪阶层等高成长群体提供方便快捷的金融服务，帮助他们改变自己的生产和生活，推动个人成长和社会进步	工薪阶层、公务员、教师、私营企业业主等
企业文化	四大原则，六大意识；经营思想：在注重社会效益的前提下，创最佳经济效益；品牌文化：以诚信立天下，以博弈求发展，以联纵寻突破，以双赢树品牌，志同道合合作伙伴；行为准则：置身正道最吉祥；通过完善的自上而下的培训体制贯彻落实企业文化在每一级员工行为上的体现	宜信人宣言：我们诚实守信，专业进取，我们敢于拥抱变化，不断创新，超越自我。 我们坚持以人为本，遵循双底线价值观，在企业发展的同时，与客户创造共享价值；我们相信帮助别人才能成就自己，让我们携手努力，宜人宜己，信用中国。 以人为本：以客户为中心，为客户提供最合适的金融服务；尊重员工个人价值，帮助员工全面发展，做更好的自己、最好的企业。 共享价值：通过智慧与勤劳创造新的价值，与客户、社会、员工共享新价值。 宜人宜己：我们相信帮助别人才能成就自己	诚实、信任、进取、成就，我们的信念永远不变。追求卓越，全心奉献，回馈社会是我们的诺言 公司训导：思想品行，光明磊落；组织纪律，令行禁止；工作态度，严谨求实；业务技术，精益求精；同事相处，友爱尊重；为人处世，诚实廉洁；团结进取，艰苦奋斗；改革创新，追求卓越。服务宗旨诚信第一，效率第一；客户至上，服务至上！ 个人感受：用我的真诚，换来您的信任；用我的服务，换取您的满意；您全家的幸福与平安，将是我最大的安慰！

	福元运通	宜信	平安易贷
特点	福元运通在民间借贷的特许加盟中独创了分级加盟模式。福元运通在特许经营的大框架上，考虑到不同加盟商的具体情况，把加盟费用分级，资金量大可以直接成为加盟商，资金少可以从一个小的分理处先做起，根据业绩的提升，分理处可以逐步提升为小加盟商，甚至到大规模加盟商，这样他们还可以在不断提升的过程中，获得更多的收益	无须抵押担保：无任何贷前费用，收费透明；审批快速，最快当天可以获得资金支持；还款便捷，服务渠道广泛。产品种类多：宜学贷、宜车贷、宜房贷、宜人贷、宜信租赁、普惠一号、信翼计划、小微企业、农商贷	小额贷款 1 万～15 万，企业 10 万～200 万免抵押、免担保，可以提前还款

"三家虽然管理和销售模式不同，但业务原理是一样的。"市区一理财公司人士介绍说，宜信这几年以网贷迅速做大，平安易贷稳扎稳打，福元运通以其独特的风险管控模式和加盟店模式，短短数年将市场拓展到全国。可见福元运通的运营模式绝对是最独特，也是能最有效控制风险，适合长期发展的方式。

二、福元运通的组织架构和各部门职能分析

福元运通作为中国最大的线下金融中介平台，有着独特的组织结构和扩张模式。作为中国连锁金融中介的代表，公司机构数量呈几何级数增长。

福元运通运营模式的核心是"福元运通品牌四级加盟连锁体系"，公司将向

所有加盟商提供包括电子商务、风险评估等一系列民间借贷信息互动网络，这不仅为客户提供了快捷全面的信息，也使各加盟店的规模化进程快速化和低成本化。科学的加盟体系、完善的品牌支持以及业务培训系统得到了广大客户的支持与认可。而公司内部的管理也同样重要，福元运通通过各地分公司对加盟商实施统筹管理，巩固本地业务基础；并且有各大中心分别负责财务管理、风险控制等，保证借贷市场的顺利流通。具体组织架构如下：

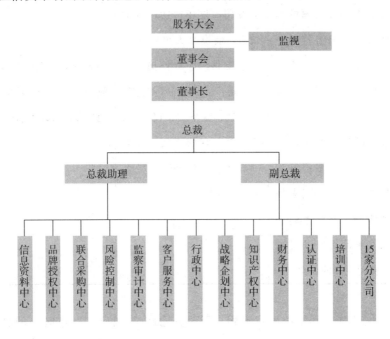

福元运通组织架构图

品牌授权中心：矩阵式组织结构中的重要一环，全面负责加盟市场的开发及管理，对公司品牌的形象和价值进行宣传与展示；同时对直营分公司品牌和区域加盟机构区域品牌的加盟业务进行指导和协助。品牌授权中心是公司中非常重要的一环，关系着加盟商进入的标准设定以及加盟之后的等级评定，是公司和加盟商之间的重要联系机构。

风险控制中心：福元运通业务的"保护伞"，确保公司规避风险，建立起对公司业务风险的控制体系；整合福元运通系信贷资产组合整体风险监测体系等多项有效的管理手段；制定缜密的中介业务审批程序和操作规程、中介业务风险控制的有关管理制度。风险控制中心也是本次实践重点考察的中心，作为金融中介机构，风险控制的重要性不容小觑，而福元运通也在该中心投入大量人力、物力，以优秀人才的进驻作为整个风控的保障。

客户服务中心：客户所需，客服所想。客服中心是公司与客户间的纽带，为客户提供强有力的后续服务保障；制定并不断改进客户服务标准，建立和完善客户资料库；新产品的研发推广；同时协助指导各直营分公司及各级加盟机构客服部日常工作的开展。服务质量是金融机构的重要保障，而福元运通在该领域一直处于领头羊地位。福元运通人以企业文化为基准，一直优化广大客户的投资体验，这也是客户服务中心处于核心地位的重要原因。

战略企划中心：福元运通品牌推广的中坚力量，全面担当公司企业策划、网络运营与软件开发、战略方针等任务；同时负责企业文化和品牌形象的设计与推广；制定公司的投融资战略宣传规划；公司重大活动的方案策划执行，以及公关策略的制定执行。战略企划背负着宣传和公关两大使命，综合战略部门的出现也体现出福元运通领导层对于长远战略部署的高度重视。在以企业文化为根基的金融服务界，长远的战略规划与实施与该部门的运作是分不开的。

培训中心：福元运通这艘巨轮上的每一颗螺丝钉都由此打造，致力于搭建福元运通体系内良好的培训资源对接平台；建立严谨的课程体系，根据公司发展的变化进行不断调整、完善；并协助分公司与各个加盟机构进行对培训项目的规划与实施。培训中心是本次实践又一重点考察的部门，仅仅从新员工入职培训这一视角，我们就可以看出企业文化在整个企业中的中坚地位。

15家分公司：作为总公司的直营分支机构，福元运通人的足迹遍布青岛、济南、合肥、上海、重庆、沈阳、广州、北京、温州、长沙、长春、南京、成都、深圳、东营，开拓了福元运通在各省市的布局，形成了当地金融中介和服务行业的新形势和新局面。12间中心以及15家直营分公司，共同构成了福元运通的全国版图，为打造最广阔的服务版图和最优质的服务质量贡献出各方力量，这才有了整座金融大厦的屹立不倒。

三、福元运通的企业文化分析

我们主要通过三种方法来考察福元运通的企业文化。

第一种办法是直接的感受，这一过程是零散和不系统的，但贯穿于整个调研行程中的大部分时间和地点。通过福元运通的接待工作、访谈工作的前期准备和后期收尾，以及其他在福元运通度过、与福元运通的员工们共处的点点滴滴的时间，我们作为一个自觉的观察者，以全景的视角和开放的心态，置身于福元运通的企业文化中。

第二种方法则是问卷调研。我们结合相关课程中的知识，设计了一个简单的、关于福元运通企业文化的问卷。在福元运通的协助下，我们在公司内部做了一个大样本容量的抽样，并分析了所采集的数据。

最后一种办法则是系统性的访谈。在福元运通的支持和帮助下，我们利用 5 天时间，了解了福元运通企业的架构和运作方式，并逐个访谈了公司内部的 10 个部门。我们访谈工作的对象囊括了从部门领导到基层等各个层级的员工，整个访谈过程也十分顺利，这使得我们有机会在非常丰富的第一手材料的基础上进行分析、概括和总结。

我们小组全体成员的一个切身感受是：福元运通的企业文化内容十分丰富，既融合了古典的智慧，又结合了时代的特点，有很强的独创性。在这样的环境中工作的员工们自然是幸莫大焉，上善若水，滋润心田。但这也给叙述和归纳工作出了一个难题：怎么才能准确、简明地把福元运通的企业文化在一个书面化的报告中展现出来，既不失其原意，也不失之偏执？

关于这一问题，我们的策略是：尊重原始材料。在学术中，对于类似的材料的处理方法，通常被称为质性材料分析。在质性分析中，一个非常受关注的要点便是要处理好主观和客观的关系。理想的状况当然是我们的成果可以完全客观地展示福元运通内部的企业文化，使得我们的结论既是可重复的，又是可验证的。但一方面，在社会科学领域实践性的工作中，这两个要求都显得太高了。具体到我们的努力中，研究的主体当然是主观的。在这一意义上，柯林伍德和克罗齐的观点是不能被忽视的；另一方面，我们研究的对象也是主观的。企业文化，作为一类子文化概念中的一部分，这一概念本身就导致了多样化的怀疑和追问。从学术的角度上说，我们可以提出相当多根本数量的问题：企业文化是一个确实存在的实体吗？企业文化的内涵和外延是什么呢？每个人对企业文化的感受都大致相同吗？如果不是，从这样一些感受中我们能够看出一个大致的轮廓吗？从这个意义上说，我们的探索，更多地像是柏拉图洞穴里原始人的呓语，而非色诺芬宴饮中的雄辩。

为了避免各类怀疑论的问题，我们尽力地剔除自己，努力在最终的成果中实现去个体化（当然这是不可能完全做到的）。我们希望，我们只是福元运通的企业文化实践的搬运工。我们将我们获得的大量原始材料尽量按照原意梳理清楚，以一个清晰的顺序和形式展现出来，并给出一些可以直接归纳的结论。在最后一步的操作中，我们是谨慎和保守的，我们也希望由此得到的结果是可信的。但即使只是这个程度上的考察，也已经让我们为福元运通的企业文化建设感到惊叹。

从感性的角度来讲，最受我们关注的应该是福元运通的以下三项文化元素：茶文化、家文化、酒文化。

这三个要点是由福元运通概括的，但如果让我们来概括的话，同样也不会偏离这三个要点。有两个原因可以大致地解释我们的猜想：福元运通自身选择的文化元素具有高度的吸引力；福元运通很好地执行和贯彻了践行和发扬自身企业文化的工作。综合这几天的感受，按照上文所叙述的方式，我们可以用这三点为指引来整理我们看到的相当一部分材料。而三个文化要点之间的联系和结构，在叙述完成之后，将会自然地显现出来。

首先是福元运通的茶文化。除了一些物质性的元素（主要是视觉性的）之外，茶文化可以说是我们进入福元运通后第一次领略到的企业浓厚的文化氛围。考虑到所谓视觉的感受时间很短，纯粹是浮光掠影，可以说茶文化是我们看到的福元运通企业文化的第一个侧面。精致和完备的茶室是我们感官受到的第一次刺激。由于同行的队伍中有对茶的相关知识十分了解的同学，我们得以比较准确地判断大量的茶具和布置的意义。而后面我们观察到福元运通的员工都具备娴熟的泡茶技能，可以说是为实现茶文化而需的物质载体另一完备的配套。福元运通在这一环节的精心准备，为发扬本公司的茶文化准备了合适的物质载体。而接下来的一点则更加重要，福元运通的董事长孙立文先生亲自接待了我们。此处必须指出，孙立文先生不仅仅是企业的领导者，他还是企业文化的倡导者和建设者。福元运通的整个企业文化的架构和要点，都应该归功于孙立文先生的思考和努力。毫不夸张，孙立文先生自己就是整个福元运通的企业文化的最鲜明和最深刻的表达。而他的亲自接待，也使我们更加准确、更加深刻地把握福元运通文化的面貌和精髓。毕竟，一个能够和企业文化的缔造者面对面长时间交流的机会是少见的（更别说这位缔造者还亲自领导着企业，完成了一次又一次的革新）。来自他的叙述，应该说是最深刻的；而我们的问题，也可以得到最快速、最有力的解答。而关于整个茶文化具体的归纳，又可以分成以下两个部分：一为整体的氛围；二为具体的要点。清茶在手，心绪无忧，整个谈话的过程都十分舒缓且令人愉悦。整个茶文化为我们营造出平等的、自由的交谈氛围。因为我们是第一次进入福元运通，难免生疏或者不熟悉，在初次的交谈中难免有生涩的毛刺感，需要很多时间来交流和沟通。由于紧张或者不了解情况，在通常的状况下，这很难形成对话或者交流，常常变为一边倒的讲话，甚至伴随着冷场。但整个环境给人以一种放松的感觉。这同样可以归功于以下两点。首先，茶在中国文化中有着重要的地位。以茶会友，饮茶畅谈，这一人生快事，横贯中国一千多年的茶历史。茶，作为一种文化要素，作为一种情感表达，作为一种社交手段，早已渗透进了中国文化的各个方面。福元运通选择茶作为文化要素之一，对于沟通和交流这一目的来讲，无疑是十分适合的。茶因其本身的生物学属性，以及被社会文化赋予的功能和情感，能够营造出一种自由舒畅的空间。其次，福元运通人对茶的文化属性理解得十分深刻，或者说，福元运通人自己将茶文化理解得淋漓尽致，从而举手投足间也隐约带有几分清茶风范。这就需要归纳茶文化的核心要点了。在我们看来，福元运通的茶文化大致地可以归结为以下几点：开放、优雅、自信、双赢。

在和孙先生以及其他福元运通人的对话中，我们清晰地感受到了前三个要点。孙先生无论是讲话，还是回答问题，都充满了冷静和自信，让我们深刻地感受到他的睿智和镇定。这是积极向上的企业的昂扬的风貌，也是积极进取的企业文化外化的表现。但冷静和自信绝不代表着强势和封闭。整个谈话过程给我们的另外一个印象是，福元运通的整个文化体系非常注重倾听。我们提出了许多问题，有成熟的，也有不成熟的，有些甚至是对背景情况相当缺乏了解的问题，但福元运通的员工们不会对这些问题有任何的轻视。他们在回答时，仍然保持着一种开朗得体的仪态，有着严肃认真的态度。我们提出的问题都得到了相当细致完备的回答。与此同时，对于我们提出的一些观点和看法，不成熟的，或者不太符合实际情况的，福元运通人自然是迅速而认真地给予更正。但他们对于所有的建议和看法，都有着包容的态度，秉持着一种开放的心理，可以说是鲁迅所谓的"将彼俘来"的气度。在商业运营中，尤其是在民间金融中介这样一种极端注重沟通和谅解的生意行当中，这一点太重要了。福元运通所做的生意需要理解，需要知情，需要信赖。借贷双方，以及中介方，三者之间不是竞争关系，而是彼此沟通，促成融通的合作关系。你死我活的红海战略在这里注定要碰得头破血流。而开放、冷静、自信、双赢，这些原则，才是在这一行业里"驶得万年船"的关键所在。从这一点来讲，茶文化的意义是相当重大的。

除了茶文化之外，福元运通的企业文化中另外两个要点是酒文化和家文化。

我们在前面叙述的茶文化，在对外交流的时候体现得比较明显。我们也可以称之为企业文化中的外向型组分（这一说法当然并不完全恰当，毕竟企业的文化是相互渗透的，不存在截然的内外之分。这里的内和外，更多地是基于实用主义和功利主义角度的分类，指的是茶文化的实际体现，或者说实际用途更多地是在企业的对外交往中得以体现）。而酒文化，在这个意义上，可以说是内外兼修的文化组分。家文化则更加倾向于内部。福元运通的总部在青岛，而青岛本身就有浓郁的酒文化气息。再加上青岛人热情、豪爽的性格和待客之道（福元运通的老员工中有相当大比例的青岛人）以及福元运通丰富的经营实践，使得酒成为福元运通的企业文化相当重要的一个组成部分。不论是企业内部的聚餐，还是和加盟商和客户的洽谈和沟通，酒都是重要的沟通媒介。考察期间，躬逢盛宴，我们恰好遇上加盟商财务人员培训班聚会，这是酒文化的一个充分的体现。而在我们每天与福元运通人聚餐的时候，适当饮酒，也是调节气氛，打开话匣子的一个很好的工具。如果让我们用几个词来简单地概括福元运通的酒文化，这几个词应该是：自由、信任、坦诚、适度。前三个词，联系我们日常饮酒的经验和感受，应该是很好理解的。我们在加盟商财务人员培训班聚会时看到的场景是一个很好的例子：在结束了一天紧张的学习后，各位财务班的同学来到青岛独具特色的露天啤酒花园。服务人员端上一扎一扎的啤酒，大家开怀畅饮。几杯啤酒下肚，大家面色微醺，紧张的情绪也一扫而空。大家此时开始展示各自的才艺（啤酒花园一般有自己配套的舞台灯设备），多数是唱歌。现场的气氛十分热烈，我们也不禁为此感动。但必须注意的是，酒文化不是一味地胡喝滥喝。在福元运通的酒文化中，不论是招待宾客，还是内部聚餐，每一桌都会设置四个陪酒的位置，由同桌中善于把控气氛，而酒量又比较好的人担任。每一位陪酒喝酒的数量和顺序都有惯例来约束，因此，尽管啤酒是"打开激情之门的钥匙"，但实际上，宴饮的现场很有秩序。大家在抒发自己情怀的同时，也很尊重他人的感受。福元运通的酒文化也不追求把客人灌倒或者灌醉。尽管在某些地方，把客人灌得酩酊大醉被视为最高的待客之道，但在日益多元化的今天，这样一种既不健康，许多时候亦无效率的做法已经不在适应于现代商业交往的需要。福元运通的酒文化主张喝酒应该适可而止，喝酒本身不是目的，酒的存在，纯粹是作为交往和沟通的媒介。为喝而喝，喝得昏昏沉沉、满眼金星，也不是生意场上应该有的风范。饮酒有个适合的量，差不多能够引导话题了，也就足够了。之所以喝酒，最重要的还是抚慰戒备的、紧张的情绪，让大家真正打开心扉，实现自由、信任而坦诚的沟通。这也是作为一个中介机构在生意中必须具备的修养。而适度这个词，不仅仅是追求效率和风度的需要，也是家文化的一种体现。

由此，我们由酒文化切入了家文化。福元运通内部的家文化的建设和维护，可以说是十分优秀的。关于这一点，最深刻的感受来自于我们对福元运通 10 个部门数十名员工进行的为期 5 天的访谈。几乎每一名员工都提到了公司内部家庭一般的氛围和领导、同事对自己无微不至的照顾。每逢生日，公司会送上生日蛋糕；外地开设分公司，老领导会亲自布置宿舍和家具；家庭遭遇变故，公司组织捐款并在费用方面给予帮扶，如此种种，不胜枚举。仅仅在我们做的现场访谈记录中，这样的例子就有数十个之多。此外，福元运通的家文化还体现在其对人才的吸收和培养这些方面。孙立义先生强调，福元运通选择人才的标准是"有点能力"。福元运通并不特别强调应聘者个人的素质如何；相反，公司特别强调选择福元运通的人应该和公司有一致的思想，有一致的价值观。比如，福元运通在招聘的时候，会特别注意曾经在线上或 P2P 平台从事过民间借贷的个体，因为他们很有可能有着赚大钱、赚快钱的投机思想、侥幸心理，这与福元运通的文化是相悖的。然而，一旦证明新员工确实适合福元运通，公司会为新成员提供稳固的发展平台和广袤的发展空间。俗话说，不是一家人，不进一家门。一旦进入了福元运通，新员工便能够得到如同家人一般的待遇。除了前面所说的生活上的关怀之外，公司还会给予大量的资源和锻炼机会。公司内部有各种各样的培训班，涉及企业经营、管理、宣传等各个方面的知识，供员工学习。在我们的访谈中，几乎每一个体都强调自己在福元运通学会了很多。由于公司的经营方针正确，企业文化的氛围好，员工的发展空间很大，晋升很快，有能力的员工会很快地被拔擢到管理层的岗位上。在整个家庭中，大家分工井然有序，量力行事，但在生活上都能得到集体的关怀。如果让我们来概括福元运通的家文化的话，我们会用下面这几个词：团结、进步、热忱、发展。

最重要的是，这些要点并不只是泛泛而谈的要点。从我们在企业内部的抽样问卷的结果来看，认同程度普遍很高。在 7 分制的量表中，几乎所有涉及企业文化问题的平均分都在 6 分以上（仅有一个问题平均分为 5.9 分），这一结果可以说是十分理想的。而在后面的简答题部分，大部分员工都能够正确地回答出企业文化的要点，画出企业的标识，这一点也是高度一致的。

总的来看，福元运通的文化可以大致分为茶文化、酒文化和家文化三个要点，每一部分都有自己的特色，但又紧密联系，构成一个整体，在整个企业中构筑了强大的凝聚力和进取的精神面貌。从我们展现的材料来看，福元运通的文化有其独特的创新之处和亮点，仅仅以一篇简短的文稿难以叙述完整，还有待进一步的整理和探索。

四、福元运通可持续发展分析

本部分将结合目前福元运通的发展规模和模式，对福元运通未来的发展做出预测。

1. 短期发展目标：上市

良好的经营业绩，巨大的市场空间促使福元运通不断地拓展业务领域和区域市场，引起了国际资本市场的密切关注。公司规划在近两年内，全面拓展和深化金融中介服务业务，在国家政策继续开放的情况下，逐渐走向中小型银行业金融机构和跨区域、集团化运作的上市公司。从 2011 年开始，董事长孙立文先生就在筹备去香港上市。去年，为准备上市所需披露的财务报表已经就绪。但他并不急于上市，并说"不缺现金流，可以再等等，等到再开 100 家直营店。"他为福元运通规划的下一步是，三年内直营＋加盟店总量达到 800 家，其中 100 家直营，800 家之后将以开设直营店为主。

毫无疑问，上市将为福元运通提供更加广阔的发展空间，为公司走向国际市场提供更加宽广的平台。

2. 长期发展目标：紧跟国家政策，发展民营银行

从世界上不同国家和地区的经验来看，非正规金融的发展趋势往往正是融入正规金融系统。Kohn（1999）在研究英国工业革命前的金融制度时发现，正规金融都是从非正规金融的行列中逐渐演化形成的。日本的"无尽会社"于 1951

年转化为相互银行，进而于 1968 年升级为普通银行。台湾的合会公司在 1976 年开始向中小企业银行转化，并最终于 1995 年完成这一转化。韩国在 1972 年将其民间金融机构"契"转化为共同信贷机构。尼泊尔的传统民间金融组织"dhiku-ti"最终于 1992 年转化为"喜马拉雅金融存款公司"，并有进一步升级为普通银行的趋势。

我国的民间金融发展趋势也并不例外。近年来，在国家宏观经济调控作用下，银行的限制性贷款措施使一些成长中的中小型企业和创业人士很难从银行部门获得帮助；同时对银行部门起到拾遗补缺作用的中国金融中介服务行业借助当前的市场时机，得到了充分的发展。特别是在某些经济发达城市更是得到了蓬勃发展。

以期限灵活、方便快捷著称的中国金融中介服务行业，在与银行形成互补的条件下，正在扮演着壮大个体私营经济、促进地方经济发展等方面的作用。据国家权威专家对金融中介服务现象进行调查的课题结果显示，目前我国民间信贷规模近 8000 亿元，民间融资规模占正规途径融资规模比重平均达到了 28.07％，全国闲置资金更是多达 90000 多亿元。

2007 年 12 月，银监会副主席蒋定之表示，银监会将推动制订颁布《民间借贷管理条例》，加强对民间借贷行为的监测，密切关注涉及众多自然人、借贷范围的民间借贷行为，依法打击和取代高利贷、地下钱庄等活动，依法处理各种违法活动，维护金融秩序的稳定。

2008 年 3 月，中国人民银行联合银监会、证监会、保监会发布《关于金融业支持服务业加快发展的若干意见》，明确要求抓住国家产业政策支持服务业加快发展的有利时机，寻求新的利润增长点和发展目标，稳步、有序地开展金融服务业。

在 2008 年 5 月 8 日，银监会、中国人民银行发布的《关于小额贷款公司试点的指导意见》中充分明确了国家对小额贷款的正面肯定和政策的支持，并预示着国家将逐步规范、放开小额信贷市场，可以预见政府部门后续支持政策还将陆续出台，力度将逐步加大；同时，这一系列的国家支持政策也将作为福元运通业务模式推广的政策和法律基础，为福元运通的发展壮大起到保驾护航的作用。

中国人民银行研究局副局长刘萍在 2009 年说：中小企业在就业方面做出了巨大贡献，却越来越难以应对融资难的瓶颈，"企业普遍不景气加上金融危机，使得原本就条件苛刻的商业银行越发惜贷"。而备受中小企业和金融人士关注的《放贷人条例》已经于 2009 年下半年正式提交到国务院法制办，一旦条例通过就意味着银行在信贷市场的垄断地位被打破，"民间借贷阳光化"在国家立法层面得到确认。而作为这个行业的领军企业福元运通，将会迎来新一轮的发展良机。

2010 年 5 月 7 日，《国务院关于鼓励和引导民间投资健康发展的若干意见》正式出台，其中明确指出鼓励和引导民间资本进入金融服务领域；同时，鼓励和引导民间资本重组联合和参与国有企业改革、积极参与国际竞争，推动民营企业加强自主创新和转型升级。这是国家政策对于中国金融中介服务行业发展支持的明确信号，标志着中国金融中介服务行业全面迈入"阳光地带"。

在国家政策的"东风"之下，福元运通引领着中国金融中介服务行业健康前行，迎接更大的机遇与发展。在指引中国未来经济发展走向与发展趋势的"十二五"规划中指出：鼓励扩大民间投资，放宽市场准入，支持民间资本进入基础产业、基础设施、市政公共事业、社会事业、金融服务等领域，此计划再次向中国金融中介服务行业打开了政策窗口，带来中国金融中介服务行业的崭新春天，福元运通积极响应国家政策，发挥典范作用，推动中国金融中介服务行业进入全盛时期。

2012 年 5 月 8 日，作为中国金融中介服务行业领军企业的福元运通，受邀进驻温州金融改革试验区——温州民间借贷登记服务中心。温州金融综合改革试验区的设立，是国家为了进一步推进民间资本进入金融业、探索利率市场化，缓解中小企业融资难问题的重要战略，随后温州金融改革 12 条细则的落地再次引起整个市场的轰动。

2013 年 6 月 19 日，李克强总理在国务院常务会议上表示，鼓励民间资本参与金融机构重组改造，探索设立民间资本发起的自担风险的民营银行和金融租赁公司、消费金融公司等，进一步发挥民间资本在村镇银行改革发展中的作用。

2013 年 6 月 29 日在陆家嘴论坛上，银监会、保监会的高层亦对于放开民间资本进入金融业表示了积极的态度。银监会主席尚福林就在其主题演讲中提到，要调动民间资本进入银行业，鼓励民间资本投资入股和参与金融机构重组改造，允许尝试由民间资本发起设立自担风险的民营银行、金融租赁公司和消费金融公司等民营金融机构。

2014 年 3 月 5 日，李克强总理在十二届全国人民代表大会第二次会议中指出，要深化金融体制改革。稳步推进由民间资本发起设立中小型银行等金融机构，引导民间资本参股、投资金融机构及融资中介服务机构，让金融成为一池活水，更好地浇灌小微企业、"三农"等实体经济之树。这一信号的发出，为福元运通成为服务于中小微企业的金融中介服务机构这一目标指明了方向。

总而言之，在国家政策的指引下，福元运通发展成为民营银行的道路将越来越明晰，服务中小企业融资的功能将发挥得越来越好，并将为社会带来源源不断的福利。

五、福元运通发展建议

按照目前的发展模式和扩张速度，福元运通的发展道路在至少未来 5 至 10 年内都将是平稳的。但是，福元运通的发展和管理模式依然存在一些不足，这些不足对于企业长远的发展而言是较大的障碍。

这个不足总的来说，可以归结为：尽管人的因素是起决定性作用的因素，但企业过分偏重于依赖人的因素时，也有可能会带来一些附加的风险。

福元运通的三大文化：家文化，酒文化，茶文化，归结起来就是家文化：都是通过共同的信仰所构成的定期不定期的聚会，拉近人与人之间的距离来实现更好的合作，而"酒"与"茶"作为文化的载体，是拉近人与人之间距离、营造宾至如归的服务效果时所采用的一种手段。这个"家文化"，是福元运通管理与服务所依据的一种精神，也是当前企业文化的重要组成部分。它是正确的，是需要继续长久保持的。但是，当考虑到企业未来更长远的发展时，"家文化"是有其局限性的，是需要其他方面的补充的。

须知，万事万物有一利必有一弊。由定期不定期的聚会所形成的"家文化"的优点是形成向上引导的巨大激励力量和避免犯错误的巨大约束力量，在组织内树立起催人向上，争先恐后的氛围，为高质量地做好工作奠定基础。其弱点在于，这种定期不定期的聚会所形成的相互熟悉的环境，很容易在组织成员内部建立起密切的感情，而过重的人情味会使组织成员违背原则犯错误，或者给不合适的熟人客户放款，或者相互包庇犯错误，这就是为什么福元运通每次召开加盟商大会，总部领导都会声色俱厉地严格强调遵守放款"四大原则"的原因，并称这是企业的红线，绝对不可触动。换言之，福元运通力求通过这种方式将"家文化"过重的人情味带来的副作用降到最低。

而且这种"家文化"的副作用在企业逐步发展壮大、企业成员数目变得非常庞大——尤其是加盟商越来越多时，将会越来越明显地暴露出来，而这也是符合经济学的边际收益递减的原理的。因为，当成员数目很庞大时，单一的人际圈会变得极不稳定，极容易发生分裂。也就是说，这个大圈子内部分化出各种"亚圈子"：包括加盟商在内的整个体系内部会出现各种"小团体"。这些小团体会在方方面面违背企业的初衷，而由于总体规模太大，企业总部也将很难充分加以监督。这意味着，企业的发展规模越大，对于文化渗透力的要求就越高。这就是为什么西方人走到哪里，都先建教堂；晋商走到哪里，都先建关帝庙的原因。其目的只有一个：借助共同的信仰、共同的文本的力量将五湖四海的人凝聚在一起。

对福元运通来说，在发展的道路上还有两个威胁需要注意。一个威胁是福元运通的加盟商所依赖的客户资源很大程度上是在加入福元运通之前、通过自己的生意往来而逐渐建立起来的，是一个本不属于福元运通的外来的体系。他们加入福元运通后，固然会受到福元运通企业文化的熏陶，但当其具备了较大的实力时，也有脱离福元运通的激励。尤其当国家政策环境发生变化时，加盟商很可能会认为自己不再需要商务部备案的福元运通这个品牌，而完全可以根据自己的想法、利用已经掌握的人脉资源另起炉灶。这样，福元运通就在发展、培植加盟商的过程中为自己制造出了潜在的竞争对手。

不过，也有另外一股力量在抵消这一威胁。毕竟现代企业的竞争是建立在规模经济的基础上，而金融业的高同质性，尤其强调全球化的规模，这意味着福元运通的规模越大，品牌影响力越强，对每一个加盟商的带动作用就越强。换言之，加盟商越离不开福元运通。当然，这不排斥出现了一个强大的竞争对手，为了迅速地扩张市场，而去挖福元运通的墙角。这对福元运通来说，提出了一个如何进一步强化竞争优势，巩固既有市场的问题。

在福元运通发展的道路上，潜存着的另一个威胁是政策风险。福元运通的这种经营模式之所以得以存在并壮大，很大程度上是它抓住了转型期的政策空白。其实，国有银行早已觊觎民间金融中介这一领域，只是由于政策束缚而不得行。但是，金融改革是大趋势，当利率充分实现市场化，当相关政策进一步开放时，国有银行对该行业的介入将对福元运通造成巨大冲击。同时，国家也很可能对民营金融中介实行更加严格的监管，届时，福元运通在经营上的自由度可能会受到较大限制。对福元运通来说，应关注形势变化，紧跟政策步伐，与政府实现良好的信息沟通，以便对政策的变化及时作出反应，最大程度地降低政策变动所带来的风险。

而所有这一切，说到底还是企业文化的问题，即如何认识自然、社会和人类自身，如何从人类历史的发展中借鉴经验教训，不走或少走错路的问题。

古人云：推陈出新，鉴往知来。对福元运通来说，既要学习本民族长期发展过程中创造出的文化，还要学习外民族发展过程中创造出来的文化，尤其是学习在工业革命方面远远走在我们前面的欧美民族创造出来的文化。这意味着，福元运通既要重视研究本民族企业发展的历史，更要重视研究像摩根大通这样世界级的大型金融企业的发展历史，包括产业结构的演化，管理制度的演变，等等，这样才能建立起一个中西结合，古今结合，既包容又超越的新文化，为长期可持续的发展奠定基础。

六、相关结论与启示

通过以上的分析，我们可以在福元运通的企业文化中找到大量的闪光点，笔者将其概括为以下三点：

客户至上，诚信为本的经营观；

求稳求实，放眼未来的发展观；

以企为家，以企为校的人才观。

福元运通的经营观，首先是以遵纪守法、诚信经营为一切的前提和基础。始终对法律保持敬畏，始终对客户保持热忱，始终对社会效益高度重视并身体力行，是福元运通立足中国金融中介行业的基石，也是其评价一切得失的圭臬，衡量企业及企业文化的准绳。

福元运通的发展观，则体现了以孙立文董事长为首的企业领导层的卓越智慧。福元运通在其发展壮大的过程中，逐步形成、凝炼出了极具特色的发展观；这种发展观，立足于企业的长期效益和可持续发展，不求快求大，不大刀阔斧，而是在注重数量的同时，更注重质量。公司发展强调联纵思维的运用，既讲法律、讲规则，也讲情义、讲品德，通过与合作伙伴实现双赢来创造长久、稳定的利润。

福元运通的人才观，是将家文化、酒文化与茶文化充分融合的人才观，是充分结合了中国国情和中国人的人情观念的人才观。要打造一个好的队伍，就需要一个好的人才观。曾国藩通过其独到的人才观，打造了一支不败的湘军，改写了中国一个世纪的历史，可见，一个好的人才观，对于队伍的历练有着多么重要的意义。人的因素是起决定性作用的因素，其要点无外乎两个：一是如何拢住人心，二是如何聚起人力。正所谓"天时不如地利，地利不如人和"，企业只有真正做到以人为本，才有可能在人的因素上占据先机。福元运通的员工认同和凝聚力之所以强大，就是因为福元运通为员工提供了健全的传帮带机制，提供了广阔的发展空间、自由施展的发展平台和客观而有效的发展激励。这是其魔力所在，也是其魅力所在。

用有福元运通特色的经营观——服务客户、回馈社会、巩固力量。

用有福元运通特色的发展观——联纵伙伴、塑造品牌、壮大力量。

用有福元运通特色的人才观——培养员工、锻炼队伍、凝聚力量。

这是福元运通取得巨大成就的精神源泉，是企业文化的精华。通过践行有福元运通特色的经营观、发展观和人才观，公司将企业文化浸润到业务开展、市场拓展、人才培养、回报社会等公司发展的方方面面，创造出一条福元运通所独有的发展道路。

（本文系北京大学经济学院经济学系 2012 级本科王婕、朱悦、吕昊天、汪文正、张宇轩、陈雪瑶、陈昕、李劲林、李炜钊、樊千瑜等的社会实践报告，他们于 2014 年 6 月底 7 月初在青岛、北京福元运通的多个加盟店进行了一个周的考察。指导教师：周建波，张亚光）

第四部分：金融区域化与国际化

晋商票号如何对分散在不同区域的分号进行管理

随着山西商人从自东自掌（所有权和经营权合一）向东掌合伙经营方式的转变，山西商人的社会化程度更高了，能有效地将资金、人力等各方面力量充分动员起来，从而在广阔的地域范围内开展经营。例如，山西太谷北洸村曹家，祖上靠挑担贩卖砂锅维生，到明末清初曹三喜时，闯关东闯到了东北热河朝阳县的二座塔，以种菜养猪、磨豆腐等小本生意起家，开始建起了曹家商号，并逐渐扩大字号，把业务范围扩展到了赤峰、凌源、建昌、沈阳、锦州、四平街等地。后来又由东北扩大到山东、张家口以及江南各地，商号多达 640 余座，其中资金雄厚的钱庄、票号、当铺、粮店、酒坊等就有 20 余座。总资金达 1000 万两白银，雇员最多时有 37000 余人。另外，曹家还在俄罗斯、蒙古、朝鲜、英国等七个国家建有分号，可谓最早的跨国企业集团。

面对广阔的市场和众多的分公司，晋商是怎样成功地对下属分公司进行管理的呢？这正是今天的中国企业非常头疼的问题，企业界中广泛流传的"一放就乱，一收就死"，就反映了中国企业界的这种苦恼。随着企业经营范围的扩大，老总精力有限，你不放权给部下，肯定不行；但你放了权后，又会发现，部下会利用"天高皇帝远"所造成的监督成本高的特点，滥用上面的信任犯错误。总之，你不放权不行，放了权后还不行。下面让我们看一下成功地在广阔的地域开展几百年经营的晋商是如何处理这一问题的。

一、联号制的管理模式

晋商历史悠久，市场广大，分公司众多，如何管理这分散在广阔地域上的分公司呢？在长期的经营过程中，晋商摸索出了联号制的管理模式，成功地降低了组织的管理成本，将规模经济的优势最大限度地发挥了出来。

以曹家为例。随着曹家经营范围的扩大，总号与各分号之间形成一种类似近代西欧资本主义企业子母公司的联号制。曹氏在祖籍太谷设立励金堂、用通玉、三晋川三家账庄，作为统辖曹家分布在全国各地商号的总枢纽。每年收取各地年终汇报，然后将经营损益与人事变更转报"三多堂"。这"三多堂"就是曹家经营资本的总参谋部。按三大账庄管辖职责划分，形成下列的联号统属关系网络：

曹氏三多堂——用通玉、三晋川、励金堂

其中，用通玉——东北各商号

三晋川——山东各商号

励金堂——太原、潞安及江南各商号，彩霞蔚（锦泰亨、瑞霞当、锦生蔚）

具体来说，励金堂管辖着所有在山西太原、潞安及江南各地的商号，还管辖着在天津常住、采购洋货及绸缎的彩霞蔚批发庄，由彩霞蔚负责管辖天津、北京的其他商号。这样曹家联号的组织结构形成三层次、四层次制度。如果基层商号有事请示，要逐层向上报告，不能越级。各商号都是独立核算，但都必须在上一级商号的领导下经常交换信息，并在物资采办、销售上互相支持，在财政上挪款相助。这样，在管理层次上比较严密，在经营活动中又比较灵活，形成一个强有力的联号集团。

晋商联号制的组织结构体现出总号的高度集权，即机构设置权、人事任免权、资金调度权、盈利分配权都集中于总号，各分号有业务开拓权、资金运用权、人事管理权，目的是发挥大组织规模经济的力量。现以山西票号的组织结构为例，看看晋商是怎样进行总号和分号的组织结构建设的。

（一） 总号的人员及其职务

从有关史料来看，其情形大致如下：

总号设总经理（大掌柜）一人，为全号之领袖，有经理全号内外一切事务之大权。

设副总经理（二掌柜，协理）一人，辅助总经理办理全号事务。

设营业经理（三掌柜、管内事掌柜）一人，辅助副总经理工作，负责全号营业事宜。总号设营业组一个，三、四人组成，其中柜台营业员一人（俗称"坐掌柜""拦柜头"）负责管理门市部。正营业员（正跑街、上街头）一人，归营业经理领导，负责了解本日商情动态、上市接洽款项及一切银钱业务往来。设副营业员（副跑街）一至三人，辅助正营业员调查商情并办理一切上市业务。练习营业（学徒担任）无定员。

设账房一个，其中管账先生一人，总理全号账目，负责银钱出纳。副管账一人，辅助管账先生经管账目。帮账二人，受副管账指挥，助理各项账务。练习帮账无定员。

设文书组（信房）一个。其中文牍先生一人，办理号中对外文件。信员二、三人，受文牍先生指挥，负责号中来往文件，处理繁多的信札。

设外交组一个，一至三人不等，负责外事交际。另外，设稽核员之职，人员多属兼任。总号练习生（学徒）通常五、六人至一二十人不等。主要是整理屋子、抄写文稿、帮账、学习业务，为日后派往分号工作做准备。

总号的人员及其职责的主要情形大致就是这样，通常一个总号人数（包括练习生）约二十人左右。增设分号前练习生有所增加。

（二）　分号的人员及其职责

分号的设置，则根据汇兑业务发展的需要，随时择地而设。如北京、天津、上海、汉口等重要商埠，与各票号均有汇兑业务，故各号在此都有分号设置。其余地区则票号各有势力范围，如志成信在广东，大盛川在蒙古，各有自己的稳定客户。

分号人员由总号统一派出，由总号大掌柜根据业务需要，选择分号经理，并为之配备相应人员。人员一经确定，则携带总号所颁图章、砝码等要件，以及路费、开办费等资金，前往设庄。

分号的组织结构，与总号大体相似，其人员数额"虽因各地业务繁简不同，有所增减，而内部分科负责者，则大致相同。"① 大多仅五六人而已，只有北京分号员工配备较多，与总号不相上下，这是由于北京业务烦剧，并多与官方接洽，事关重大，不得不慎重处理。

大多数分号的人员设置及其职责大体如下：

设经理（掌柜）一人，由总号总经理选派并直接受其领导。该经理在听从总号的指挥下，负责所在分号的全盘工作。较大分号又设副经理（副掌柜）一人，协助分号经理工作，并主管分号营业。

设账房管账一至二人，负责分号中账目及银钱出纳，较大分号则有外账房和内账房之分，并有专人负责出纳。

设信息业务员（跑街）二人，主要负责了解当天市场信息②，随时招揽生意，接洽款项，并兼事银钱业务往来。较大分号则设四至六人从事该项工作，由副经理直接负责。

设文书（司信、信房者）一人，主要负责接传各埠联号（各总号的联合组织）金融市况，并办理本分号的各种文书工作。

由于分号员工配置较少，在业务烦剧的地方，便有人手不敷之虞。于是，一些分号遂雇用当地人从事杂务，以使正式员工全力于票号业务。有的票号分号临时雇人甚至超过原有员工，据票号中人回忆，清末百川通汉口分号，正式员工仅6人，而所雇杂役却有12人之多，其中包括负责招待、跑腿的"公司"6人，为掌柜外出服务的轿夫3人，厨师2人，负责驻地安全的"守巷"1人。等于每名员工，拥有2名佣人。③

综合晋商的内部组织机构建设，可以看出其主要特点是集中统一领导和指

---

① 李谓清：《山西太谷银钱业之今昔》。
② 主要了解可做之生意，各家银根紧松和汇水涨落等。
③ 《张仲权访问记录》，见《山西票号史料》。

挥，职责分工明确，职能部门起综合参谋作用，上下级关系明确，便于统一指挥而机构精练。曾任大德恒总经理的颉尊三在其手稿《山西票号之构造》中，明确地指出山西商人票号在组织设立上以有利于"业务上之进行为主旨"。并说，票号"全盘人位之计划，系因事用人，决小因人用事。恐事少人多，习于骄惰。设或同人间有龃龉，即重行调兑，既不欲丧失养成之人才，又不得碍于业务之进行"。可见，山西票号在管理组织与机构的设置上，坚持"因事用人"，以经营为中心的原则，这正是其组织结构精练的原因所在，也是其经营成功的重要因素之一。

二、总号如何加强对分号的管理

（一） 重视对各地分号的战略性管理

所谓战略性管理，就是在总号战略规划的统一指导下，来确定不同分号的任务、业务重点及有关注意事项，形成"全国一盘棋"。山西商号在长期的经营实践中，为实现总体战略目标，是非常重视对各地分号的这种战略性管理的，往往对不同的分公司提出不同的任务要求，并针对当地的世俗人情、竞争态势等设计工作，提出相关注意事项等。例如，1901 年大德通在成都设立分号时，总经理高钰就亲自拟订《拟占蜀庄章程四条底》，对成都分号如何开展业务及有关注意事项做出了一系列的具体指示。

第一，"宗旨宜坚定也"

所谓"宗旨宜坚定也"，包含这样几层含义：一是"我号令占蜀庄，以营汇藩库局、署、京协各饷及与各庄旋转票汇为宗旨。"二是必须严格履行本号契交手续的规矩。"凡事待人以德，必须诚心相交，凡事自能仰仗。"三是站稳脚跟，再图发展。由于人地生疏，市风浇薄，"暂时不必放手贪展，只以察阅地面情形，询访盈虚消长，以作虑而后动之计。"四是"须以营求浮存为要义。至于生息之款，利小者尤可收用"，"不宜大利上款"（四厘以外）。五是"作佃官场，为我号号规所忌。"

第二，"择主宜认真也"

所谓"择主宜认真也"，主要是指初始营业，在业务往来中必须慎重选择主顾，即选择目标顾客，尤其是遇到拖欠或延期付款者，更须加以注意，免上当受骗。大德通总经理所拟该章程第一款中指出："占庄固以求利为本，而尤以择主为贵。凡做迟期补数生意，则须极意详慎选择。不受恭维，乃不致上圈套。"他之所以主张认真选择主顾，主要是因为"初占成（成都）庄，市面生而且险"，欺诈行为不可不防。所以，他在指出初占市场不可急图发展的同时，又强调了必须认真择主的原则。为了避免上当受骗，求得生存而后发展，他又指出"不受恭维，乃不致上圈套"；纵有实力雄厚、信誉极好的上上字号，迟期补数款额最多也不可逾二万两之界，"免受设有疏虑之害。"

这说明什么呢？大德通总经理考虑问题的全面，既考虑了机会，也考虑了风险，要求在蜀分号在尽可能降低风险的前提下最大限度地追求利润，并为降低风险提出了具体的解决办法，具有很强的可操作性。

第三，"操守宜讲明也"

所谓"操守宜讲明也"，主要是指对包括分号经理在内的全体人员的品德气节必须有明确的要求标准。全员必须是目光远大，胸怀大志，以谦和勤俭为根本；力戒目光短浅、骄傲自满、奢华靡丽之恶习。大德通总经理在其所拟章程的第三款中写道，竟尚极欲穷奢、心高气傲、志得意满、荡检逾闲、任意贪占者，"此皆局量肤浅，规模卑狭，所见太小"之故。这是大德通所力弃深戒的东西。他说"勤为黄金之本，谦和乃圣贤之基。向来成功立业，未有不从谦和勤俭中来。我号来此（成都）占庄，须以谦和勤俭为根本，以务将来大成之基础。"这是为实现上述战略目标而对分号工作人员提出的要求，并严明奖惩制度（号规有详细规定）以示告诫。

第四，"自立宜切究也"

所谓"自立宜切究也"，是指在竞争中欲使自身（票号）立于不败之地的基本原则和竞争策略，必须实力遵行、切磋勉励。大德通总经理在《拟占蜀庄章程四条底》中，认为票号创始时，必须认真将"所有一切规章"制度建立、健全起来，首先保证票庄自身长期没有弊端，其次要认清市场竞争形势，制定合适的竞争策略。换言之，票号创立时，仅靠自身规章制度健全，历久无弊还不够，还必须认清市场竞争形势，讲究竞争策略，增强竞争能力，这样才能在竞争者面前立于不败之地。

那么，如何才能增强相对实力，使票号在竞争中立于不败之地呢？大德通总经理又提出了四项基本的原则，或曰"自立之道"。他说："自立之道维何？一曰实事求是；二曰一意从公；三曰随机应变；四曰返璞归真。果能身体力行，自可立足不败。否则渐退，后必有江河日下之虞。"所谓实事求是，就是一切从市场竞争的实际而不是主观想象出发；所谓一意从公，就是通过严格的管理提高组织战斗力，尽可能地杜绝各种管理上的漏洞；所谓随机应变，是从市场竞争的策略角度去说的，目的是提高竞争能力，提高竞争优势；所谓"返璞归真"，是指人员的品质和作风必须具有朴实勤俭、真诚笃信的特点；严禁那种以交往官场为务、花酒赌博、荒公废业、耗财败名等品行不端的恶习存在。

在上述四大主张之后，大德通总经理又指出．"如有未尽事宜，乃有因地变通之处，随时函商增益可也。"[①] 这是指在强调加强总部领导职能的同时，也要求发挥分号人员的工作积极性，这样上下一体，同心同德，才能将大组织的规模经济效益发挥得淋漓尽致。

（二） 重视各分号的人事管理

山西商人认为，经营管理的首要问题是要得到德才兼备的优秀人才，因此选拔人才、培养人才，建立一支精明能干的人员队伍，是大德通经商之道的第一要义。尤其是对分号经理的要求更为严格，要求"择信义尤著者""选取计算周密、

---

① 郝建贵：《大德通票号始末》，转载自李希曾：《晋商史料与研究》。山西人民出版社，1996 年版，第 310 页。

操守严谨""文雅干练""才优智长、交游广阔"之人才。总经理对其分号经理的要求之高，是从多方面考虑的。因为各分号的经营状况直接关系到票号的经营效果，而这又与分号经理的才智庸愚密切相关："分庄老板经济上之筹划，营业上之运用，全视其才智之优劣"①。按照分号经理的选拔标准，总经理"得其人，则营业无不发达，不得其人，则财东有莫大危险"，这正是总经理对其要求标准之高和选拔"颇费思索"的根本原因。对分号经理，通常从本号培养之人中选拔，也有从外选人者，但均须是山西人，并在本号经过几年的考察，确实认定可以胜任且有高级管理人才赞许并有殷实商人作保才予起用。

在对员工的使用上，山西各商号采取的是极为慎重的态度，除要求择人任事，用人之所长外，还有如下几个特点：

一是用人权由总号直接掌握，总经理亲自负责。各地分号人位的配备，全由总号派遣，分号经理无权雇请正式人员。总号重要人位及分号经理则由总经理直接调配。颉尊三所说的"派遣人位，（总）经理颇费思索，须经一度考虑，方可实现"，实系山西各家票号之共性。

二是注重人才流动。如，大德通的工作人员有一班期（二至三年）一动或数动之常例，或各分号人员互调或总号与分号工作人员互调使用。这种情况不独大德通特有，而是山西票号各京之通例。这种调动目的，据颉尊三说，主要是为了熟悉各地市面及各类业务之情形，避免隔阂，防范不肖同事盗账诈取之弊的发生等。

三是注重老中青相结合的人才年龄结构。如，大德通不仅有不少终身在号内服事者（老而退休为止），而且随着经营规模的扩大，还有计划地从少年开始培养人才，从而建立了较为合理的人才年龄梯队。

在对员工的考核上，山西各商号普遍以员工的操守和工作效果为重点，采取定期和不定期的形式进行考核。如，大德通的号规明确规定，每年"各处首领冬

---

① 韩业芳：《山西票庄皮行商务记》，1921年版。

月内与祁号（总号）总领导写一保荐人位贤愚封口信，务要秉公实呈，以凭赏罚。"① 这是对分号经理以下工作人员在操守和才能方面进行的一年一次的考评之一，即由分号经理据实向上汇报，以待总号查实后进行赏罚。另外，号规还规定："每年正月初八，（总号）选派稽核一二人，分巡各庄稽核。"稽核之事有四："专查内外事件；账簿折据；本号人位优劣；审查社会之情形，定进退之标准。""稽核员每到一庄，协同首领，对奉号伙友宣读一遍章程，然后依章程次第，认真实行查核。如有违章情事，若系伙友所犯，稽核与首领权事轻重，有黜陟之权，不待商祁，勒令回祁出号，此属务须破除情面。"② 这一总号选派要员定期下巡稽核的制度，是人才定期考核的又一种形式。它的考核对象是包括分号经理在内的分号所有人员的工作表现，并有当即处理、不徇情面的特点。

以上两法是从下到上和从上到下的定期对人才的考核制度。在不定期的考核方面，大德通的号规还规定，各处人位对那种违背规则的不法情事负有举发之责任，"伙等如有公正不挟嫌、不徇私，因公举发者，查实记功。"③ 实际上这是一种平素互相监督，以为人员考核提供依据的办法。应当指出，大德通平素并不鼓励下员向总号乱寄信函。下属人员建设性的意见及向上反映情况只可寄开口信，非秉公据实者则会受到处分。这一方面具有减少信件处理上的压力和分别信函的轻重缓急、突出业务信息的特点，另一方面又具有信任分号经理并授予其一定权力的特点。尽管如此，查实下属举发情事以了解下情毕竟是人才考核上的辅助方法之一。大德通对人才考核的奖惩制度，通常是年终结账和决算期（四年一次决算，分红，定待遇）实行奖惩。对分号经理的功过标准极为特殊，不仅考察其"正己率属，一秉大公"④，"尽心号事"的程度，而且对其工作效果的重点则是看其全局观念下的业绩，即本处多利、他处未受其害为功。

大德通1884年号规规定："各码头……虽以结利疲账定功过，原以激励人才

---

① 大德通《光绪十四年二月初六日合账重议号规款录——第一次修改章程》。
②③ 大德通《民国二年三月二十五日东伙公议号规底》。
④ 大德通《民国二年四月十三日通、恒记并众东公议号规底》。

起见，容之其间，大有分别。总以实事求是，果系本处多利，他方未受其害者为功。尚有只顾自己结利，不考虑别路受害者（为过），殊秉通盘筹划，大公至正之意。"这里，对各分号经理的考核标准说得十分清楚，它要求分号经理必须树立全局观念，在此前提下以其结利多寡作为考核的主要标准。该标准强调了人才考核的主要目的是"激励人才"，并指出了考核上"总以实事求是"为原则。这种考核制度及其指导思想，对分支机构较多的山西商号来说，应该说具有一定的适宜性与合理性。

（三） 重视号规的严整

俗话说，"没有规矩不成方圆"，重视号规严整是山西商号管理上的特色之一。如在 1888 年的大德通号规（章程）之首就明确指出："凡事之首要，箴规为先。始不箴规，后头难齐。"① 此后，在 1913 年的号规中又强调指出："窃维经商之道，首在得人；振兴各庄，端赖铺章。然（不）明订条规，不是以资遵守而策修行。"② 尤为重要的是，山西商人还认为，上等的管理必须以良好的规章制度为前提。如 1921 年，《大德通东伙公议号规底》的开头写道：

"常闻经商之道，端赖得人。营运之法，贵乎章程。未有章程不良，而能悉臻上理者也。"

为了建立健全各种规章制度，山西商人非常重视号规自身的动态性管理。在迄今所发现的山西票号史料中，数大德通的号规最为完整。纵观其历次所订号规，可称十分严整。

在号规的制定上，大德通的管理者以"兴利祛弊"为目的，坚持"认真作立，以期历久无弊"③ 的原则，通常每四年合账后修改一次号规。每次修改，他们都本着"征求同人卓见，以应潮流之应变"的原则，先由"各庄各抒所见，条

---

① 大德通《光绪十四年二月初六日合账重议号规款录——第一次修改章程》。
② 大德通《民国二年三月二十五日东伙公议号规底》。
③ 光绪二十七年大德通《拟占蜀庄章程四条底》。

陈多端"，然后再由总经理等人"会同东君，详加讨论，再四研究"，并吸取别家商号之优点，对旧规进行增删修改，进行整理而成，宣布各庄，共同遵守。号规在贯彻执行过程中，"倘有窒碍难行之处""有未尽事宜"，需因地变通之处，各分号经理可随时条陈总号，以便及时酌情变更。可见，在号规制定上，他们务求实事求是、认真慎重的态度。

在号规的内容上，他们以"巩固向来之营业，开辟未有之利源"为目的，坚持"力祛旧弊、实事振兴、务期详明，不惮繁琐"[1]的原则，对票号经营管理活动中所必须遵循的各项规程，均做了明确的规定。虽然号规对人员的戒律甚严，但明文规定的绝大部分均属合理的内容，而且具有言明利害、诱人从善以巩固号基的特点。在其条规中还体现了一切以经营为中心、力祛时弊和具有较长时期相对稳定的性质等特点。

在号规的履行上，他们坚持"今既定之于前，则必行之于后"的"言出法随，决不宽贷"的原则，一再告诫全员"实力遵行"。并且定期"依章程第次，认真实行查核"，如有违章情事或查核中徇私情者，则按情节给予相应的处分。每到两年，还要依照号规，"分功过，励优惩劣一次"。[2]平素间还要求全员相互维护号规，相互负责监督，可见，大德通责章程，实际上也责章程的严肃性。

（四） 重视对各分号的账务与业务报告的管理

信息在当今社会的作用是怎么形容也不过分的，对于以交换为生的商人则更重要。在中世纪后期的西欧，人们认为一个典型的商人是衣服袖子和脸上有墨水痕迹的人，这是因为他们需要不断写信以交流信息。对于一个庞大的集团公司而言，要降低组织管理成本，更好地发挥规模经济的作用，就必须重视信息的搜集与处理，这样才能做到"知己知彼"，制定出更好的政策以满足外部顾客、合作伙计和内部员工的需求，从而使组织得到长期可持续性的发展。在这方面，山西

---

① 大德通《民国二年四月十三日通、恒记并众东公议号规底》。
② 大德通《民国二年三月二十五日东伙公议号规底》。

商人有独到的经验，值得我们学习。

以票号的管理为例，汇兑业务需要统一调度，而票号分号又分处各地，且有独立处置之权，于是，便需要有一种方式来保证总号的控制能力，这就是加强对账务与业务报告的管理。

山西票号的业务内容较多，为了加强账务管理，其账簿的设置颇为复杂。根据一份 1911 年天津义善源票号倒闭清理时的记录，该号账簿共 12 种，22 册，计有：

长期账 1 册，规元账 1 册，局所账 4 册，备记账 5 册，

各号账 2 册，炉房账 2 册，洋元账 2 册，往来账 1 册，

暂记账 1 册，存条账 1 册，拨条账 1 册，名有账 1 册。

票号账簿名目虽多，但以类来分不过三类：其一，流水账，凡有交易，皆入此账，是票号业务最原始的记录；其二，分类账，也称老账，是在流水账记录的基础上，再分门别类加以登载，以便条目清晰；其三，现金账，凡交易过程的现金往来，均入此类账簿。

山西票号复杂的账簿，是其特殊的管理方式以及当时经营环境的产物。例如，分号员工一切花销，几乎均由票号垫付，然后再予清结，这就需有专门账簿记录；再如，当时银两、制钱并行，而两者间兑换比率又不固定，同样需要备有专门账簿记录。此外，汇兑、放贷，名目不同，也需要分别记录。复杂的经营内容，必然需要严密的账务管理，而严密的账务管理，使各种交易处于一目了然的状态，也就为总号审核分号业务，从而控制整个票号，提供了基本条件。

票号总号对分号业务的了解，还有一种更为直接与简单的办法，即分号业务报告制度。分号的业务报告，分为"月清"与"年总结"两种，两者的内容、格式基本相同，只是时间断限有别，前者上报于每月月底，后者上报于每年的旧历十月底。

关于业务报告的内容、格式，一位票号故旧做过描述："报告使用旧式账纸，如同账本一样。报告内容，首先是各项总结起来的数字，并写在前面；其次，关

于各项总结数字的具体花名、地点及数字，都写在后面。"比如汇兑，前面只写该时期共收汇或兑出银两多少，至于每一笔汇兑的地点、月期、银数、客户等项，均分列于后。这样，总号看过之后，不仅可以稽核数字，而且可以明了都是做了谁的生意，有哪些收入和花销，有没有问题。①

除月清与年总结外，各分号还要对营业状况随时进行报告。营业报告用书信形式，根据内容可分为两类：一类是对具体交易的直接说明。这类报告是收汇票号向付兑票号发出，具体说明收汇何人银两若干，何时兑付，以使付兑票号有所准备，"如同发出汇票后，报送汇票底根一样"。②另一类是对当时经营及市场情况的通报，包括本号每天的营业情况、当地的行市，以及对业务处理的意见，等等。这类报告的主要目的，是使总号与各分号均能了解全面情况，从而预做筹划，主动寻找商机。对于重要的机密情报，往往用暗语书写，甚至派专人回总号汇报请示。各分号之间亦保持信息交流，以便彼此了解经营情况，互相扶助。这样，总号与分号、分号与分号之间，构成了一个严密的信息网络。总号虽远在山西一些古老的小城，却能眼观六路，耳听八方，耳聪目明，足以对全局的营运做出正确的判断决策。

票号的业务报告量非常之大，尤其分号较多的票号，更是因此而忙碌得不可开交。于是，后来一般规定报告周期，以减轻负担。如百川通票号规定，每五天为一周期，一个分号五天内每天只向若干分号通报。以百川通汉口分号为例，它被规定的报告顺序是："初一是北京、天津、上海、广州、梧州，初二是成都、重庆、云南、贵州、西安；初三是湘潭、长沙、桂林；初四是沙市、常德、德安；初五是平遥总号"。这样，便使各分号工作井然有序，不致繁简不均。

除以上两类报告之外，票号总号每年还做一年度总结，将本年经营状况做一总的报告。这份报告称为"清单"，是呈进票号股东的。"它是总号汇结各分号年总结后，再加上总号本身业务，综合编制的向股东报账的一种方式，类似近代银

---

① ②　《乔殿蛟访问记录》。见《山西票号史料》。

行的决算报告。"到大账期分红之年，该报告"还要算出每股应分红的数字"①。

从上述内容可见，山西票号的账务管理与业务报告制度，已具有了很高的水平，达到了精致化的程度。由此，票号的最高管理层可以及时准确地了解经营状况，把握市场动态，从而牢牢掌握经营的主动权。②

（五） 两权分离下的总经理负责制

要将上述的管理措施实施下去，必须在最高决策层有一个有动力且有能力长期负责对下属公司实施严格管理的总经理。而晋商所以能创下数百年的基业，能对分在国内外广阔市场上的众多分公司实施有效的管理，正是因为有了这么一位有动力认真负责的总经理。俗话说："富不过二代"。然而山西有许多巨商大家都是子孙承业一百余年、二百余年不衰，其中重要缘由就在于妥善地解决了总号与分号间集权与分权、指挥与协调的矛盾，使总号在指挥调度庞大的连锁网络时，能够朝令夕奉，运作自如，而且基本杜绝了贪污、盗窃等种种弊端的发生，所谓"舞弊情事，百年不遇"是也。而晋商所以能做到这一点，从根本上讲还在于两权分离制的实行。晋商财东们将商号的经营大权全部交给总经理，使总经理享受最多的恩惠的同时，也承担起最大的责任，从而有动力经营企业。当然，晋商在跨地域管理方面也存在着弱点，主要表现为两点：一是上级对下级的控制虽有余，但下级纠正上级的错误，尤其是重大错误的机制没有建立起来。这主要表现在票号晚期欲改组银行，但受总经理阶层的阻挠而搁浅一事上。这说明在企业制度建设上，不仅要让总经理承担起最大的责任，还要积极弥补其决策能力的不足，纠正其可能发生的潜在的错误，这就是董事会和监事会建设的任务。二是尽管票号总部对各地分号实行了强有力的控制，但当票号总部无视分号的一再请求拒绝改组银行时，各分庄伙友普遍对票号的前途失去信心。在这种情况下，才出现辛亥革命爆发，票号遇到沉重打击，各分号的经理、伙友们乘机失少报多，从

---

① 《乔殿蛟访问记录》，见《山西票号史料》。
② 董继斌，景占魁：《晋商与中国近代金融》。山西经济出版社，2002年版。

中渔利，甚至有人携款潜逃。这说明，管理是重要的，但战略更重要。如果企业战略有误，员工看不到前途，就会对未来失去信心，兵败如山倒的事情自然就会发生。而要制定正确的战略，就必须健全董事会和监事会制度。董事会制度有助于弥补总经理能力的不足，监事会制度则通过倾听基层员工的呼声，不仅有助于对总经理的行为进行监督，更有助于知彼知己，为制定正确的战略战术奠定基础。

（该文是周建波著《成败晋商》中的一章）

近代第一家海外设庄的票号

——合盛元在日发展情况初探

摘　要： 合盛元东渡日本设庄开中国银行业海外发展之先河，一向被视为中国金融史上的重大事件。然而，由于与此相关的史料甚少，各处记载多有相互矛盾之处，使得国内研究一直缺少对于合盛元日本支店整体情况的说明和梳理。本文结合当时的环境和历史背景，对合盛元东渡一事进行了重新梳理，希望能够对后续的研究工作起到一定的参考作用。

关键词： 合盛元　明治时期　日本金融　中日关系

1906 年，合盛元票号委派申树楷等携款东渡日本，创办分号。1907 年，合盛元银行神户支店与合盛元东京出张所先后在日本开业。多年以来，合盛元票号赴日经营一事一直被视为中国银行业海外跨国经营的先驱，受到很多关注。然而，由于国内相关记载的缺乏，关于这一事件的记录多为转载，并不确实，也为研究带来了许多困难。本文从多种角度，对合盛元赴日经营及其相关影响因素进行了较为全面的回顾和梳理，由此希望能够对后续研究的进行起到一定的参考借鉴作用。

一、研究背景——史料与相关研究回顾

对于合盛元东渡日本设庄一事，国内的一手史料极为有限。《山西票号史料》作为研究山西票号经营管理的重要资料，收录了与此事相关的外务部咨文，其中包括对于设庄理由、支店地点、本金的简要说明，另有一则合盛元日本支店发布

于《大公报》上的开业广告。《晋商兴衰史》（张正明，1995）一书中另外收集了两件由合盛元票号汇兑的中国留日学生学费函件，可作为合盛元日本支店汇兑学费的证据。其他资料则多为誊抄转载，其中包括对日本分号创始人申树楷的记录，以及对合盛元在日业务的简略描述，分散见于各类山西票号的研究著作；但这类转载大都囿于民族矛盾而多有夸张成分，且并无原件支持，并不足以采信。

值得一提的是，随着近年来对合盛元东渡设庄一事的关注，有研究者结合日本史料的相关记载，对合盛元赴日考察的部分细节，如开庄时间、收庄时间、设庄地点、支店数目、支店资本金等问题进行了比较可信的分析（杨志勇，2007），此文也成为本文写作的主要依据。由于直接资料的缺乏，作者还考察了当时的环境背景，试图从侧面对合盛元日本支店的设立与衰落进行分析。其中，主要包括对山西票号的基本制度 1906 年前后的发展状况（黄鉴晖，2002）的记述、对中国留日学生人数变化的考察（李喜所，1982），以及日本当时金融业概况的介绍（朝仓效吉）等。

二、发展环境与背景考察

合盛元东渡日本一事发生于 1906 年。为何合盛元票号会选择在这时东渡日本设立支店呢？这与当时国内票号的繁荣发展、中国留日风潮兴起有着密切的关系。

（一） 山西票号的发展状况

甲午战争之后，票号的发展达到极盛时期，"赢利增加，分红空前"①。这与票号在战乱中依旧汇兑如常、内外贸易扩大导致业务量增加、借贷业务的发展、投资工商业、汇费增加等诸多因素都有关联。在这一时期，有些票号的赢利占到资本的 80％以上，更有甚者达到 413％之巨②；职工顶身股的分红额超过 4 年的

---

①② 黄鉴晖：《山西票号史》，山西：山西经济出版社，2002 年，第 411 页。

工资总额数倍。

因此，在合盛元东渡之前正是山西票号发展的黄金时期，也为合盛元的东渡提供了资金方面的准备。

（二） 合盛元的发展情况

合盛元票号原为茶庄，1837 年（道光十七年）改营票号。其股东是祁县荣任堡村的郭源逢和祁县城内的张廷将，最初股金正本为白银 6 万两（分 10 股，每股 6000 两），后来合盛亨、合盛利、合盛昌各处辅资 2 万两，合计为 12 万两，先后在北京、天津、太原、奉天（今沈阳）、营口、安东（今丹东）、西安、开封、上海、汉口、安庆等城市设庄，股金随业务发展正本增至 10 万两，辅资仍为 6 万两，每四年一算账，一般每股开 2000 两，有时开 4000 两或 5000 两，经过半世纪的辛苦经营，到 19 世纪 80 年代，资本达 50 万两，公积金 650 万两，周转资金可达 1000 万两。

甲午战争（1894 年）爆发之后，由于东北局势混乱，票号业务受损。时任财东郭嵘、经理贺洪如等派遣申树楷任东北营口分号经理。申氏上任之后打破票号对日商的敌对心理，积极与日商开展业务；并于 1896 年①在俄国势力控制的朝鲜新义州设立代办所，开始了国际汇兑业务。申树楷大胆开拓的经营思路及其对东北业务的成功整顿无疑为之后合盛元东渡日本提供了可能。

（三） 日本金融领域发展

明治期间（1868—1911 年），通过改革币制、建立金融机构体系、建立中央银行与加强金融监管等方面的努力，日本初步建立了现代金融体系。其中，在金融机构方面，日本建立了汇票公司（1868 年建立，1873 年后关闭）、国民银行（1873 年）、普通银行（1876 年）、储蓄银行（1880 年）和特殊银行等机构。这

---

① 据张全盛、肖利平：《中国海外银行创始人申树楷》的记录，时为 1897 年。

些机构在财力许可的情况下大都模仿美国和英国的现代银行模式建立，但其中也不乏私人开办的、仅具有借贷公司功能的小型银行。

1898 年至 1911 年，以三井银行为首的普通银行一直以欧洲模式为参照进行改革并完成了普通银行性质的成功转向。在改革中，银行在当时企业创办热潮的支持下逐渐实现分业化，并停办官款业务。同时银行的并购现象频频发生，也出现了大小银行的分化。1906 年申树楷东渡日本之时，正是日俄战后日本企业纷纷设立，日本经济蓬勃发展的时期，合盛元的设立可谓生逢其时。然而通过回顾当时日本金融领域的发展态势也可以看到，当时的日本已经建立了相对完善的现代金融机构体系，与国内的票号放任自流发展的态势完全不同。这样的金融背景造成竞争态势的变化，加之远离了原先熟悉的晋商商圈，合盛元在日本面临的是完全不同的发展环境，这也必将影响合盛元在日本的发展。合盛元初入日本时由于不熟悉法律程序，经历半年时间才拿到审批手续即是例证。

（四） 中日贸易量增加与留日学生风潮

1898 年到 1907 年被誉为中日关系史上的"黄金十年"[1]，在这十年间中日关系是"如此富有成效和相对地和谐"。贸易方面，19 世纪 90 年代之后，中国出口贸易总额迅速增加，而日本的进出口货值中的比重上升，成为中国最主要的贸易国[2]。

同时，中国留日学生大量增加。1896 年起，清政府开始向日本派遣官费留学生。20 世纪的最初几年，留学日本的重要性逐渐为各阶层所发现，除官费生以外，自费生的数量同样大大增加[3]。据李喜所（1982）考察，留学生人数从1896 年之前的 13 人，增加至 1901 年的 274 人，此后逐年成倍增加，直至 1906

① 杨志勇：《日本第一家中资银行——合盛元银行在日史实考》，《忻州师范学院学报》，2009 年第 2 期，第 62－66 页。
② 黄鉴晖：《山西票号史》，山西：山西经济出版社，2002 年版，第 372 页。
③ 吕顺长：《清末留日学生从量到质的转变——关于清末"五校特约"留学的考察》，《浙江大学学报（人文社会科学版）》，2001 年第 1 期，第 83－88 页。

年增加至一万二三千人，达到高峰①。而在合盛元申请赴日增设支店的文书之中，也有"况我国人之在东西洋以及南洋群岛从事于工商业实繁有徒，且近岁留学欧日之学生不下万人"②的陈述。由此可见，留日学生人数的迅速增加的确成为合盛元决定在日本发展的因素之一。而在支店成立之后，为留学生学费提供汇兑果然成为合盛元日本银行的重要业务。

三、合盛元在日发展基本情况

（一）设立动机

据《两江总督端方为合盛元票庄于日本开设分号请咨驻日大臣保护事致外务部咨呈》③（光绪三十三年十月初五日），合盛元决定在日本设立支店的主要动机可以归纳为：

（1）商业与银行相互促进的关系

文中提到："银行为商业交通之机关，故东西各国咸重视之，保护维持著于法律，其营业之性质，则以重信用、通有无、备缓急、便取携为主义。溯自中外互市以来，我国商业进而为世界之竞争，外人辈货东来载资西去者日益加盛，而各国之在我国设立银行者遂相踵起。由此以推，则银行与商业之关系，良可烛见……查我国向只有通商银行一区，近来户部、信成二银行均甫开办，然调盈剂虚，商界获益已非浅鲜，惜仅推行于内埠，未能增设于外洋"。

应该说，合盛元的经营者敏锐地捕捉到了以银行为首的金融业发展对商业发展的重要性，认为本国商人欲与外国商人一争高下，必须有相应的金融机构作为制度性支持。

（2）为我国工商业在日本的发展和留日学生结算提供便利

---

① 李喜所：《清末留日学生人数小考》，《文史哲》，1982 年第 3 期，第 28—30 页。

② 黄鉴晖：《山西票号史》。山西：山西经济出版社，2002 年版，第 329 页。

③ 摘自中国第一历史档案馆：《清末山西合盛元票庄在日本开设分号史料》。

由于商业与银行的发展存在着促进关系，因此在"我国人之在东西洋以及南洋群岛从事于工商业实繁有徒"的背景下，对于相关汇兑业务的需求自然产生；何况，留学生数量的增多引发了单纯依靠外国银行的不便："因无本国银行，其存放汇兑无不仰外人之鼻息，困难杂出，遄恤漏卮"，海外的本国银行也可以为他们提供便利。这里，合盛元的扩张思路似乎部分体现了现代银行发展理论中的"客户跟随假说"，即随着客户的扩张而进行扩张，起到稳定客户、发展业务量的作用。

（3）分享对外贸易和国际货币清算中的利益

"然各国设立银行，则其利在彼，不特列邦之财政藉以扩张，即我国之利权浸为所夺。但及今为计，补救非迟"，由于长期以来中国的国际清算一直为外国银行所垄断，中国金融机构无法分享清算中的收益；也正是因此，合盛元东渡赴日的行为不仅为其自身赢得了利益，也被视为中国金融史上打破国外垄断、争取自身利益的重大事件。

（二）　基本状况

根据现在所掌握的资料，本文作者认为杨志勇（2007）的研究综合了日本大藏省银行局的《银行总览》，同时对国内现有史料进行了梳理和分析，较为可信。现简要摘录其结论：

合盛元在日本的支店"清国合盛元银行神户支店"与"清国合盛元东京出张所"两个支店，设立日期分别为 1907 年 2 月 6 日和 1907 年 4 月 17 日。其中，神户支店的正式营业日期为 1907 年 6 月 10 日。支店地址分别为神户市海岸通三丁目和东京市神田区南神保町。两分店资本金均为 5 万日元。在开设过程中，日本政府并没有刁难合盛元，而是按照当时的法律程序办事。合盛元确为第一家在东京设立支店的外国银行。

同时，笔者希望对于"资本金"和"刁难"问题做进一步的探讨与说明。

首先需要阐明当时日本银行业发展的背景。1879 年国立银行达到规定数目之后，日本的私人银行数目急剧增加。但是诸多银行中，绝大多数为小银行，只依靠自身资本进行放贷业务，很容易造成金融体系的混乱与不稳定。因此，1893年日本制定了明确的银行监管条例，就银行的成立、资本金、经营等问题进行了详细规定。关于资本金的问题，据《南洋大臣端为合盛元在神户设庄给外务部咨文》，记述为50万日元；但杨志勇（2007）研究并引述《银行总览》认为两支店资本金均为5万日元，其理由在于50万日元约为40万两白银，为合盛元本店资本金的4/5，比例过大。但是，依据日本银行监管的相关条例，1893年之后日本对银行的设立进行严格审查，普通银行的资本金不得少于50万日元[①]；因此，对于资本金的问题尚不能做出定论。

关于"刁难"之说，日本的银行业监管严格，且当时日本法律并没有规定外国人在日本开办银行如何处理，何况日本法律还规定需要母国出具相关证明，可以推想当时申树楷等的确遇到了很大的困难。但这并不表明日本政府在"百般刁难"合盛元，而只是依照法律程序办事；合盛元由于不熟悉日本法律因此耽误了一些时间。对于合盛元在日本的发展状况，国内并没有系统性记载。现有的零星资料记载显示，合盛元的广告表示对同胞"竭力关照，额外克己"，同时"合盛元日本支店设立后，江海关汇日出使经费、各省留日学生费用，多由合盛元汇出"，表明其的确对中日两国的汇兑起到了很大的作用。商业方面，光绪三十三年、三十四年的汇兑最多，全年在2000万日元以上。汇水视先令而定，普通汇水票预约需40日元，银两每万两得汇水50万两[②]。

或许通过分析合盛元支店地点的选择可以从侧面体现出合盛元支店经营者申树楷当时的经营思路。当时，神户、东京二支店的选择，在今天看来，应该是经过周密考虑的。杨志勇（2007）认为，神户港离中国更近，其贸易额在中日各港口中长期占据第一的位置；而东京则一直是中国留学生的主要接纳地；同时，多数提供公费留学的学校设在东京。如1908年开始实施的"五校特约"留学计划

---

① 童适平：《明治时期日本银行制度的建立和政府的监管》，《日本研究》，1997年第4期，第27—32页。
② 黄鉴晖：《山西票号史》，山西：山西经济出版社，2002年版，第374—375页。

中东京的学校就占了三所。而且，当时的留学生会馆也设在东京。可以看到，合盛元本着服务于中日贸易、留学往来的考虑选择支店的分布地点，之前对于中日的交往情况也是非常了解的。

四、环境变化与结业因素分析

对于合盛元结业的因素，以往的说法多为由于辛亥革命爆发，票号普遍凋零，合盛元总号于1914年宣告破产，申树楷不得不归来收拾残局。但是，日本《银行总览》的记录却显示，合盛元神户支店与东京出张所的关闭日期为1911年7月28日，事由为闭锁。如果这一记录可信，那么合盛元日本支店的关闭应当别有原因。

其实，考察合盛元在日本设店之后的环境，不难看出适时的中日关系和周围环境都已经发生了比较大的变化。具体体现为：

（1）留学人数的大幅下降

为保证留学生的质量，1908年清政府开始实行"五校特约"留学计划。这一计划的实施使得各省留学经费支出负担明显加重。为此，政府做出相关规定，加大了自费生考取官费留学资格的难度；同时各省纷纷减少五校之外的学费开支。1908—1910年，五校之外的留学生数目出现了大幅下降。1910年，主要五校之外的学生数目为906人，约为1908年的57%[1]。

从整体看来，1907年的中国留日人数较1906年相比已经有所下降，而此后逐年降低。1906年达到峰值二万二三千人，而1909年在东京的中国学生总数不过3000人，1912年留学生数为1400人[2]。

因此，我们有理由推测，日本留学生数目的大幅减少可能侧面降低了合盛元的汇兑业务，由此盈利减少。

---

① 吕顺长：《清末留日学生从量到质的转变——关于清末"五校特约"留学的考察》。《浙江大学学报（人文社会科学版）》，2001年第1期，第83—88页。

② 李喜所：《清末留日学生人数小考》。《文史哲》，1982年第3期，第28—30页。

（2）日本金融环境的变化与下层银行的兴起

甲午中日战争和日俄战争之后，日本出现了企业设立的热潮，股市暴涨；但1908年，日本的股市泡沫迅速破裂，加之国际环境的变化造成存货滞销、资金流出，使得经济迅速陷入萧条。1908年至1909年间，日本金融机构不得不缩紧银根，同时挤兑危机频频发生。

日本的银行机构普遍针对的是有一定资金的人士，通常下层人民无法在日本银行中获得存款。由于经济萧条，无力偿还银行存款的人急剧增加，使得具有高利贷性质的日本下层金融机构蓬勃兴起，其存款数量总额甚至超过了银行①。可以看到，1908年萧条的发生使得日本的金融环境发生了比较大的变化。实体经济的萧条引发了整个金融行业的危机，导致合盛元银行的经营环境恶化。同时，下层金融机构的兴起也对银行机构起到了一定的竞争作用。这可能也是合盛元最终选择结业的因素之一。

参考文献

[1] 中国人民银行山西省分行，山西财经学院，黄鉴晖. 山西票号史料 [M]. 太原：山西经济出版社，2002.

[2] 张正明. 晋商兴衰史 [M]. 太原：山西古籍出版社，1995.

[3] 黄鉴晖. 山西票号史 [M]. 太原：山西经济出版社，2002.

[4] 周建波. 成败晋商 [M]. 北京：机械工业出版社，2008.

[5] 中国近现代史史料学会. 晋商史料研究 [M]. 山西：山西人民出版社，2001.

[6] 朝仓效吉. 日本金融通史 [J]. 查福生，译. 台北：台湾银行，1980.

（该文载于滕冲、曹和平主编：《北部湾银行类跨境业务先期研究报告》，

北京大学出版社，2010年版，与金芙杰合写）

---

① 朝仓效吉著，查福生译：《日本金融通史》。台北：台湾银行，1980年版，第87页。

近代国际金融机构来华设点研究

——以恒生银行和汇丰银行为例

摘　要： 汇丰银行 1865 年在香港和上海两地同时成立，以与中国有关的贸易融资作为主要业务，在中国已经有 140 多年的发展历史。分析汇丰银行在中国经营的经验，对于中国银行应对来自外资银行的竞争以及向海外发展都有借鉴意义。本文将回顾近代汇丰银行在中国的经营历史以及近年来伴随着中国金融市场的开放，汇丰银行在分行网络拓展、收购策略、产品创新等方面的经验，并与汇丰集团的子公司恒生银行的中国经营策略进行比较。

关键词： 汇丰银行　恒生银行　收购　分行建设

一、近代汇丰银行在中国的经营

第二次鸦片战争之后，随着中国更多贸易口岸的开放，西方国家对华贸易也迅速膨胀。香港作为贸易中转站，需要满足更加旺盛的信贷活动需求。当时的上海也取代广州成为中国最发达城市。汇丰银行顺应国际金融活动的需求，于 1865 年在上海和香港同时创立，总部设于香港，注册资本为 500 万港元。发起人包括英国宝顺洋行、美国琼记洋行、德国禅臣洋行等 14 所洋行，汇丰银行因为有这些声誉良好的发起人支持，迅速筹足了资本。同时，这些洋行都有在中国贸易的丰富经验，给汇丰银行在中国的经营提供了良好机会，同时，股东国籍的多样化，也使得汇丰银行在办理对美国、欧洲、东南亚、印度对华业务中独具优势。另外，汇丰银行积极从其他外资银行中引进管理人才。最初设立目的是为在华的外国企业提供金融服务，业务重心为在中国以及亚太其他地区提供贸易融资服务。汇丰银行在中国的经营经验可以归纳为如下几点。

（一） 汇兑、存款、发钞业务的发展

19 世纪中，汇丰银行的业务以贸易融资、黄金外汇以及为中国政府提供贷款、发行钞票为主。这一时期国际结算体系经历了从现银结算向汇兑结算、从买卖双方直接结算到通过商业银行票据进行结算的过程。汇丰银行自成立之初起，就通过与洋行以及其他商业银行的竞争中努力发展汇兑业务。1866 年，以丽如银行为首倡导汇票由 6 个月到期改为 4 个月到期，以适应海上运输的发展。而汇丰银行则与其他银行相反，大量收进 6 月期汇票，并高价售出 4 月期汇票，从中赚取利润，经过 1 年多的市场追逐，汇丰银行从汇票利率差距中收获颇丰，其他银行则深受损失，只得将汇票重新改回 6 月到期。经过这一番运作，汇丰银行的汇兑业务大量增长。19 世纪 70 年代时，随着苏伊士运河的开通，欧洲到中国的航线大大缩短，通信系统的迅速发展使得信息传递变得更为快捷，与科技进步和贸易方式的转变相一致，汇丰银行及时调整改用 4 月期汇票。同时，押汇贷款、票据贴现业务成为主要业务。汇丰银行用于国际汇兑和国际贸易的资金由 1875 年的 242 万港元增长到了 1885 年的 2580 万港元，在外国银行中近乎垄断中国国际汇兑业务。

汇丰银行自成立起就很重视存款业务，无论款项大小，都积极吸纳储蓄，19世纪 80 年代后，存款业务方面的创新表现得更为明显。在此期间汇丰将存款来源由在华外资企业的间歇资金向普通市民以及豪绅大吏的储蓄发展。1884 年成立了储蓄银行，开设"1 角钱储蓄"制度，只要存上 1 角钱的邮票即可在银行领取存款凭据，凑足 1 块钱即可正式开立户头。这项业务创新在满足中国普通民众储蓄需求的同时大大扩张了银行资本，小额储蓄提供的资金 1938 年时达到了 1355.3 万元，占到当年汇丰资本总额的 67.75%。1865 到 1900 年 35 年的时间内，汇丰银行资产总额增长了 14 倍，而存款总额则增长了 47 倍，存款成为银行

营运资金的主要来源。

积极争取发钞业务。汇丰银行成立后，分别于 1865 年、1867 年开始在香港和上海两地发行钞票。汇丰发行的纸币包括 1 元、5 元、10 元、50 元和 100 元的银元券以及 5 两、10 两、50 两、100 两的银两券。发行量由 1870 年的 171.4 万港元增长到了 1928 年的 4836.9 万港元，在华南一带广泛流通。

（二） 开展对中国政府贷款以及铁路贷款

向清政府提供贷款。1874 年福建台防 200 万两借款，是汇丰银行对清政府的第一次大规模借款。左宗棠西征前三次的贷款主要来自怡和洋行和丽如银行，而 1876 年起的三次借款中汇丰银行分到了 500 万两、175 万两、400 万两的份额，汇丰银行从清政府支付的利息和公债在市场配售时的所付利息的差价中获得了巨大利润。1884 年两广地区为了巩固海防以抵御来自法国的威胁，向汇丰银行分三次共借款 312.5 万两。汇丰银行提供的资金一部分从香港筹集，一部分靠汇丰之前的资本积累垫付，等到债券涨价时再溢价出售，从资本溢价以及利息收入得到投资回报。在天津设立代表处之后，汇丰银行派北京分行的熙礼尔积极与中国官府开展工作，争取到了更大数额的中国政府贷款。甲午战争之后，汇丰与俄国、法国、德国以及英国在华外资银行就借款权展开激烈竞争，最终包办了 2900 万两以上的清政府借款。辛丑条约签订后又分到了 750 万英镑的借款份额，并被指定为保管银行。1894 到 1911 年辛亥革命为止，汇丰对中国政府贷款共计 29 笔，金额高达 2.0613 亿两。对中国政府的借款中，汇丰银行获得了丰厚收益，并取得了经理盐税、关税以及中国 9 条铁路存款的特权，逐步建立起在中国银行业首屈一指的地位。清政府倾覆后，汇丰银行在民国时期仍在对华借款中发挥着重要作用：1912 年，袁世凯当选大总统后，汇丰表示并同意垫付 200 万两，约合 20 万英镑的款项，随后在英、法、德、美组成银行团与民国政府 1913 年签订的善后借款协定规定借款 2500 万两，银行可得 6% 的利润，汇丰在此次借款中又取得了最大的份额。

1898 年，汇丰和怡和洋行共同成立了中英银公司，以便争取中国铁路修筑权利。汇丰负责募集所需资金，而怡和担任承包商的角色。1899 年，中英银公司取得了京奉铁路 230 万英镑的贷款权，以北京到山海关已修建好的铁路为担保，从借款债券中获得 2% 的手续费，共计 4.6 万英镑。1903 年又争取到宁沪线铁路 325 万英镑贷款，清政府无条件保证偿还本息并以铁路将来的收益作为偿还贷款的担保，为了鼓励认购，还给予每个购买 100 镑债券的人 50 年铁路纯收益证书。此外，汇丰还获得了 1907 年对广州到香港铁路、1908 年津浦铁路的贷款权利。与怡和洋行合作办理铁路贷款，让汇丰银行获得了三方面好处：作为中英银公司的代理银行，掌握了筹集的资金，保存在汇丰，供购买修筑铁路所需材料；因经手借款而掌握了偿本付息的存款；铁路的流动资金以及其他资金存入汇丰银行，为其汇兑业务提供了坚实的资金基础。

通过管理政府存款妥善处理白银价格贬值时的业务开展。汇丰银行获准管理英国政府的财政金库，每月约有 7 万 5 千英镑给英国政府雇佣人员的代付款项，存在汇丰银行中，每周按照最低月付给 4 厘利息。掌管着中国海关总税务司的账户，包括办公用费，罚款和没收款项，船舶吨位税，各种手续费和其他特殊款项。当其他银行纷纷削减白银储备而积存英镑时，汇丰银行因为巨额政府存款而存有大量白银。因此，可以对中国各省当局进行高利短期放款，贷款利率比支付给政府存款账户的利息高出许多。即使是白银对黄金的比率迅速下跌时，汇丰银行总经理杰克逊的银行管理仍能够保持充足的资产流动性，应对付款要求，同时，从其他银行因为没有足够白银储备而只能放弃的业务中获得许多好处。

（三） 业务范围扩展与分行建设

汇丰银行先后在天津、北京、汉口、重庆、福州、宁波、汕头、厦门、芝罘、九江、澳门、海口、高雄等地设立了分行。在中国市场上迅速发展的同时，汇丰也积极地在华侨集聚的东南亚和美洲地区广泛开辟分支机构，而开办分行的位置选择总是围绕着与中国贸易而展开，选择与中国有贸易关系的东方港口，首先设立办事处或分理处，等到扩大业务的时机成熟时将其升格为分行并重点经营。例如，伴随着中国对外开放，华人大量移居到东南亚地区，并通过批发和零售商业逐渐发迹。汇丰追随华侨社团的发展而在曼谷、爪哇、菲律宾等地开设分行，仍然将自身利益与中国贸易紧密相连。到 1883 年年底，汇丰已经在中国、印度、日本、菲律宾、马六甲、美国、法国等地建立了分行和代表处 17 处以上，而利润主要还是来自中国。开办分行过程中，汇丰银行谨慎控制成本，管理费用控制在利润的 42% 以下。

在长期的苦心经营下，汇丰银行的资本总额、利润额取得了迅速增长。1972 年缴足资本港币 500 万元，1883 年增资到 750 万元，1890 年再次增资到 1000 万元。1902 年汇丰银行公布的中期报表显示，汇丰银行的资本为 2500 万元，香港总行的利润为 70 万元，上海分行利润 50 万元，加上横滨、新加坡、马尼拉等 8 家分行，汇丰的总利润为 269.56 万元，表现出良好的财务状况。

（四） 应对国家风险

第一次世界大战期间，汇丰银行着力于稳定中国的货币制度，并着力维持与中国政府的长期融资关系。在此期间，中国官吏和商人担心钱款存在中国银行的安全性而将资金纷纷转移到汇丰银行，存款总量的迅速增加弥补了政府借款减少和国际贸易脱节的损失，使得汇丰银行 1914 年实现净盈利 732.8 万元。在军阀混战的年代中，汇丰银行必须准确判断政治形势的变化，并合理安排业务开展。段祺瑞执政期间，汇丰认为其政府没有稳固的宪法基础，给段祺瑞发贷款只会被用于党派斗争之中，因而只同意发放一些盐余、关余。在 1933 年国民政府废两改元改革以及 1935 年的币制改革中，汇丰银行交出了白银库存，并停止吸收新的中国客户，让中国中央银行作为汇率制定者，并逐渐收回在中国发行的纸币。汇丰银行由此成为国民政府现代银行体系的一部分，并按照国民政府的指导开展对外金融业务，例如提供英镑资金用于稳定中国汇率，以及负责中国内地、香港以及远东地区的清算业务。1924—1940 年，汇丰银行的资产规模于 1930 年突破了 10 亿港元，净利润也一度高达 2070 万港元。随着二次世界大战的爆发，汇丰在中国的业务暂时中断，总办事处迁往伦敦。战后收回了香港总行营运权并从 1950 年开始实行集团形式运作。

经过 140 多年的发展，汇丰控股有限公司目前在全球 86 个国家和地区拥有 8500 多个办事处，是世界上规模最大的银行和金融服务机构之一。在伦敦、香港、纽约、巴黎以及百慕大证券交易所挂牌上市，共拥有约 22 万名股东。通过批发银行、零售银行、私人银行、商业银行、国际银行等四个顾客群和国际业务分支提供全面的金融服务。

二、汇丰银行重返中国内地

汇丰银行提出"环球金融、地方智慧"的口号，一方面要求在全球范围内扩张业务网络，另一方面关注本土化，使得经营理念与盈利模式与所在国的实际情况相契合。汇丰银行的国际化进程中将新兴市场国家作为业务发展的重点，定位为新兴市场国家最大的国际银行。从业务比例上看，汇丰银行新兴市场国家的业务在 2007 年时就已达到业务总量的 50％，提供了 60％以上的利润以及 62％的新企业客户，盈利能力比发达市场国家高出 50％左右。

随着新兴市场国家经济的迅速增长，GDP 占全球比例的迅速提高，汇丰银行将把业务重点放在新兴市场，尤其是新兴市场与发达市场之间的联系方面。考虑到汇丰近代在中国积累的经验以及网络的构建，重新回到中国经营成为汇丰的战略选择。无论是任命郑海泉作为汇丰中国的第一位华人主席，还是将汇丰集团首席执行官的办公场所移到中国香港，都表现出汇丰银行发展中国业务的愿望，以及管理中心与业务中心保持一致，从而掌握信息、熟悉市场情况、迅速决策等方面的考虑。

目前汇丰中国业务范围包括针对本国公司和外资企业的企业工商业务，人民币、外币产品个人金融服务，以及针对内地高资产人士的私人银行业务等三部分。从汇丰银行在中国的发展策略来看，个人金融服务要扬长避短，发展汇丰实力较强的领域，根据监管的变化，从国际联系较为紧密的卓越理财业务以及拥有规模效应的银行卡业务着手，努力形成规模。公司银行业务方面，做全球领先的企业工商业务银行，发挥信用证等国际交易业务优势，并充分利用与个人金融服务、私人银行等部门业务交叉，努力将交易双方都纳入银行客户群中。私人银行方面，注重集团内部业务沟通，使汇丰银行的经验与所在国的业务网络有机结合①。

（一） 分行网络的建设

中国金融对外开放之后，汇丰银行是最先在中国设立代表处的外资银行，汇丰银行同时开展固有业务和兼并收购，自 2000 年后通过分行建设，业务范围大规模扩张。1980 年 10 月，汇丰银行北京代表处批准成立，深圳、广州代表处也相继成立。2000 年 5 月，"汇丰驻中国总代表处"在上海浦东宣布成立，统筹内地业务发展和实施对分支机构的管理。汇丰的中国业务总部由香港迁到了上海。同时在北京等 9 个城市设立了分行，在成都和重庆设立了代表处。2006 年"外资银行管理条例"颁布后，汇丰银行抓住中国金融业对外开放的机遇，2007 年 4月 2 日成立汇丰银行（中国）有限公司，负责中国地区的业务，总部位于上海，注册资本金为 80 亿元。

汇丰银行在中国发展的重点区域是珠三角、长三角、环渤海地区以及中国西部地区。目前网点遍布 20 个主要城市，从分布情况来看，既覆盖了上海、北京、天津、重庆等直辖市，大连、青岛、苏州、杭州、宁波、广州、深圳、厦门、东莞等东部沿海城市，也包括沈阳、济南、郑州、武汉、长沙、西安、成都等中西部城市。汇丰银行在中国的分行在外资银行中也居于首位。汇丰银行对于分行所在城市的选择有其战略考虑，例如在苏州设立分行，主要与当地的台商提供业务，符合汇丰银行的大中华策略。分行成立之后表现出了很强的盈利能力，2002年，汇丰在中国的分行全年净利润达到 191 亿元，相比增长了 6%。同时，分行

---

① Michael Geoghegan, Group Chief Executive of HSBC Holdings plc, Strategy Update: London 23 November 2007.

网络的扩展也带来了存款总额的大幅增长，充实了银行资本，有助于银行的长期、持续发展。

在发达地区、城市中迅速扩张网点分布的同时，汇丰集团也看重农村市场的发展潜力，率先设立了村镇银行。作为香港上海汇丰银行有限公司的全资子公司，汇丰为其规划了专业的、可持续的、可盈利的经营模式。汇丰银行发挥在海外经营小额信贷业务的经验，及其强大的国际网络，首先选择了依靠汽车、机械、服装和高科技等行业迅速发展起来的湖北省随州市曾都区作为第一家村镇银行的所在地。曾都也是证监会指定的农村金融改革试点之一，从经济增长方式以及政策倾向来看，都符合汇丰的可持续发展目标。考虑到中国农村地区缺乏抵押品，贷款难的实际情况，汇丰银行 2009 年推出并成功经营了个人无抵押小额贷款产品——"贷得乐"，满足中国农村地区的农户与个体工商户的贷款需求。方便贷款者的同时，汇丰村镇银行业要坚持盈利性的要求，对贷款申请人的业务状况和现金流进行分析，控制贷款风险。汇丰集团主席葛霖表示，中国的农村地区潜力巨大，汇丰希望在中国创建可行的、盈利的、可持续的村镇银行，继续拓展在中国农村和城市的金融服务。继曾都之后，汇丰银行又先后在重庆大足、福建永安、北京密云、广东恩平等地设立了村镇银行，总数已经达到 5 家。

汇丰村镇银行与汇丰中国相互独立营运，侧重点不同，并拥有各自的董事会，这样的组织结构安排有利于汇丰在城市、农村地区根据实际情况合理制定战略。一定程度上，这样的分离治理模式也有助于避免农村资金向城市流动，保障了筹集的资金确实用于支持农村发展。

（二） 收购策略

汇丰银行除扩展分行网络之外，还积极地通过收购扩大业务范围，入股内地中资机构和自身发展的资金超过 50 亿美元。开展收购的指导原则是：收购项目要服从于汇丰的长期发展战略和国际化战略，首年内实现增加每股盈利，在 3 到 4 年的时间内收回集团所动用的资金成本，并且能为集团带来新的客户群或产品扩张的机会。汇丰银行投资情况、持股比例如下表所示。

汇丰银行投资情况

名称	持股比例
交通银行	19.01％
中国平安保险	16.78％
上海银行	8％
北京汇丰保险经纪有限公司	24.90％
汇丰晋信基金管理有限公司	49％
兴业银行（通过恒生银行）	12.78％
烟台城市商业银行（通过恒生银行）	12.4％

收购恒生银行的战略，使得汇丰银行在香港金融业形成垄断地位，并且将恒生银行纳入汇丰集团的网络中，1965 年的香港银行危机中，汇丰银行收购了恒生银行 51％的股份。汇丰收购恒生银行之后，只派出 4 名代表加入董事会，继续保持原来的华人管理层。这项收购让汇丰、恒生银行之间的竞争关系变为战略性合作关系，共同构建在香港银行零售业的垄断优势，两家银行一起控制了香港存款的 30％，抵押贷款的 40％以上，其他业务的 60％左右。

2002 年 12 月，汇丰保险以 6 亿美元的价格购买了中国平安保险有限公司 10％的股权，虽然市盈率超过 17 倍，收购成本较高，但收购时机正值平安两次资本扩张完成，股权结构相对分散，汇丰保险因此以 10％股权成为中国平安保险的第二大单一股东。2004 年 6 月，平安保险经过分业重组上市时，汇丰以 12 亿港元认购股票，维持了 9.91％的持股比例。2005 年 5 月又对平安保险增资 81.04 亿港元，将持股比例扩大到 19.9％，达到外资银行入股中国保险公司比例上限。汇丰银行在 3 年的时间内迅速增持平安保险的股份，一者因为对保险业的投资符合汇丰的混业经营策略，有助于节约成本，提高向客户服务的效率，提升服务价值和盈利能力，二者也利于分散风险，提高银行绩效。

2004 年 8 月 6 日，汇丰银行投入资金 17.47 亿美元，19.90％的入股比例。

入股中国交通银行，成为交通银行仅次于财政部的第二大股东。交通银行当时的不良贷款率低于四大国有银行，规模上仅次于四大国有银行，并且在全国设有2700个分支机构，有覆盖全中国的分销网络，业务规模、业务伙伴水平上都符合汇丰银行的要求。收购完成后，两家银行合作发行了交通银行太平洋信用卡。当时，中国内地信用卡渗透率只有人均 0.11 张，市场前景广阔。而且借助交通银行的中国内陆网络合作开展信用卡业务也符合汇丰银行个人金融服务发展的战略。截至 2007 年年底，太平洋信用卡的发行量已经突破 700 万张，适应信用卡业务日益增长的需求，2009 年两家银行表示将成立"交通银行汇丰太平洋信用卡有限公司"，专门经营信用卡业务和基于信用卡项下的无担保消费金融产品和服务。汇丰银行选择的收购对象都符合自身发展的战略性需求，实现了个人金融服务凭借信用卡业务迅速发展，向保险业等行业延伸，形成金融集团的战略布局。从经营结果上看，这些投资项目也带来了丰厚回报，汇丰银行在中国的三项最大的投资项目 2009 年上半年实现资产增值 82 亿美元。

（三） 业务创新

随着中国金融市场的逐步放开，汇丰银行及时抓住监管政策变化的时机，在其他竞争者之前得到批准进入新业务领域，率先享受到中国金融市场开放带来的机遇。2003 年 1 月 14 日，得到中国人民银行的批准，向中国内地的合格境外机构投资者（QFII）提供证券托管服务，汇丰银行由此可以从中国 B 股市场向 A 股市场扩展。2004 年，汇丰成为第一家向中国本地企业提供人民币服务的外资银行。2009 年 6 月，汇丰银行在香港向机构投资者发行了首个浮息人民币债券。2009 年 7 月，又成为首家以人民币进行跨境贸易结算的外资银行。紧跟中国金融业开放的步伐，汇丰银行每一次都走在竞争对手之前开拓新的业务，这不仅能让客户及时地享受到更完善的金融服务，有利于维持客户群体，对于银行自身，及时抓住新业务领域开放的机会也是极好的盈利机会。

产品营销方面，汇丰银行进行市场细分，针对不同客户群体的需求有针对地提供产品。针对账户存款在 50 万人民币或等值外币以上的高端客户，在全球应急现金提取、跨境支付、汇兑等业务提供手续费减免等优惠。发挥汇丰银行的国际网络，为国际大客户提供增值服务。另外，汇丰提出了"针对家庭"的理财理念，即为客户提供子女教育基金规划、退休基金计划等服务，为 0～18 岁的未成年人的父母提供"儿童账户"，满足父母规划子女成长支出和教育经费的需求。在私人银行、个人金融服务等方面，借助国际网络以及贴近客户需求的产品设计，推动业务稳定增长。2009 年上半年，汇丰银行的全球卓越理财客户增长到290 万人，成为汇丰银行资产管理业务的核心。

汇丰银行也注重产品技术水平提高。2002 年，汇丰设立了拥有 200 多名员工的上海数据处理中心，为汇丰集团的全球业务进行数据处理工作。网络销售业取得了很大发展，到 2009 年 6 月底为止，共 165.6 万名汇丰银行客户登记使用网上银行，网上银行的销售总数已经占到汇丰银行整体销售总数的 75%，与2005 年上半年的 18.3% 相比，取得了显著增长。

三、恒生银行的中国经营策略

恒生银行于 1933 年创立，是香港最大的本地上市银行，汇丰集团的主要成员。主要业务包括个人理财、商业银行、工商及金融机构业务、财资服务以及私人银行服务。恒生银行的目标是大中华地区金融业领导地位，因此其业务重点在中国内地和香港市场。在中国内地的战略是在政策法规允许的范围内尽可能快地发展内地业务，随着中国经济的发展而迅速成长。

从 20 世纪 80 年代中期开始，恒生在中国内地开设分行并扩展业务。1985年，恒生在深圳建立首个代表处，1995 年，在广州成立首家分行。2007 年 5 月成立了全资附属公司——恒生银行（中国）有限公司，由此拥有了完全的人民币零售业务资格和从事银行卡业务与咨询服务的资格。目前在北京、上海、杭州、广州、东莞、深圳、福州、南京、宁波、天津及昆明有 35 个网点，包括 11 家分行和 24 家支行。恒生中国在内地的 8 家分行及 23 家支行共设有 31 个"优越"

理财中心。从分行网络的扩张方向来看，前期分行扩展的方向追随客户经营的地域逐渐向长三角发展业务。恒生银行计划将进一步在具有潜力的城市中发展分行，重点考虑珠江三角洲地区，充分利用香港内地经贸安排提供的新商业机会。恒生对于开设分行也谨慎地考虑到购置固定资产、聘请人员等营运费用，在不具备开设分行能力的地区发展网上银行业务，方便顾客的同时节省成本。

恒生在中国内地的总投资额已经超过 74 亿元，对兴业银行和烟台市商业银行的收购活动推动了恒生业务区域的延伸。2004 年 5 月，恒生出资 17.26 亿元参股兴业银行，成为占股 15.98% 的第二大股东。收购完成后，恒生帮助兴业银行提高风险管理、财务管理与内部审计方面的能力，寻求长期、稳定地提升兴业银行的盈利水平，并与兴业银行合作成立信用卡中心，在消费贷款等方面开展了合作。2005 年上半年，兴业银行给恒生带来了 1 亿 9 千万港元的税后收益。2009 年 2 月，恒生以 8 亿元人民币完成对烟台市商业银行 20% 股权的收购，通过人员培训等形式，在公司治理、风险管理和个人理财服务等方面为烟台市商业银行提供技术支持。通过这项收购，恒生得以将业务拓展到环渤海经济区。2009 年上半年，烟台市商业银行的这项投资已经开始为恒生银行带来利润收入。

从业务结构上看，个人金融服务是恒生银行利润的主要来源，2009 年上半年利润来源如下图所示：

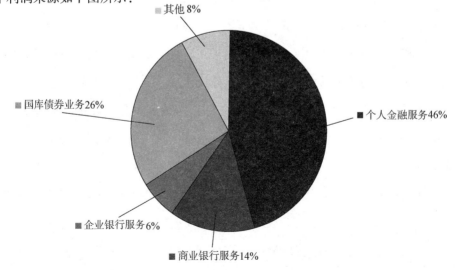

恒生在中国内地的经营过程中也保持了个人金融业务方面的优势，同时依托中小企业银行业务拓展企业工商业务。2007 年 5 月 28 日成立内地法人银行后，恒生银行获准为中国境内公民提供人民币业务，2009 年 1 月，正式发行两款"银联"标准人民币借记卡。私人银行业务也取得了迅速发展，个人"优越"理财客户数比开业时增长超过 550％。在企业工商金融业务方面，恒生银行发挥在香港经营为中小企业贷款积累的经验，在中国内地提供进出口融资服务，帮助解决中小企业融资难的问题。主要针对刚起步的中小企业，不要求抵押担保或者财务报表。在信用记录良好的情况下，小企业很容易获得恒生银行的贷款。与兴业银行形成战略合作关系后，恒生借助兴业银行实现了很大部分内地中小企业融资业务，例如"金芝麻"贷款项目，从生产、供应、销售等生产环节为中小企业提供全方位的帮助。

恒生银行与其他外资银行竞争中强调服务质量，寻求客户认可，多年来一直在香港被公认为服务质量最好的银行。向内地扩展业务的过程中，恒生银行也发挥"友善、亲切、用心"的服务原则，用优质的服务、特色的产品吸引内地高端客户。恒生银行的"优越理财账户"针对账户总余额需达到等值人民币三十万元或以上的客户。恒生银行认为随着中国内地居民收入水平提高，居民对于理财产品的需求也将相应提升。考虑到中国内地金融产品审批时间长、新产品等到审批后可能已经错过市场机遇，恒生没有将香港的产品照搬到中国内地，而是有选择性、针对性地挑选了产品，并且依靠优质的服务吸引新客户。基于顾客归于保本投资产品的需求，2009 年推出了股票挂钩部分保本投资产品——"步步稳"，投资本金 10 万元，持有到期可以获得 90％的本金保障。为进一步开展业务做好准备。依靠服务质量和丰富产品，2009 年上半年，恒生银行在中国内地的客户数量增加了 14％。

恒生指数是衡量香港股市走势使用最广泛的指标。编制初衷仅是为了恒生银行内部参考，1969 年 11 月 24 日才正式对外发布。1984 年，恒生指数有限公司成立，负责恒生股指等指数的编制工作，以选定的 33 种有代表性的股票为计算对象，来自金融业、公共事业、房地产业、其他工商及运输业等 4 个门类。

恒生银行经营中很注重企业社会责任，开展了多种社会服务、公益活动，不仅树立了良好的企业品牌，也培养了潜在市场。自 1997 年以来，恒生银行的慈善捐款及社区赞助总额累计超过港币 1 亿 8 千万元，为中国香港、中国内地及海外奖学金计划捐款超过港币 5 千万元，使得 960 多位同学受益。自 1991 年起，已经赞助港币超过 2500 万元，用于推广香港乒乓球运动，赞助设立了恒生乒乓球学院。2009 年捐资筹建了四川雅安希望图书室。恒生银行的员工义工队为各种义工活动共贡献超过 9000 小时。另外，恒生自 1973 年起向客户及市民赠送财神年画贺新年，自 2001 年起推出财神电子贺卡。既给市民送上了祝福，也让财源滚滚与恒生银行元素结合起来，巧妙地树立自身形象。

四、总结

汇丰银行从成立开始，便准确判断中国经济发展走势以及对外贸易融资的需要，从汇兑业务、存款业务以及发钞业务开始，在与其他商业银行的竞争中脱颖而出，又通过对中国政府的借款、铁路贷款以及管理英国政府财政金库等业务，进一步充实了资本，树立起在中国银行业的领先地位，其在业务创新、适应本地市场、严格的成本等优势也逐渐显现。这些经验也使得汇丰银行在再次进入中国内地经营的过程中独具优势。

汇丰银行和恒生银行的精英策略相比较，前者依托强大的国际网络，服务尽可能地本土化，适应中国现实情况，迅速扩展分行网络、延伸业务范围，构建从城市到农村、从银行业务到保险业务的规模优势。而后者则更重视维护客户关系，提升服务质量，依靠中小企业融资、进出口贸易融资等渠道扩展业务网络。二者的经营策略共同之处在于，都在 2006 年 12 月颁布"外资银行管理条例"，中国金融市场对外资银行开放的第一时间在中国内地设立法人银行，率先开展人民币业务、国际机构投资者托管业务等新开放的业务，并且积极进行战略性收购，与中资银行展开战略性合作，拓展信用卡业务、中小企业贷款业务等，加强自身在中国市场的本土化进程。

汇丰和恒生在中国的经营过程中都需要合理控制风险，包括信用风险、市场风险、操作风险、流动风险、国家风险、声誉风险、法律风险、战略风险等多个方面。2007 年至 2009 年的经济危机无疑对外资银行在中国经营中的风险控制能力是一个考验。汇丰银行坚持保守的风险管理策略和风险结构，在 2007 年，对次级贷款产品增加 20% 的资产减值损失，提前做好准备，在次贷危机中受到损失不大，2008 年下半年因联营公司分配利润下降等原因利润下降了 23%，而随着 2009 年上半年中国经济复苏，利润相比上升了 7.7%。2008 年，恒生在中国内地的总营业收入仍有所上升，但是持有的美元资本贬值、人民币重新估值造成税前利润率下降。从应对措施上看，恒生 2008 年放慢了在中国内地贷款业务的扩张进程，选择更谨慎的风险控制措施，强调贷款的质量。

除了风险控制，外资银行在中国市场上还需要协调一系列的问题，首先是如何合理应对中资银行竞争。中资银行相比拥有更广泛的业务网络和稳定的客户群，在发展国有企业、大型企业方面独具优势。目前看来，外资银行重点发展的领域与中资银行互补性较强，企业金融业务以对中小企业融资为主，个人业务则侧重高端客户，强调服务质量。其次，中国缺乏信贷评级，并没有专门的评级机构对企业的信用水平、偿债能力加以测评，这对于外资银行可能构成挑战，这一情况随着 A 股市场发展、企业信息的披露，可能会有缓和，且汇丰、恒生银行经营中小企业信贷过程中也对评估企业信用风险积累了一定经验。

参考文献

[1] 刘诗平. 汇丰金融帝国——140 年的中国故事 [M]. 北京：中国方正出版社，2006.

[2] 巫云仙. 汇丰银行与中国金融研究 [M]. 北京：中国政法大学出版社，2007.

[3] 刘逖. 跨国银行与金融深化——兼花旗银行和汇丰银行案例分析 [M]. 上海：上海远东出版社，1998.

[4] 刘安学. 跨国银行经营管理 [M]. 西安：西安交通大学出版社，2007.

[5] 杨育谋. 恒生银行的中国策略 [J]. 金融经济，2005 (02).

［6］Maggie Yu. 恒生银行历来关注满足中小企业的追求［M］. 中国科技财富，2008（1）.

［7］张国辉. 中国金融通史［M］. 北京：中国金融出版社，2003.

［8］沈云，张倩倩. 恒生中国：用心去了解客户需求——恒生银行中国业务总裁符致京访谈录［J］. 沪港经济，2007（01）.

（该文载于滕冲、曹和平主编：《北部湾银行类跨境业务先期研究报告》，

北京大学出版社，2010 年版，与金芙杰合写）

农村金融体系盈利性、公平性研究的新进展

摘　要： 本文介绍了近年来国外农村金融体系效率研究新进展，分析了商业性金融机构、小额信贷机构、其他金融中介等农村金融体系不同主体，如何消除农村金融市场的信息不对称、降低信用风险，让资金得到有效、安全的使用，同时实现消除贫困、促进农村经济发展等公平性目标。并概括介绍在农村金融新研究范式下，政府的合理定位、政策选择等方面的最新研究成果。

关键词： 农村金融　信用风险　可持续性　公平性

农村金融体系建设中涉及效率和公平的权衡问题，一方面要保证资金的有效利用，获得足够收益率，实现可持续经营，一方面要兼顾发展农村经济、消除贫困、扩大金融服务覆盖率等公平性目标。这两个目标的最优实现方式，即政府调控和市场调节之间的选择，引发了国外学术界的广泛讨论。

20 世纪 60—70 年代形成的农村金融经典研究范式强调政府对农村金融的支持作用，认为农村居民缺乏储蓄能力，自身不容易积累资本，而农业生产具有收益波动性大、投资期限长和收益率较低等特点，使得追逐利润、回避风险的商业资本难以向农村地区流动。因此，农村地区普遍存在资金不足的问题，需要政府加强干预，注入政策性资金，控制利率水平，扶持专门从事农村金融服务的非盈利性金融机构，以此缩小农业和其他产业间的金融供给方面的差距。在这一研究范式指导下，以亚洲和拉丁美洲为代表的一些国家的政府开展了一系列旨在促进农村金融发展的项目。然而政府支持下的农村金融模式也表现出较大的局限性。正如 Nagarajan & Meyer（2005）指出，第一，虽然在短期内这些项目可以促进农业产出，但是过低的利率水平不能弥补贷款成本，从而使得金融项目缺乏长期

可持续性。第二，政府补贴下的低利率水平和隐性的国家担保降低了金融服务效率，甚至挤出了商业性农村金融机构。第三，政府支持资金的覆盖范围有限，偏重于对农业发展项目的贷款而忽视对农村地区商业项目的贷款，难以使所有需要资金的农村人口受益。

鉴于以政府直接介入为特征的农村金融模式存在严重的缺陷，从 20 世纪 80 年代末期开始，以小额信贷为中心的农村金融理论逐渐发展并完善起来，其主要观点是：以市场为基础的商业化模式最有利于持续性地向广大的农村客户提供金融服务，政府在农村金融发展中的作用应该是：创造有利的政策环境，保障宏观经济稳定性，消除对于农业部门的歧视心理；加强法律的规范作用，包括强化证券交易的法律保障，采取许可证制度，让经营业绩优良的有限几家农村金融机构合法地提供一系列的金融服务，而不仅仅局限于向低收入的家庭提供贷款服务。

在市场发挥主导作用的农村金融商业化的发展范式下，农村金融系统何以实现自身可持续发展，同时提高农村居民的资金可获得性，实现社会福利目标？下面将分别围绕商业性金融机构、小额信贷机构、其他金融中介、政策性资金等不同来源资金的有效使用展开分析。

一、商业性农村金融机构经营分析

Kloeppinger-Todd & Sharma（2010）认为，阻碍商业性金融机构提供农村金融支持的原因主要包括：农村地区地理位置偏僻、客户居住地分散、交易成本过高；大量农业贷款共同面临着天气状况、自然灾害等风险因素，这部分系统性风险很难通过对冲或购买保险来消除；创办于城市中的商业性金融机构不熟悉农村地区生产经营情况，难以提供符合需求、有盈利能力的金融产品；农村居民在接受现代金融服务时也存在知识、观念、文化等方面的阻碍。因此，提高资金运作效率和盈利性，是保障商业性金融机构在农村地区持续经营的重要因素。国外学者就此问题从信用风险的度量、产品创新和制度创新等方面进行了深入的研究。

1. 信用风险的科学度量

商业性农村金融机构经营中的主要风险来自于贷款违约，国外农村金融研究因此特别侧重于对贷款信用风险的量化评估。Banerjee（2001）建立了借款者是否能够还款的决策模型：

$$E'(p) \times [F(K)/K] = r(1 - W/K)$$

其中 p 为借款者贷款违约的概率，K 为生产投资额，F（·）为产出函数，r 为借款利率，W 为自有资金量。贷款违约的概率随资本使用效率（$F(K)/K$）的提高而降低，随利率水平（r）、杠杆率（K/W）的提高而上升。在完全竞争的条件下，金融机构的净利润为零，利率水平满足：$r = \dfrac{\rho}{p}$。ρ 为可贷资金市场上的资金成本。因此，利率水平的影响因素与还款概率的影响因素相似，而作用方向相反，生产率高的借款者承担的利率水平较低。在还款概率（p）满足一定条件时，监管成本和还款概率成正相关，这解释了为什么很多商业性金融机构依靠高成本的监管方式来降低贷款违约率。

金融机构与借款者之间对信用情况存在信息不对称，金融机构往往会实行信贷配给，即对具有投资需求的贷款申请人进行甄别，仅满足其中部分借款需求而拒绝其他申请。Petrick（2004）使用 Probit 模型对波兰农业贷款供给情况进行回归分析发现，商业性金融机构做出贷款决定会参照信用水平历史记录、家庭人口结构、所在区域地理位置状况，不明显地参考是否提供土地作为抵押物。从实施效果来看，信贷配给措施确实带来了高还款率，印证了这一举措的合理性。但商业银行如果过度实行"信贷配给"，致使大部分借款人难以获得贷款，则对风险过度谨慎而没有充分发挥金融中介的作用。

农村商业性金融机构倾向于采用更科学的风险度量方法，以及更准确的定价措施，来降低信用风险对农村金融系统发展的阻碍。Sherrick, Barry, Ellinger（2000）建立了一套模型估算为信用风险进行全额补偿的保险对商业性金融机构的价值：

$$G_t = \int_t^T e^{r(\theta - t)} p(M_\theta) \int_0^{K_\theta} p(V_\theta)(K_\theta - V_\theta) \mathrm{d}V_\theta \mathrm{d}\theta$$

其中，$p(M_\theta)$为θ时间条件下贷款违约概率，V_θ为贷款违约时收回抵押物的价值，K_θ为应偿还本金额，$p(V_\theta)$为资产价值的概率密度函数。通过对1979—1992年得克萨斯州农庄信贷银行发放农业房地产贷款的实证数据进行分析，发现随着资产规模的扩大，信用风险保险的价值先迅速上升，之后增速减慢。金融机构如果能在二级市场上将风险未分散的某一贷款卖出，并买入相似收益的资产组合，无疑可以降低风险。不过，他们也发现金融机构持有资产数额较少的资产组合虽然保险费用低，但造成清偿问题的可能性较高；而持有资产数目较多的资产组合时，虽然保险费用高，但造成清偿问题的可能性较低。因此金融机构需要在保险费用节省和清偿能力提高之间做更多的权衡取舍。

2. 商业性农村金融机构的制度创新、产品创新

为了提高商业性农村金融机构的经营效率，Trzeciak-Duval（2003）提出如下制度创新建议：一是向网络化转型，即将现有独立的小金融机构集合建立成金融机构网络，构建起两层级架构，由中心层级负责对整个网络提供信息支持，以及对周边层级提供监督检查、审计、结算、产品研发等支持，借以降低交易成本，实现规模经济。二是向合作制转型，即申请获得贷款者同时需要出资入股，以增加履行还款承诺方面的激励。三是建立、健全专门负责农村金融业务的分支机构。

在金融市场较为发达的经济体中，商业性金融机构可以借助金融衍生工具更好地实现农村金融的风险规避和风险控制。Manfredo & Leuthold（1999）建议将度量市场风险的 VaR 模型（ Value-at-Risk，亦称"风险估价"模型）应用于分析政府支持政策退出、农业生产行业风险增大等不利的外部环境下，以方便农业公司及农业生产者评估风险，做出持有期权、期货头寸等决策。Jin & Turvey（2002）建议设立农产品联结贷款，贷款每期偿还额和农产品价格的波动相关联。当农产品期货价格下降时，当期需偿还的本金和利息数额也将降低，反之亦然，相当于在贷款的基础上附加了基于商品价格的买入或卖出期权。这样的设计使得农产品价格下降并给农业生产者带来商业风险时，通过需要偿还的贷款价格的调整可以缓解农业生产者所承担的融资风险。

对于金融市场不发达的发展中国家而言，适当地鼓励规模较大的外资银行进入本国农村金融市场，可以起到补充资金的有利作用。Clarke et al.（2005）使用 20 世纪 90 年代末的拉丁美洲银行业的数据进行回归分析，判断出外资银行对发展中国家农村金融市场的影响：就平均值来看，小型外资银行对小商业的支持少于小型本国银行，但是本土化程度较高、在当地有较大分支机构的大型外资银行相比大型国内银行，则更可能为增长中的小企业提供资金支持，因此他们建议政府在政策的制定上应当鼓励大型外资银行进入本国市场。

二、小额贷款机构的运营

小额贷款是 20 世纪 70 年代末期由非政府组织（NGO）、农村合作机构等半正规农村金融机构发起的，以低收入农村人口为服务对象的贷款项目。小额贷款一般不要求抵押物，通过同行监督、频繁的还款安排、新一期贷款发放以前期贷款按时归还为前提等制度安排，保障贷款如约偿还，要求的利率水平一般高于商业银行贷款利率，以保证其盈利性。小额贷款的模式可分为集体贷款和个人贷款两种。集体贷款又分为村银行贷款和小组贷款，二者在联合还款责任设计上相类似，不同之处在于，在小组信贷模式下，小组不具有法律上的独立地位，组员直接与信贷机构签订合同并承担还款义务。村银行模式下，村民自发成立互助信贷组织——村银行，然后以村银行的名义向小额信贷机构申请联合贷款，并由村银行做出贷款分配和收集还款决策，充当贷款的决策中心。

小额贷款在解决信息不对称、合同执行难度、低还款激励等限制农村金融发展等问题上有所突破，降低了抵押品、贷款规模、性别因素等对贷款可获得性的限制，提高了低收入人群获得金融服务的能力，较好地协调了金融深化中公平性、效率性目标，在农村地区得以成功。

在降低信息不对称的机制设计方面，Stiglitz（1990）认为孟加拉格莱珉银行采用小组贷款模式，利用借款者彼此之间的内部信息，缓解困扰农村金融发展的信息不对称问题。借款者自愿组成借款小组时，相互间对信用水平、还款能力做出评价，违约风险类似者共同组建小组，初步对信用风险情况做出区分。另外，银行和贷款小组约定，当组内存在未偿还贷款时，小组成员都不能够获得新的贷款，以此为组员之间的相互监督提供了激励。依靠这样的制度设计，该银行每月发放 475000 笔贷款，平均规模在 70 美元左右，坏账率仅为 2% 左右。Ghatak (1999) 认为通过联合还款责任和自行选择小组成员这两项制度设计，促使借款者按照风险程度匹配性地组建小组，低风险者和低风险者结组，高风险者和高风险者结组，从而自发甄别出信用状况。Armendariz de Aghion & Gollier (2000) 则论证了即使在借款者相互之间信用情况并不完全了解的情况下，小组贷款方式同样能够降低利率水平，避免信贷市场因信息不对称造成的无效率问题，由此推断即使贷款小组并非严格按照信用水平、违约概率匹配分组，多期重复的贷款决策也可以形成均衡状态，且该均衡与完全信息的均衡结果共存。

小组贷款并非完美的制度选择，Armendariz de Aghion & Morduch (2000) 认为小组贷款的方式下召开小组会议、监督组员会等规定造成高交易成本，这对于人口密度较低的地区尤为突出。此外，贷款期限需要小组成员一致同意才能确定，这会抑制生产扩张速度较快的组员的贷款需求，还会出现小组成员合谋欺骗银行等现象。基于此，俄罗斯、东欧等过渡经济体的小额贷款项目多采用个人贷款方式，要求提供抵押品，或者第三方保证人，选择的目标客户群收入水平也更高。依靠对贷款人进行直接监督、定期还款安排、违约情况下不追加下一期投资等制度设计，同样提高了还款概率，使得个人贷款成为小组贷款之外又一成功的经营模式。

小额贷款领域过度市场竞争，会压低利率水平，阻碍小额信贷机构资金的积累，并造成社会福利损失。Mckintosh & Wydick (2002) 认为竞争降低了从较为富有借款者处收取的利率，无法借此交叉补贴给穷人的贷款。如果对补贴贷款的适用对象不加限定，非盈利性贷款机构和盈利性机构之间反而形成非公平竞争格局。激烈竞争会抑制小额信贷机构之间的信息沟通，无法获知借款者的真实负债水平，以致发生借款者从多个小额信贷机构申请多笔贷款的现象，造成了贷款回收率的下降。由此可见，在保证扶贫初衷的前提下，通过合理的市场竞争提高服务效率，同样也是小额贷款机构面临的挑战。

Cull，Demirgüç-Kunt，Morduch（2007）分析了142家较为成功的小额信贷机构的数据发现，一般而言，个人贷款模式的小额信贷机构利息率最高，收益水平也最高，但支持贫困人口的比例最小，相反地，村银行模式贷款对象以贫困者为主，而贷款的平均成本及对政府补贴的依赖度也最高。但盈利性和扶贫目标并非总是相互矛盾，盈利能力最强的个人贷款模式的小额信贷机构，往往具有贷款规模小，服务于妇女的特点。无论小额信贷机构选择何种贷款模式，利润率增加仍应依靠还款率提高，而不应背离服务于贫困群体的初衷，小额贷款公司依靠创新，可以完成经济目标、社会目标的共同实现。

小额信贷的进一步发展，要求在运作效率和承担风险的能力方面有所提高。Gonzalez-Vega（2003）认为技术创新是小额信贷成功的主要原因，但农村金融领域创新产品的实验成本高昂，且成果很容易被竞争对手模仿，这造成了技术创新效益的降低，不利于小额贷款的推广。Nagarajan & Brown（2000）认为，实现小额信贷在农村地区大规模的推广，一是要提高应对风险的能力，尤其是自然因素、人为因素对农村金融机构形成的系统性风险，例如，1998年孟加拉国的洪水，2000年亚洲金融危机等；二是加强金融机构经营的稳健性，建立起谨慎的准备金保障。

三、半正规、非正规农村金融机构的运营

正规性金融机构之外，非政府组织（NGO）、农业合作社等半正规农村金融机构，以及私人贷款者等非正规金融机构供给农村金融资金的安全性和效率问题也受到了国外学者的关注。

Poole（1999）认为NGO的作用在于提供农业科学研究、业务培训等公共品，以及引入竞争机制，提高农村金融市场效率。Basu（2008）的研究表明，私人放款者总是可以比NGO提供更有吸引力的承诺存款服务，但NGO存款服务的存在构成了竞争，使得私人放款者不得不降低索取的利率水平。换言之，在纠正市场失灵、促进竞争和效率提升方面，NGO可以成为政策性、商业性农村金

融资金供给之外的合理补充。

农业合作社具有接近客户群体、灵活应变、发挥同行监督能力、熟悉当地环境等优势，但早期的研究认为农业合作社产权界定不清。与公司制结构相比，农业合作社的社员要求的目标包括以更有利的价格出售产品，享受合作社提供的服务等，而不以合作社利润最大化，或股东利益最大化为唯一目标，这就导致了农业合作社股权融资困难。Lerman&Parliament（1993）通过对 1973—1987 年美国 60 个地区性农业合作社的资产结构的分析，发现半数以上资金来源于股权投资，并未观察到理论预测的"股权资金缺乏"，这可能是由于国家对农业合作社的支持性的税收安排增加了内、外部融资的吸引力，而合作社的所有制结构，以及动态的资本留存、资本偿还方案，也增加了农业合作社从金融机构获得长期债券融资的难度。这一研究意味着所有制结构并不必然对农业合作社构成融资限制，利用股权融资渠道获得资金，使得合作社在供给农业资金方面发挥着更重要的作用。

国外学者的研究证明：非正规金融机构索取的高利率水平是成本因素、市场结构决定下的合理水平，并不一定是垄断性高价，因此不应当对私人贷款者存在偏见。Aleem（1990）基于对巴基斯坦 14 个非正式放贷者的调查访谈，认为私人贷款者索取的高利率近似等于平均贷款成本，而高于边际贷款成本，客观体现出私人借款者甄别借款者、追索拖欠贷款、资金成本等操作成本，体现出对高贷款风险的补偿，也符合农村金融市场垄断竞争的市场结构下的理论预期，不能认为非正规金融机构的高利率贷款是缺乏效率的。Madestam（2010）认为正规金融机构通过个人放款者等非正规金融机构间接发放贷款并进行贷款监督，可以节省直接向借款者提供贷款时，为避免道德风险而向借款者让渡的那部分收益。正规、非正规金融机构在资金来源、贷款甄别信息方面各有优势，互为补充。不过，Khanker & Faruquee（2003）也发现非正规金融机构提供贷款存在弊端，包括成本较高，多为短期贷款，用于消费用途的较多，规模不够促进农业投资并带动农业增长。Pham & Lensink（2008）考察越南家庭贷款发现，借款者对于不同来源的贷款偿还意愿有所不同，非正规金融机构面临的违约风险高于正规和半正规金融机构，且规模较大或不频繁偿还的贷款违约概率高。

从农业产业价值链入手，Conning & Udry（2005）总结了美国农产品销售商、银行、合作社、合作农产品公司、供应商等机构充当金融中介机构，在农业生产各个环节上提供资金支持的经验：参照农户之前的信用记录调整每一期的分期付款额度；销售商实地考察农户生产情况，再做出贷款决定；供应商采用实物贷款方式，如种子、化肥、运输券，而非现金方式，直接控制贷款用途；实行积极的贷款监督，帮助中介机构建立信誉，赢得投资者信任，保证资金来源。

四、政策性农村金融资金的运营

在新的农村金融研究范式下，由于存在市场失灵，包括资金供给者的垄断性势力、信息不对称以及资金供给者对农业经营风险的不合理评估等问题，仍然需要政府介入农村金融市场。围绕政府干预农村金融的方式的选择以及政策的有效性，干预后农村福利提高等问题，国外学者存在分歧。

一派学者认为，政府的资金能够提供启动资金，促进农村经济发展。Honohan（2008）认为政府提供的贷款补贴、贷款担保可以缓解逆向选择问题，促进资源向低收入群体及地区配置。在短期内可以促进净贷款量的增加，从长期看能鼓励农业家庭开创家庭商业，并借助创业活动带来的正外部性提高公众福利水平。另外，在发生信用危机的特殊情况下，政府的支持可以增加金融机构发放贷款的信心，保持贷款发放水平，稳定经济增长。Yaron（1994）的研究则证实国家或者捐赠者提供的资金支持，无论是否辅以低利率的优惠条件，都能够为初始阶段的农村金融机构提供充足的流动性。毕竟这些支持资金的相当大部分要用于金融机构的建设，包括员工培训、建立有效的信息管理系统、激励机制、储蓄动员等，这对金融机构建立稳健的业务结构，高效的工作流程，保持可持续的发展大有裨益。

另一派学者则认为贷款补贴、贷款担保等政府支持的项目对于市场竞争的效率存在不利影响，无法消除农业资金供给不足的问题。Swinnen & Gow（1997）认为政府贷款补贴会带来财政赤字增加，对通货膨胀升高、名义利率水平上升形成了压力，背离了降低贷款利率、提高贷款可获得性的初衷。Koester（2001）认为以匈牙利为代表的许多中东欧国家依赖财政拨款，或者借入国外资金，建立起信贷保证金制度，以鼓励正规金融机构发放农业贷款，但该制度适用对象只局限于国有银行等银行机构，对私人借贷资金有挤出作用。Jensen（2000）同样发现农庄信贷系统（FCS）这一政府支持机构虽可以提高农村地区贷款供给，增强市场竞争性，稳定利率水平，但是在市场失灵问题并不突出时，则挤出了私人资金，造成了社会福利的损失。

Petrick（2004）认为，尽管波兰政府20世纪90年代采取了一系列贷款补贴措施，却并没有消除"信贷配给"问题，补贴资金对农业生产投资的边际影响小于1，说明资金没有全部用作生产结构性调整，很可能用于消费用途。

还有一派学者从社会福利角度考察，认为政府支持农村金融的政策措施不一定能够带来社会福利水平的提升。Jensen（2000）认为借款者相当于持有一个买入期权，基础资产为贷款抵押物，期权价格为贷款本金及利息。政府贷款补贴措施人为压低了贷款利率，导致期权价值被低估，这部分价格扭曲就是政府担保的价值，使得贷款违约成本从资金供给者转向了纳税人，并未消除农业贷款的内在风险，反而可能造成净福利损失。Honohan（2008）认为政府贷款担保存在对违约损失估计不足，过分注重短期政治效应等问题，因此应明确提高社会福利目标、加强核算和审计，提高项目透明性。

总之，在新的农村金融研究范式下，政府对农村金融市场的调控应当从直接干预向完善制度建设的间接干预转变。Trzeciak-Duval（2003）认为，政府应坚持发挥金融中介的作用，而非向重点保护的农业领域直接提供贷款；应自觉承担起完善金融中介市场建设、完善法律框架、监管金融机构等职责，降低农村金融市场的不确定性，保证金融协议的顺利执行，降低交易成本。此外，政府还应明确土地产权制度，并在农业生产相关的公共品的提供，包括支持科研、发展交通运输，甚至引导农业旅游开发等方面有所作为。Koester（2001）提出政府在降低市场失灵、完善制度设计方面，应当加强教育、加大人力资本投资，促进农业生产者对现代金融服务的了解；制定稳定的货币政策、农业政策、保险政策，建立私有信用评估机构、完善市场信息系统，降低农村金融市场不确定性；明晰土地所有权、透明的抵押制度，为农村金融体系发展提供保障。

五、国外农村金融理论简评

从国外研究结果来看，随着农村金融研究范式的转变，市场成为农村金融资源配置的中心。提高农村金融体系的效率和公平性，要求银行、小额贷款机构、非政府组织等各类主体控制风险，提高盈利性的基础上，服务群体各有侧重、相互配合，扩大金融服务覆盖范围，以便构建起完备的金融服务体系。

对商业性金融机构而言，在农村地区开设分支机构，让更多的农村居民可以获得资金支持，促进农村经济发展，是这类机构面临的公平性目标。该目标的实现以农村金融业务的盈利性为前提。商业性金融机构可以从以下几个角度降低风险、提高盈利能力：构建更为精确的信用风险度量模型，评估风险状况，制定价格策略；通过二级市场合理进行资产配置，以便分散风险；按照农村金融业务的需要适应性地进行组织结构、股权结构改革；提倡产品创新，例如开发农产品期货、农产品价格联动贷款等，对冲农业风险，扩大农村地区市场需求。

小额信贷机构发展的最初动机在于消除抵押物限制，为贫困人口提供资金支持，小额信贷、村银行模式、个人贷款等不同贷款模式各具特色，联合贷款、同行监督等独特的贷款制度设计，使得小额贷款公司有效地缓解了逆向选择、道德风险问题，实现可持续经营。随着小额信贷商业化发展和竞争的激烈化，追逐利益的动机可能驱使小额信贷机构转向为高收入的大客户服务，而背离消除贫困的目标。但正如国外研究显示，服务贫困地区和人口，与盈利目标并不矛盾，依靠产品创新，发掘针对穷人的可持续性贷款，是小额贷款机构的发展定位。

非政府组织、私人贷款者等金融机构是正规金融机构的有力补充。非政府组织在实现政策性目标的基础上，为农村金融市场引入竞争机制，避免形成市场垄断势力。私人贷款者在缓解信息不对称、道德风险问题方面具有的信息优势，与正规金融机构的资金优势相结合，有助于提高金融服务对农村居民的可获得性。

从美国等发达国家的经验来看，沿着农产品价值链鼓励原材料供应商、批发商等作为金融中介，同样可以进一步扩大农村金融资金来源，更为安全、有效地支持农业生产。

依靠市场为资源配置主要手段的农村金融研究范式下，政府应对市场失灵、健全农村金融体系的手段，应从贷款补贴、控股农业发展银行、成立政府支持公司等"治标"的干预方式，向"治本"的方向转变。一是着力于明晰产权制度、建立和完善法律体系，为农村金融发展构建有力的制度环境。二是加大对农业生产技术研发方面的投入，促进农业生产技术水平提高，增加农民收入，提高其信用水平及获得贷款的可能性，为农业生产和农村金融市场的长远发展奠定基础。

总之，农村金融体系建设中不存在"标准范式"，不仅目标选择上面临效率和公平的权衡，资金供给主体在制度制定、模式选择时同样面临权衡取舍。金融系统效率的提高，应结合各国、各地的实际情况做出合理选择。

（该文发表于《经济学动态》2010年第12期，与金芙杰合写）